U0293089

给孩子的语文三书

夏丏尊　刘薰宇 ——— 著

文章作法

清华大学出版社

北京

内 容 简 介

《文章作法》是夏丏尊先生在学校任教时的讲义稿，由刘薰宇先生整理成书。书中从作者应有的态度讲起，针对不同文体的特点，为学生逐步讲解了叙事文、说明文、议论文、小品文等不同文体的写作方法和技巧，其中既有理论也有实践，语言通俗易懂，对学生写作能力的提高有着非常强的指导作用。

图书在版编目（CIP）数据

文章作法 / 夏丏尊, 刘薰宇著. -- 北京：清华大学出版社，2025. 2.
(给孩子的语文三书). -- ISBN 978-7-302-68201-1

Ⅰ. G634.343

中国国家版本馆 CIP 数据核字第 20259LD872 号

责任编辑：刘　洋
封面设计：徐　超
版式设计：张　姿
责任校对：王荣静
责任印制：杨　艳

出版发行：清华大学出版社
　　　　　网　　　址：https://www.tup.com.cn，https://www.wqxuetang.com
　　　　　地　　　址：北京清华大学学研大厦 A 座　　　邮　　编：100084
　　　　　社 总 机：010-83470000　　　　　邮　　购：010-62786544
　　　　　投稿与读者服务：010-62776969，c-service@tup.tsinghua.edu.cn
　　　　　质 量 反 馈：010-62772015，zhiliang@tup.tsinghua.edu.cn
印 装 者：河北鹏润印刷有限公司
经　　销：全国新华书店
开　　本：148mm×210mm　　印　张：15.25　　字　数：346 千字
版　　次：2025 年 4 月第 1 版　　印　次：2025 年 4 月第 1 次印刷
定　　价：99.00 元（全三册）

产品编号：099563-01

总 序
PREFACE

　　我们出版这套"给孩子的语文三书"，有一个总的目的，就是试图让中小学生读者了解语文学习的基本知识，掌握学习语文的基本方法，提高读写能力和语文水平。这套小书一共三本，分别是《文章作法》《读和写》和《文章讲话》。这三本书都诞生于民国时期，作者都是当时语文教学领域的大家。虽然已经过去了八九十年的光阴，这几部作品我们今天读来依然倍感亲切，而且生动有趣，丝毫没有过气的味道，已然成为现代语文教育的经典读物。

　　《文章作法》是夏丏尊先生关于文章写作的讲义稿，后来由刘薰宇先生多次修订成书。夏丏尊是我国现代著名的文学家、语文教育家、出版家和翻译家，主要著作有《文章作法》《阅读与写作》《文心》等，他还翻译了著名的儿童文学经典《爱的教育》一书，其著作对当时的语文教育有着广泛的影响。刘薰宇先生则是我国现代著名的数学教育家、出版家，新中国成立后曾担任过人民教育出版社副总编辑，审定过我国的中小学数学教材，他的《马先生谈算学》《数学趣味》《数学的园地》等书影响了无数的读者（现已整理成"给孩子的数学三书"出版）。夏丏尊先生曾在湖南第一师范学校和浙江上虞白马湖的春晖中学任语文教师，《文章作法》正是他在这两所学校任教时的讲义稿。书中从作者应有的态度讲起，针对不同文体的特点，为学生

逐步讲解了叙事文、说明文、议论文、小品文等不同文体的写作方法和技巧，其中既有理论也有实践，语言通俗易懂，对学生写作能力的提高有着非常强的指导作用。本书同时还特别收录了夏丏尊《关于国文的学习》和刘薰宇《读书三部曲》两篇文章，对于学生的语文阅读和学习均有很好的启发和指导意义。

《读和写》的作者沐绍良是夏丏尊先生的学生，他有数年的语文教学经验，对学生在读写上的困难多有了解。1933年9月，他受邀到上海开明书店工作。在开明书店任职期间，他在《中国儿童时报》上连载发表了系列文章《读写故事》，受到广大读者的热烈欢迎。后来，这些文章由开明书店整理，以《读和写》为名出版，著名教育家叶圣陶先生为之作序，曾多次重版。《读和写》旨在解决学生的语文读写困难，全书以二十四个读书要点为大纲，配以生动有趣的例子，用故事的形式呈现给读者。书中涉及的内容非常全面，小到词语的积累与运用、句子的读写、文章的开头与结尾、标点的应用等读写基础，大到各种文体的阅读与写作，学生在阅读与写作中的方方面面书中都有涉及。重要的是，作者以故事体来写作，浅显易懂，引人入胜，很容易抓住学生的阅读兴趣，让他们产生自主学习的动力。而且，书中列举的习作例子，作者都作了生动有趣的指导说明，学生一读便懂，很有借鉴意义。

夏丏尊的《文章讲话》是一本深入剖析文章阅读与写作的经典之作。全书分为多个小节，每个小节都围绕一个核心问题进行论述，语言浅近通俗，言简意赅，引人深思。在这本书中，夏丏尊先生以名家名篇为例，解答了文章写作的各方面问题。他详细地解答了如何安排文章中的对话、如何通过文章表情达意、如何写文章才有气

势、如何用文字表现动态和静态，以及阅读什么、怎么阅读等青少年写作过程中都会遇见的问题。对于这些问题的解答不仅仅是写作技巧上的指导，更是对文章深层次内涵的挖掘和理解。夏丏尊先生对于文章的剖析不仅停留在表面形式，更深入到文章的精神内涵和作者的创作心境。这使得读者在阅读过程中，不仅能够学习到写作技巧，更能够领略到文章背后的深层次含义。

这三本小书涉及语文学习中的各种问题，历经时间的检验，已成为语文学习中的经典读物。不管是教师还是学生，或者是语文爱好者，相信都能从中有所启发和借鉴。我们这次将这三本小书整理为"给孩子的语文三书"出版，在整理过程中，我们尽量保持原作的风貌，只对个别文字和标点依据现代阅读习惯以及汉语规范做了修订。希望这套"给孩子的语文三书"能够得到广大读者朋友的喜欢。

编者

自 序
PREFACE

这是我六七年来的讲义稿，前五章是一九一九年在长沙第一师范时编的，第六章小品文是一九二二年在白马湖春晖中学时编的，二者性质不同，现在就勉强凑集在一处。附录三篇，都是在校报上发表过的，也顺便附在后面。

教师原是忙碌者，国文教师尤其是忙碌者中的忙碌者，全书诸稿，记得都是深夜在呵欠中写成的。讲的时候，学生虽表示有兴味，但讲过以后，自己就不愿再去看它，觉得别无可存的价值。只把订成的油印本撂在书架上。

有一天，邻人刘薰宇从尘埃中拿下来看了说是很好，劝我出版，我只是笑而不应。这已是四年前的事了。去年，薰宇因立达学园缺乏国文教师，不教数学，改行教国文了，叫我把稿本给他，说要用这去教学生。我告诉他原稿不完全的所在，请他随教随修改。薰宇教了一年，修改了一年，于说明不充足处，使之详明，引例不妥当处，从新更换，费去的心思实在不少。大家认为可做立达学园比较固定的教本，为欲省油印的烦累，及兼备别校采用计，就以两人合编的名义，归开明书店出版。

本书内容取材于日本同性质的书籍者殊不少。附录中的《作文的基本态度》一篇，记得是从五十岚力氏《作文三十讲》中某章"烧直"过来的，顺便声明在这里。

一九二六,八,七,丏尊记于上海江湾立达学园。

前 言
PREFACE

"熟读唐诗三百首，不会作诗也会吟。"这句话虽然只指示学习"作诗"的初步方法，但中国人学习作文，也是同一的态度。原来中国文人是认定"文无定法"，只有"神而明之"，所以古代虽然有几部论到作文法的书如刘勰的《文心雕龙》和唐彪的《读书作文谱》之类以及其他的零碎论文，不是依然脱不了"神而明之"的根本思想，陈义过高，流于玄妙，就是不合时宜。近来在这方面虽已渐渐有人注意，新出版的书也有了好几种，只是适合于中等学校做教科用的仍不易得；而为应教学上的需要，实在又不能久待；所以参考他国现行关于这一类的书籍，编成这本书以救急。

文章本是为了传达自己的意思或情感而作的，所以只是一种工具。单有意思或情感，没有用文字发表出来，就只能保藏在自己的心里，别人无从得知。单有文字而无意思或情感，不过是文字的排列，也不能使读的人得到点什么。意思或情感是文章的内容，文字的结构是文章的形式。内容是否充实，这关系作者的经验、智力、修养。至于形式的美丑，那便是一种技术。严格地说，这两方面虽是同样地没有成法可依赖，但后者毕竟有些基本方法可以遵照，作文法就是讲明这些方法的。

技术要达到巧妙的地步，不能只靠规矩，非自己努力锻炼不可。

学游泳的人不是只读几本书就能成，学木工的人不是只听别人讲几次便会，作文也是如此，单知道作文法也不能就作得出好文章。反过来说，不知作文法的人，就是所谓"神而明之"的也竟有成功的。总之，一切技术都相同，仅仅仗那外来的知识而缺乏练习，绝不能纯熟而达到巧妙的境地。"多读，多作，多商量。"这话虽然简单，实在是很中肯綮，颠扑不破。要想作好文章的不能不在这方面下番切实的功夫。

照上面所说的一段话，必定有人疑心到作文法全无价值，依旧确信"文无定法"，只想"神而明之"，这也是错的。专一依赖法则固然是不中用，但法则究竟能指示人以必由的途径，使人得到正规。渔父的儿子虽然善于游泳，但比之于有正当知识，再经过练习的专门家，究竟相差很远。而跟着渔父的儿子去学游泳，比之于跟着专门家去练习也不同，后者总比前者来得正确、快速。法则对于技术是必要而不充足的条件，真正凭着练习成功的，必是暗合于法则而不自知的。法则没用而有用，就在这一点，作文法的真价值，也就在这一点。

目 录
CONTENTS

第一章

作者应有的态度

文章有内容和形式两方面，前面已经讲过。所谓好文章，就是达意表情，使读者读了以后能明了作者的本意，感到作者的心情的文章。文章应当怎样作法才能达到这种地步，这个问题包含很广，实不容易。但综合起来，最要紧的基本条件却有两个：（1）真实，（2）明确。

（1）真实 文章是传达自己的意思和情感给别人的东西。倘然自己本来并无这样的意思和情感，当然不应该作表示这样的意思和情感的文章，不然便是说诳了。近来，许多青年欢喜创作，却又并不从现实生活中切切实实地观察体验，所以虽然作了许多篇东西，却全同造谣一样，令人读去觉得非常空虚。"情者，文之经；辞者，理之纬。经正而后纬成，理定而后辞畅，此立文之本源也。"所以作文先要有真实的"情"，才不是"无病呻吟"。所谓"真实"，固然不是开发票或记账式地将事实一件一件地照样写出，应当有所选择。但把很微细的事物说得很夸张，把很重大的事件说得很狭小，或竟把有说成无，把无说成有，都不免成为虚空。

虽然文章是表现作者的实感，往往有扩大、缩小的事实，而同一事物看大、看小也随人随时不同。但这是以作者的心情做基础，不能凭空妄造。用一块钱买一件东西，是一桩很简单的事。但因时间和各人的情形不同，有的人觉得便宜，就说："不过花一块钱。"有的人觉得昂贵，就说："这要一块钱呢！"心情完全不同。但都是真实的，

所以没有不合理的地方。"白发三千丈，缘愁似个长""笔落惊风雨，诗成泣鬼神""朝如青丝暮成雪""边亭流血成海水"，这类名句所以有价值，就因它们是表现作者的实感。倘若并没这样的心情，徒然用这样笔法来装饰，便是不真实。

（2）**明确** 文章要能使读的人了解，才算达到作文的目的，所以难解及容易误解的文章，都不能算是好的。古来的名文中，虽也有很深奥、晦涩，非加上注解不能使人明白的，但这不是故意艰深，使人费解。所以这样有两种原因：一是它的内容本来深奥；二是言语随着时代变迁，古今不同。

文章本是济谈话之穷的东西，它的作用原和谈话没有两样。但用谈话来发表意思和情感的时候，大概是彼此见面的，有不了解的地方，还可当场问清楚。至于文章，是给同时代或异时代任何地方的人看的，很难有询问的机会，万一费解，便要减少效用，或竟失却效用。就是谈话，尚且要力求明了，何况文章呢？

以上两种是作文的消极的条件，不可不慎重遵守。要适合这两种条件，下列几项最要注意。

（1）**勿模仿、勿抄袭** 文章是发表自己的意思和情感，所以不能将别人的文章借来冒充。抄袭的不好是大家都承认的，古来早已有人说过，不必再讲。至于模仿，古来却有不以为非的。什么桐城派、阳湖派的古文呀，汉魏的骈文呀，西昆体的诗呀……越学得像越好。其实文章原无所谓派别，随着时代而变迁，也无所谓一定的格式。仅仅像得哪一家，哪一篇，决不能当作好的标准。从另一方面说，文章是表现自己的，各人有各人的天分，有各人的创造力，随人脚跟，结果必定抑灭了自己的个性，所作的文章就不能完全自由表示自己的意思和情感，也就不真实、不明确了。

（2）须自己造辞，勿漫用成语或典故　所作的文章要读的人读了能够得着和作者作时相同的印象，才算是好的，所以对于自己所要发表的意思和情感必须十分忠实。这本不是一件容易的事，第一步功夫就在用辞。用辞要适如其分，不可太强，也不可太弱，不可太大，也不可太小。从来文人无不在用辞上下过苦功夫，贾岛的"推敲"就是最显明的例。法国文豪福来培尔（今译福楼拜）教他的学生莫泊桑有几句名语，很可做教训。

因为世间没有全然相同的事物，作者对于事物，要先观透它的个性。描写的时候务须明晰，使读者不致看错。这样，自然和人生的真相才能在作品中活跃。最要紧的事情就是选辞。我们应该晓得，表示某事物最适当的言语只有一个，若错用了别语，就容易和别事物混同。

他这段话真是至言，作者对于要表示的内容，应该搜求最适当的辞来表示它，不要漫把不适当的或勉强适当的辞来张冠李戴。因此可以说，要对言辞有敏感的人，才能作得出好文章。

晓得这一层，就不至于乱用成语或典故了。成语、典故如果真和自己所要表示的内容吻合，用也无妨，但事实上很难得有这样凑巧的事情。如"暮色苍然"是描写晚景的成语，但暮色不一定苍然，若只要描写暮色就用这成语便不真实了。古人灞桥折柳以送行，本是一种特别土风，"阳关""渭城"也是实有所指。现在这种土风已没有了，事实也不相同了，要描写别离的情况，还用"阳关三叠""渭城骊

歌"这类的话，也便是不真实、不明确。又如"莼鲈之思"这句成语，在张翰本是实有这样的情感，若不是吴人，连莼鲈的味都不知道的，也用来表示思念故乡的情感，当然不真实、不明确了。用成语、典故真能确切的实在不多，所以这样的错误触目皆是，非特别留意不可。

和成语、典故相类似，用了容易发生错误的，还有外国语和方言。外国语除了已经通行的或真没有适当译语的以外，都应当避去，因为不懂外国语的人见了这种辞是不会懂的，已懂外国语的人见了这种辞又要感觉累赘讨厌。方言非有特别理由，就是没有适当的辞可代替的时候，也不宜用，因为文章中杂用方言，别地方的人读了往往不容易明了。

（3）注意符号和分段　符号和分段，都是辅助文章使它的意义更比较明确的。符号错误，就易使文章的真意不明，或引起误解。同一句话，因符号不同，意义就不相同。例如：

一、"大军官正擦额上的汗呢！听见了这句话，遂高声喊道：'全胜！'"这句"全胜！"本是大军官得意的口吻，所以用叹号（！）表出；若用问号，便是表示那大军官还怀疑别的军官的报告，并且和"遂高声喊道"几个字所表示的情调不称；若用句号（。），情调自然也不合，而"全胜"二字所表示的不过是事实的直述，再无别的意味。

二、"我爱他，是很光明的。""我爱他是很光明的。"两句意义全不同：第一句"是很光明的"五个字是指"我爱他"这件事，第二句是指"我"之所以"爱他"的原因。

一篇文章虽有一个中心思想，但仔细分析起来，总是联合几个小的中心思想成功的。为了使文章的头绪清楚，应当把关于各个小的中心思想的文字作成一段。换句话说，就是一个小的中心思想应当作一段，而一段中也只应当有一个小的中心思想。文章的内容若十分复杂，一段里面还可分成几小段。分段的标准或依空间的位置，或依时间的顺序，或依事理自然的秩序，全看文章的内容怎样。至于每段的长短，这是全无关系的。

（4）用字上的注意　为使文章明确和翻译外国文便利，关于第三身代名词，这几年常有人主张将"他"字依性别划分，但还没有一定主张。我喜欢单数在男性用"他"，在女性用"她"，在通性用"它"；多数则用"他们""她们""它们"。"的"字也划分成三个：（A）"的"用做代名词和形容词的语尾；（B）"底"用做后置介词，表示"所属"（目前习惯用法"底"与"的"不分，为便利读者，本文集的"底"都改成了"的"）；（C）"地"用做副词的语尾。"那"字原有"询问"和"指示"两种任务；现在也有人主张分成两个，"询问"用"哪"，读上声；"指示"用"那"，读去声。这些分别，于文的明确很有关系，虽未全国通用，但在个人无论采用与否却须一致，否则误解就容易发生。

第二章

记事文

第一节　记事文的意义

将人和物的状态、性质、效用等，依照作者所目见、耳闻或想象的情形记述的文字，称为记事文。例如：

……这一枝梅花只有二尺来高，旁有一枝，纵横而出，约有二三尺长。其间小枝分歧，或如蟠螭，或如僵蚓，或孤削如笔，或密聚如林，真乃："花吐胭脂，香欺兰蕙。"

——《红楼梦》第五十回

案上设着大鼎，左边紫檀架上放着一个大官窑的大盘，盘内盛着数十个娇黄玲珑大佛手。右边洋漆架上悬着一个白玉比目磬，旁边挂着小槌。

——《红楼梦》第四十回

（状态）

可以敌得过代洛西的人，一个都没有，他什么都好，无论算术、作文、图画，总是他第一，他一学即会，有着惊人的记忆力，凡事不费什么力气，学问在他，好像游戏一般。

——《爱的教育·级长》

如今长了七八岁，虽然淘气异常，但聪明乖觉，百个不及他一个！

——《红楼梦》第二回

（性质）

那个软烟罗只有四样颜色，一样雨过天青，一样秋香色，一样松绿色的，一样就是银红的。若是做了帐子，糊了窗屉，远远的看着，就似烟雾一样。

——《红楼梦》第四十回

这就是鲛绡丝所织。暑热天气，张在堂屋里头，苍蝇蚊子，一个不能进来，又轻又亮。

——《红楼梦》第九十二回

（效用）

上面所举的例，都是记事文。所谓人和物的状态、性质、效用等都是静的，空间的这个标准全是就作者的旨趣说，所以有时被记出的虽是动状，仍是记事文，例如：

堤上虽有微风，河里却毫无波纹，水面像镜子一般，映出澄清的天空的影。

——《少年的悲哀》

那时候白雾越发降得重，离开房子不过十步路，便看不见那边的窗，只看见一团黑影，里面射出来一条红灯光。河上又发出种奇怪的鼾息声，冰块爆裂声。一只鸡在院子里浓雾中间喔喔的叫着，引起别的鸡也鸣叫起来了，以近及远，慢慢儿一村间只听见一片鸡鸣声音。可是四围除去河流以外，所有都寂静。

——《复活》第十七章

第二节　作记事文的第一步

　　记事文以记述经验为目的，未曾经验的事物当然无从记述。就是有时是根据作者的想象，而所记述的是假设的情形，但想象也不是凭空妄造，须有相当的经验做根据。因为这样，要作记事文先须经验事物，或目见，或耳闻，或参考书籍，从各方面收集材料，更将所得材料按适当的次序排列起来。在初学的人，没有腹案的功夫的，并须将各材料一一地用短文记出。例如要作"西湖"的记事文，先就经验所得，摘出种种的材料。

　　先查地理书，假定得到下面的材料：

　　（一）西湖在杭州城西，又名西子湖。

　　（二）西湖是东南的名胜。

　　再把自己在游西湖的时候的经验列举出来，假定如下：

　　（三）从上海坐沪杭车到杭州城站，步行三四里就到。

　　（四）我到车站的时候，原想坐人力车，后来听说到那里很近，

就步行了。

（五）湖直径十余里，游船往来如织。

（六）舟人说，原有两塔，南面的是雷峰塔，北面的是保俶塔。

（七）水很清，可望见游鱼。

（八）湖滨旅馆很多，我在某旅馆住了几天。

（九）别庄、祠堂相望，风景幽美。

（十）一面滨市，三面皆山。

（十一）山峰连续，最高者是北高峰。

（十二）春夏游人最多，外国人来游的也不少。

（十三）坐小舟行湖中，如入画图。

（十四）有苏白二堤，蜿蜒湖中。

（十五）有林和靖墓、苏小小墓、岳坟等古迹。

（十六）有名的山是北高峰、葛岭、孤山、南屏山等。

（十七）寺观林立，钟声时到游人的耳际。

（十八）某别庄正在那里开工建筑。

（十九）四围多垂柳，远望如绿烟。

（二十）有人在那里钓鱼。

（二十一）山上多树，水底有草。

这样一个个地排列起来（愈多愈好），然后再对材料进行一种精密的取舍整理。

〔注意〕这种程序，可应用于一切文体，不但记事文如此。

第三节 材料的取舍和整理

从经验事物虽将各项关于事物（题目）的材料收集起来，但这些材料，对于题目并不全然适切。如果将不适切于题目的材料夹杂进去，文章就有不适切的毛病。选择材料的标准：一是适切题目，二是注重特色。例如以《西湖》为题的记事文，前节所列的材料中，如（三）（四）（十八）和（八）的后半部，（六）的前半部，都不是《游西湖记》的材料，不适切题目，应该舍去。（二十）（二十一）两项不是西湖的特色，也应舍去。

材料取舍完了，其次便是整理。凡是同类的材料，务必集合在一处，将冗繁支离的删去。例如前节（五）的后半部和（十二）可并，因为都是记述游人的情况的；（十一）和（十六）也可并，因为都是记述山的。

既将材料取舍、整理好了，连缀起来，就成文章。现在将前节所举的材料，依上面取舍整理的结果缀成短文如下：

西 湖

西湖又名西子湖，在杭州城西（一），是东南的名胜（二）。湖径广约十几里（五），一面滨市，三面皆山；山峰连续，最高的是北高峰（十一），此外有名的有葛岭、孤山、南屏山等（十六）。原有雷峰和保俶两塔对峙，现只保俶塔巍然矗于北面（六）。苏白二堤蜿蜒湖中（十四）。湖畔有林和靖墓、苏小小墓、岳坟等古迹（十五）；别

庄、祠堂相望（九）。寺观林立，钟声时到游人耳际（十七），湖水清浅，可望见游鱼（七）。四围多垂柳，远望如绿烟（十九）。坐小船行湖中，好像入画图（十三）。春夏间游人最多，游船往来如织，外国人慕名来游的也不少（十二）。

〔练习〕

试自集材料做下列各题：

（1）我们的学校

（2）我的故乡

第四节　记事文的顺序

记事文的顺序大概有两种，一以观察的顺序为标准，一以事物本身的关系为标准。简单的记事文如前节所举的例，通常用第一种。但要记复杂的事物，这种方法就不适用。如作《飞行机》和《无线电话》等题的记事文，也依作者自己所观察的顺序为文字的顺序，一一联缀起来，那便混杂不清了。

作复杂的记事文，先须注目于关系事物全体的材料，然后顺次及于各部分；各部分的材料中，又是先列大的，后列小的。现在参考书籍，作《鸽》的记事文如下：

鸽是和鸠同类的一种鸟，大都善飞，喜群居。统分野鸽和家鸽两类，家鸽又分菜鸽和飞鸽两种。（一）

野鸽，性情极凶恶，住在山野树林里，以田禾为食，是农家的害鸟的一种。它的羽毛全体暗黑，只有背的中央是灰白色，颈和胸前有紫绿色的光泽，眼睛的颜色不好看。　　　　　　　（二）

家鸽为野鸽变种，性情很驯良，可以和家鸡一样给人家喂养。羽毛眼色，种种不一。飞翔很快，记忆力很强（1）。其中的一种，菜鸽，比较起来飞得不高，也飞得不远。眼色也不十分好看。只是它的生殖很容易。肉味也很鲜，用来佐菜，喜欢的人极多，就是它的蛋也是很贵重的食品（2）。　　　　　　　　　　　（三）

飞鸽，放到远处地方去，它也能自己飞回来，可用以传信。但是它生长很不容易，往往孵不出小鸽，因为难得，售价非常的贵。

（四）

家鸽的品格很多，要分辨它们的好坏和名目，只消看它们的眼睛和羽毛的颜色。　　　　　　　　　　　　　　　（五）

菜鸽的眼睛虽不十分好看，但也有几种有趣味的。一种姜黄眼，眼球下面，现着砂子，黄颜色里带些红色（1）。一种桃砂眼，眼球下面的砂是桃红色的（2）。又有一种水砂眼，桃砂的桃红色还带些淡红的（3）。无论姜黄眼或桃砂眼，眼球里有几粒黑砂，能够上下流动的，又叫流砂，很是名贵。将鸽的身子颠倒转来，眼球里的几粒黑砂，就慢慢地流下，等到再转身过去，又流转了去，真是有趣（4）。　　　　　　　　　　　　　　　　（六）

飞鸽的眼睛，名目更多，最好看的是藤砂。藤砂又可分成三等：网藤，眼睛里有许多丝，像藤一般的，这种最好（a）；藤砂，只有一二条丝从眼球里现出来，极显明的，比网藤次一些（b）；藤砂中最下等的，丝贴紧在眼球下面，并不显明的（c）（1）。藤砂以外，铁砂

眼，眼球里有一种和砂子一般的小粒的（2）；紫砂眼，眼睛颜色带深黑的，也是上品（3）。又有一种朱砂眼，眼睛里有细砂，红得像朱砂一样（4）。　　　　　　　　　　　　　　　　　　（七）

这文的顺序画出图来，恰如下所示。

鸽……一 { 二 / 三（1） { （2） / 四 } / 五 { 六 {（1）（2）（3）}（4） / 七 {（1）{（a）（b）（c）}（2）（3）（4）}

凡事所记的事物非一见一闻就能明了，要从书籍上查找它的效用、构造历史……的，都应该用这个方法来记述。

〔练习〕

（一）用下列材料作一篇《金字塔》的记事文：

（1）金字塔是五千年前埃及的古建筑，是国王的墓。

（2）金字塔中最大的，高四百八十尺，底的面积九万方尺，是世界上最大的建筑物。

〔练习〕

（3）建筑的材料是瓦砖和花岗石。

（4）花岗石中最大的，重数百万斤。

（5）金字塔的里面藏着用木乃伊包被包裹的国王的死骸。

（6）金字塔的材料，有一部分是瓦砖，那末五千年以前就有瓦砖，是很明白的事。

（7）木乃伊在金字塔中多数室内的石棺中藏着。

（8）金字塔内有许多地下室。

（9）所谓木乃伊包被，是像皮布样的一种东西，用这包被包裹死骸，可以数千年不腐。

配列上的注意如下：

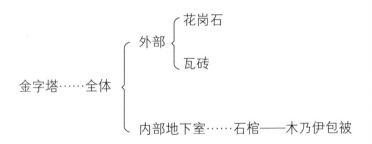

（二）依前法就下题作比较精细的文字：

（1）我的家

（2）桃

第五节　文学的记事文

记事文虽以记述事物的状态、性质、效用，使人理解为主，但也

有记述事物的美丑的一类，而不以使人理解为目的。前一类，称为科学的记事文，只是作者对于事物的认识的报告，比较偏于客观的，前几节所举的例子都是。后一类称为文学的记事文，乃是表现作者对于事物的印象，主观的成分比较多。

例如以《月》为题，就有下面的两种作法：

（一）月是星体中最和人相近的。在天空中一面绕着地球转动，同时随了地球绕太阳而行。它和地球一样，还有自转。它的自转和绕着地球转动，都大约是二十七日又零一周，所以地球上的人只能和它的大部分相见。月上也有山，山岭最高的约二万六千尺至一万七千尺，如阿奔那尼（Apennines）一山，壁立雄峻的奇峰竟有三千多个。它的本体原是黑暗的，只是反射太阳的光以为光。太阳照着的部分全向地球的时候，看去很圆，这叫做"望"。太阳不照着的全黑的部分向着地球的时候，叫做"晦"。太阳照着的和没有照着的各有一部分向着地球的时候，叫做"弦"。

（二）窗外好像水国，近的屋，远的山，都用不很明白的轮廓，画在空中。屋角树林的下面，晕着神秘的色光。熄灯以后，月光闯入室内，在床上铺着一条青黄色的光带。夜静了，不知哪里来的呜咽幽扬的笛声，还隐约地在枕上听得。

上面的第一篇，读了虽然可以得到关于月的状态和性质的知识，却不能感到月色的美感和月夜的情趣，这便是科学的记事文。第二篇，却恰好相反，只能给读者以月色的美感和月夜的情趣，至于月的性质和状态，却一点不曾写到，这是文学的记事文。

作文学的记事文须观察经验，对于材料选择和整理，与作科学的记事文一样。除了这些条件以外，还须特别注意下列各项：

（1）**想象**　因为文学的记事文，是表现作者所得的印象，所以在记述事物以前，必须将要表现的印象重现于心中，然后执笔。

即如前例关于"月"的文字，内中都是作者曾经目见过的光景，不是凭空假造的。在作这文时，只是将旧有的印象一一在心中再现，然后依样记述。作这类的文字务必依自己所感受的记述，不可依赖成语来堆砌，如说到月，不可便用些"月白风清""月明星稀"之类的话。这是第一步功夫，也是最难的事，但惟其难能，所以可贵，能够做到，就不愧为作家了。

（2）**注意特色**　作文学的记事文，虽然要依作者自己所感受的记述，但局部的琐碎记述，不但不能使光景活现，并且不能使人得到所记述的事物的深刻的印象，所以必须捉住特色，舍弃其余，任读者自己补足。例如记述人物，把他的眉毛、眼睛、鼻头都记上几百字，分裂、琐碎，令人看了就要莫名其妙，不能使所记的人物的状貌在读者心中活现了。现从小说中找几条例来看：

第一个肌肤微丰，身材合中，腮凝新荔，鼻腻鹅脂，温柔沉默，观之可亲。第二个，削肩细腰，长挑身材，鹅蛋脸儿，俊眼修眉，顾盼神飞，文采精华，见之忘俗。

——《红楼梦》第三回

这马兵都头姓朱名仝，身长八尺四五，有一部虎须髯，长一尺五寸，面如重枣，目若朗星，似关云长模样，满县人都称他美髯

公。……那步兵都头姓雷名横，身长七尺五寸，紫棠色面皮，有一部扇圈胡须，为他膂力过人，跳二三丈阔涧，满县人都称他做插翅虎。

——《水浒传》第十二回

她身材不甚高大，胸脯十分丰满……脸显得特别的白，这种样子真和久居家中闭户不出的人的脸色相同，仿佛番薯深藏地窖里所变成的颜色一般。她双手十分阔，却不很大，头颈从大衣领里透出来，显得又白又胖。在她那雪白光泽的脸上一双又黑又亮的眼睛不住地闪动，眼神虽然显出十分疲乏的样子，却还有活泼气象，内中有一只眼睛略为斜一点。

——《复活》第一章

这三个例，第一二个虽是旧式的描写法，但寥寥数言中，却能表出迎春和探春、朱仝和雷横的状貌。第三个，也足以表现一个堕落了而久居监狱的女子的神气。所以能够这样，就是捕捉了特色的缘故。

（3）**抒述心情** 要使所记述的事物在读者心中活跃，不但须记述客观的事物，还须记述主观的心情。换句话说，就是须记述从感觉上得来的印象。所以要作好的文字，非对于事物有锐敏的感觉不可。例如：

夏天的太阳已经下了山，跟着就要睡去的树林中，满了森然的寂寞。建筑用的大松的树梢上，反映着就快烧完的晚红，还带着些红光，下面却已经薄暗，带着些湿气了。好像从树林蒸发出来的又干又触鼻的香气，微微地可以闻得。从远山野火飘来可厌的烟气，夹杂在香气中，却分外地强烈，柔软的夜，不知在什么时候无声无响地落到地上了。鸟到太阳没落，也停止了声音，惟有啄木鸟还用了很倦怠的音调，在那里发梦呓似的单调的微音。

——《泥沼》

读了这段文章，那夏日傍晚松林中的一种蒸郁寂寞的景象，好像目见身历了。感觉在近代文学上有重要的地位，文字上能加入感觉，就有生气。与其说，"寒风吹着面孔"，不如说，"寒风刀刮似地吹着面孔"；与其说，"麦被风吹动"，不如说，"麦被风吹得浪一般地摇动"。因为后者比前者有生气，容易使读者得着印象。我国从来的文章都只记事物，不记情感，实是很大的缺点。

这里所应当注意的，就是所记述的感觉并不是故意加入的事。作者对于事物果能精密地观察，对于记述果能诚实不欺，心情和感觉自然会流露于笔端。如果只是将这一类的辞硬加上去，不但不好，而且可厌。旧式文章中，凡记述风景的时候，末尾常附加"诚胜地也"或"呜呼叹观止矣"之类的文句，记述悲惨的人事的时候，末尾必加"呜呼可以风矣"或"噫不亦悲夫"一类的文句。其实，是否"胜地"，能否算得"观止"，"可风""不可风"，"堪悲""不堪悲"，都要读者自己去领略的，不能由作者硬用主观的意见做命令式的强迫。因此这方法现在已不适用，特别在纯文学上不能适用。

（4）使用含着动作的词句　含着动作的词句，比较地容易引起读者的印象。例如：与其说，"门前有小河，隔岸有高山"，不如说，"门前流着小河，隔岸耸着高山"；与其说，"海边有鹤"，不如说，"海

边有鹤飞过"。

不但这样，凡要表示事物，必须在事物有动作的时候，不可在它静止的时候。例如记述学校，必须记它授课或散课的时候；记述城市，必须拣它人马杂沓的时候；记述人物，必须在他言语动作的时候。例如：

大学生缓缓地懒懒地走着，将手掠着大麦的顶，叫天子和冠雀在他脚边飞起，又像石子一般地落在密生的大麦丛里。

——《诱惑》

太阳光正攻击着树林，从繁茂的顶叶上穿过，直用那温和的光亮射在白杨的树干上，竟使这些树干变成松树的干子一般，树叶也都变成蓝色。上面笼罩着蓝白的天，晚霞照着，带了点胭脂的颜色，燕儿高高的飞着，风儿几乎死去了，怠惰的蜜蜂懒洋洋睡沉沉在丁香花上飞着，白蚋虫成群的在单独的远延的树枝上打着旋。

——《父与子》

〔练习〕

就下列各题作短文：
（1）春的田野
（2）元旦的上午
（3）秋的傍晚

第三章

叙事文

第一节 叙事文的意义

记述人和物的动作、变化，或事实的推移的现象的文字，称为叙事文。例如：

宝钗与黛玉回至园中。宝钗因约黛玉往藕香榭去，黛玉因说还要洗澡，便各自散了。

——《红楼梦》第三十六回

（人的动作）

汽笛曼声的叫了。汽船画圆周，缓缓的靠近埠头去。

——《省会》

（物的变化）

叙事文原和记事文一样，同是记述事物的文字，不过记事文以记述事物的状态、性质、效用为主，而叙事文以记述事物的动作、变化为主。所以记事文是静的，空间的；叙事文是动的，时间的。例如：

（一）牵牛花有红的，紫的，颜色虽很美观，但少实用。

这是述说牵牛花的形状和性质的，是记事文。

（二）院里的牵牛花，红的，紫的，都很鲜艳地开了。

这是述说牵牛花的变化的，是叙事文。

第二节　记事文和叙事文的混合

文体的分类原只是为说明便利和作者自身态度不同，实际上并没有纯粹属于某种体裁的文字，记事文和叙事文虽因所记述的对象不同而有区别，在一篇关于事物的记述的文字中，总是互相混杂的。例如："今天开了三朵牵牛花（叙事），一朵是红的，两朵是蓝的（记事）。"如果改成"今天一朵红的和两朵蓝的牵牛花开了"，便是纯粹的叙事文（甲）；又若改为"今天开的三朵牵牛花，一朵是红的，两朵是蓝的"，就是纯粹的记事文了（乙）。因为（甲）的目的在使读者知道牵牛花的变化，而（乙）的目的在使读者知道牵牛花的状态。

总之叙事文和记事文，只是作者依旨趣和记述的对象不同。试将下例玩味其记叙混合的样子，就可更明白了。

翌晨，玛尔可负了衣包，身体前屈着，跛着脚，行入杜克曼布（叙）。这市在阿根廷共和国的新辟地中算是繁盛的都会（记），玛尔可看去，仍像是回到了可特准、洛赛留、培诺斯爱列斯一样（叙）。依旧都是长而且直的街道，低而白色的家屋。奇异高大的植物，芳香的空气，奇观的光线，澄碧的天空，随处所见，都是意大利所没有的景物（记）。进了街市，那在培诺斯爱列斯曾经验过狂也似的感想，重行袭来。每过一家，总要向门口张望，以为或可以见到母亲。逢到女人，也总要仰视一会，以为或者就是母亲。要想询问别人，可是没有勇气大着胆子叫唤。在门口立着的人们都惊异地向着这衣装褴褛满身尘垢的少年注视。少年想在其中找寻一个亲切的人，发他从胸中轰着的问话。正行走时，忽然见有一旅店（叙），招牌上写有意大利人的姓名。里面有个戴眼镜的男子和两个女人（记）。玛尔可徐徐地走近门口，振起了全勇气问："美贵耐治先生的家在什么地方？"（叙）

——《爱的教育·六千里寻母》

[练习]

试将下文的叙事和记事的部分分析出来：

伊的避暑庄边有一个小小的丘样的土堆，汽船在这前面经过。每逢好天气，伊便走到那里，白装束，披着长的卷螺发，头上戴一顶优美的夏帽子。伊躺在丘上面，用肘弯支拄起来，将衣服安排好许多的襞积，卷螺发的小团子在肩膀周围发着光，而且那一只手，那支着脸的，是耀眼的白。在自己前面，伊摊着一本翻开的书，但眼光并不在这里，却狂热的射在水面上。伊这样的等着伊的豪富的高贵的新郎，伊的幻想的目的。只要他在船上，他便应该看出伊在山上的了。他们看见而且感动，而且赶到伊这里来，那只是一眨眼间的事。

——《疯姑娘》

第三节　叙事文的要素

照物理学的说法，一切的现象都含有四个要素：物质、能力、时间、空间。譬如"今天上午八点四十分火车从江湾开出"这一个现象，"火车"是物质，"开出"是能力的作用，"今天上午八点四十分"是时间，"江湾"是地方。叙事文既是记述现象的，所以也有四个要素：（一）现象的主体，（二）现象的演变，（三）现象发生的时间，（四）现象发生的场所。例如：

那日正当三月中浣，早饭后，宝玉携了一套《会真记》，走到沁芳闸桥那边桃花底下一块石头上坐着，展开《会真记》从头细看。正看到"落红成阵"，只见一阵风过，树上桃花吹下一大斗来，落得满身满书满地皆是花片。宝玉要抖将下来，恐怕脚步踏践了，只得兜了花瓣来至池边，抖在池内。那花瓣浮在水面，飘飘荡荡竟流出沁芳闸去了。回来，只见地下还有许多花瓣。

——《红楼梦》第二十三回

这一段叙事文虽然很短，所有的要素都完全了。分列如下：

（一）主体：宝玉。

（二）事实：看《会真记》，收拾落花。

（三）时间：三月中浣某日早饭后。

（四）场所：沁芳闸桥。

第四节　叙事文的主想

叙事文和记事文一样，对于材料须有所选择。选择的标准，除记事文所说的"适切题目"和"注意特色"以外，还因文的目的而定。这个目的在叙事文中就是主想，大体有三类：

（一）以授与教训为主，例如传记等。

（二）以授与知识为主，例如历史等。

（三）以授与趣味为主，例如小说等。

因了主想的不同，材料选择取舍的标准也就不一样。即如要叙述岳飞的事迹，作第一类的叙事文，应当对于他的家教、性行、轶事、格言等详加叙述，而于他的生卒年月、生的地方、官职、战功等却用不着详说。作第二类的叙事文却恰好相反，生卒年月等应当详尽，家教、轶事等只得省略。至于作第三类的叙事文，不但材料的选择不同，并且叙述的方法也就相异。《少年丛书》中的岳飞是第一类叙法，《宋史》中的岳飞是第二类叙法，《说岳传》中的岳飞是第三类叙法。总括一句，第一类以善为主，第二类以真为主，第三类以美为主。

自然，这种分类不过是就概括的旨趣说，同一文字有兼两种色彩，或竟兼三种色彩的，不过多少总有所偏重，这偏重的地方，便是一篇文字重要的目的，也就是主想。

作叙事文的时候，材料搜集好了，就要确定主想。主想一定，

然后将材料依主想来选择，与主想有关系的便取，无关系的就舍。但有一点须注意，就是同一材料应当取舍，不是材料本身的重要与否的问题，而是与主想的关系重要与否的问题。

例如以《夏日游海边记》为题，而主想是"这日很热，到了海边真凉快"，假定全体材料中有下列各项：

（一）同行某君，他的父亲是个文学家。
（二）我坐了人力车到火车站。
（三）在车站买了车票，然后上车。
（四）火车逢站都停。

就一般的情形说，这种材料本身实不很重要，而于本文的主想的关系也不深，但如果还有别的材料相关联，因而发生重要关系的时候，却就都有用了。如文章像下面的时候，这种材料就用得着：

因为太热，并且我是病后，所以坐了人力车到车站（二）。好像我的车慢了，到车站的时候，车已要开，我就急忙买了车票，飞跑上车（三）。这部是慢车，每站都停，车中又热，烦躁极了（四）。同行某君是某文学家的儿子，很有文学趣味，一路和他谈论文学上的事，免了不少的寂寞（一）。

这样的叙述，所有好像不必要的材料都因了别的材料引到与主想关系重要的地位，就成为有用的了。反之如海边的人口若干，海边的故事、古迹等等，如无别的关联，就不是重要的材料。

〔练习〕

就下列各题作文：

（1）游西湖记

（2）诸葛亮（参考《少年丛书》《平民小丛书》等）

第五节　叙事文的观察点

叙事文所叙述的材料，不但是从作者自己经验得来，还有从别人的传说或书籍的记载得来的。材料的来处既然不一，或从甲面说，或从乙面说，当然不能一致。将许多材料连缀成文的时候如果也这样混乱，文章就有头绪不清、不易了解的毛病。即以《三国志》一书而论，关于诸葛亮伐魏的事，有时说"丞相出师"，有时说"诸葛亮入寇"，就各段分开来看，固然没有什么不合的地方。但就作者陈寿一个人的笔下而论，一个是以蜀为主体，一个是以魏为主体，居然有两样的观察点，就未免不当了。叙事文的观察点，就是作者所站的地位，可分为三种。

（一）居于发动者一边　例如说"丞相出师"，就是以发动者的蜀为观察点的。

（二）居于受动者一边　例如说"诸葛亮入寇"，就是以受动者的魏为观察点的。

（三）居于旁观者一边　例如说"诸葛亮出师略魏"，就是以旁观者的地位为观察点的。

作叙事文须确定一种的观察点，全篇统一，不应摇动。通常的叙事文，以居于旁观者的地位的居多。但在旁观者的地位，作者对于各方面也要保持观察点的一致，不可随意变更。

（例一）

杨幺乘舟湖中，兵在楼上发矢石（1），官军仰面攻之，见舟而不见人，因而失败。岳飞下令伐君山的树为巨筏，塞满港汊，又用腐木乱草由上流放下，布置稳当，才和杨幺开战（2）。杨幺船遇了草木，轮不能鼓动，贼奔走港中，又被木筏所拒，因被牛皋捉着，诸贼皆降（3），果然八日就打平了（4）。

——《平民小丛书·岳飞》

这段本是以旁观的地位来记述的，却是观察点变了几次，（1）从杨幺方面，（2）从岳飞方面，（3）再从杨幺方面，（4）又从岳飞方面，逐条错乱，文字使人觉得繁杂不堪。若以杨幺方面为主改成下面的（一），或以岳飞方面为主改成下面的（二），那么文气就一致了。

（一）杨幺乘舟湖中，兵在楼上发矢石，使官军仰面来攻，见舟不见人，因而致胜。后来又和岳飞打仗，战船遇了岳飞从上流放下来的腐木乱草，轮不能鼓动。奔走港中，又被岳飞伐君山的树所作的巨筏所拒，就被牛皋捉着，部下皆降。

（二）官军因杨幺乘舟湖中，兵在楼上发矢石，仰面攻之，见舟而不见人，乃失败。岳飞下令伐君山的树为巨筏，塞满港汊，又用腐木乱草由上流放下，布置妥当，才和杨幺开战。草木既遇杨幺的船，使轮不能鼓动，逼之奔港中。而木筏又拒不令进。牛皋就将杨幺捉着，并招降诸贼。果然八日就打平了。

（例二）

　　紫鹃在屋里，不见宝玉言语，知他素有痴病，恐怕一时实在抢白了他，勾起他的旧病，倒也不好了，因站起来，细听了一听，又问道："是走了还是傻站着呢？有什么又不说？尽着在这里恼人！已经恼死了一个，难道还要恼死一个么！这是何苦呢？"说着，也从宝玉舐破之处往外一张。见宝玉在那里呆听，紫鹃不便再说，回身剪了剪烛花。忽听宝玉叹了一声道："紫鹃姐姐！你从来不是这样铁心石肠，怎么近来连一句好好儿的话都不和我说了？我固然是个浊物，不配你们理我。但只我有什么不是，只望姐姐说明了，哪怕姐姐一辈子不理我，我死了倒做个明白鬼呀！"紫鹃听了，冷笑道："二爷就是这个话呀！还有什么？若就是这个话呢，我们姑娘在时，我也跟着听俗了，若是我们有什么不好处呢？我是太太派来的，二爷倒是回太太去。左右我们丫头们，更算不得什么了！"说到这里，那声儿便哽咽起来，说着，又醒鼻涕。宝玉在外知他伤心哭了，便急的跺脚道："这是怎么说？我的事情。你在这里几个月，还有什么不知道的？就是别人不肯替我告诉你，难道你还不叫我说，教我憋死了不成！"说着，也呜咽起来了。

——《红楼梦》第一百十三回

这文中，除末了"宝玉在外，知他伤心哭了，便急的跺脚道：'这是怎么说？……'说着，也呜咽起来了"一段外，都是从紫鹃方面说的。如果把这段改为："只听得宝玉在外，好像知他伤心哭了，急的跺脚道：'这是怎么说？……'说着，也呜咽起来了。"那就全体都是从紫鹃方面叙述了。

（例三）

从前阿拉伯地方，有一个养骆驼人家的儿子，名叫亚利，因为有要事要和他在斯哀治的父亲接头，骑了骆驼，带了水瓶，附队商出发。一路上队商彼此谈谈说说，亚利却只有自己的骆驼和他做朋友。他恨不得就看见他的父亲。

热带的太阳，火一样地照着沙漠。遇着难得的有树木和泉水的地方，大家就在此休息，解渴，再把水装满了水瓶，然后出发。夜了就在帐篷中住宿。

这样到了第四日，正午忽然起了大风，把砂吹得满天，走不来路，大家只得中止进行。后来风息了，砂也不飞了，却是出了一桩极大的困难，原来以前是依着骆驼的足迹走的，经过大风以后，骆驼的足迹如数消灭，方向也认不清楚，大家走来走去，总是找不出路来。这时候水瓶中的水已经完了，没法再得水，大家都弄得没有方法了（以上是从亚利一面说的）。

天夜了，队商中一人说："如果明日还不能寻得有水的地方，那么只有把骆驼来杀掉一匹，吃它肚里的水了。"别一个见亚利奔波以后倦睡了，便说："与其杀别个的骆驼，还是杀那小儿亚利的吧。"这样二人在那里商量（观察点转到队商方向去了）。

亚利倦睡中，听见有人说他的名氏，便仍装了睡着的样子细听。听得二人在那里商量要杀他的骆驼，大惊，他想："如果与他们同伴，骆驼就要被他们杀死。"不能再犹豫了，等到他们睡熟，就偷偷地把骆驼牵出，骑着逃了。

天上照耀着无数的星。亚利因他叔父的平常指示，略晓得关于星辰的事情，大略地知道何星在南，何星在北，他凭着了他这点的知识，定了一个方向，鞭着骆驼前进。

在这样试探方向的当中，天渐渐地亮了。忽见砂上有骆驼新行过的足迹。亚利得了这骆驼足迹的帮助，一直向南走，到了傍晚，隐约地看见前面有火光，急上去看，见有一群队商，在那里张幕野宿，亚利即从骆驼跳下，和他们讲自己受困的情形，请求他们和他同伴（观察点又转到亚利方面来了）。队商听了亚利的告白，大家都感动起来，允了亚利的要求（观察点转到队商方面去了）。在斯哀治的父亲，早几天就晓得亚利要来，等得不耐烦起来了，恰好有还乡的朋友，就同伴回来，想在路上碰见亚利（观察点转到亚利父亲方面去了）。

亚利得了新同伴，就安了心，忽然听得许多骆驼的足音，见又有一群旅客从南方来了。这群旅客之中，有一个就是他的父亲，亚利意外地得着父子相遇，不觉悲喜交集了！

亚利和父亲无恙归家，把路上一切始末，详告他的母亲（观察点又转到亚利方面来了）。

亚利的母亲自从送亚利出门以后，心中怀着各种的忧虑，听了亚利的话就很欢喜，称赞亚利的勇气（观察点转到亚利的母亲方面去了）。

这篇文字，观察点变动了好几次，如果要专从亚利方面说，那么第四段以后的文字应该改作如下：

天夜了，亚利奔波以后，正倦睡着，忽然从睡梦中听见同伴队商的话声，一人说："如果明日还不能寻得有水的地方。那么只有把骆驼来杀掉一匹，吃它肚里的水了。"又一人说："与其杀别个的骆驼，还是杀那小儿亚利的吧。"

亚利听了这一番话，心里想道："如果与他们同伴，骆驼就要被他们杀死，不能再犹豫了！"于是等到他们睡熟时候，就偷偷地把骆驼牵出骑着逃了。

天上照耀着无数的星，亚利因他叔父平日的指示，略晓得关于星辰的事情，大略地知道何星在南，何星在北，他凭着了他这点的知识，定了一个方向，鞭着骆驼前进。

在这样试探方向的当中，天渐渐地亮了，忽见砂上有骆驼新行过的足迹，亚利得了这骆驼足迹的帮助，一直向南走。到了傍晚，隐约地看见前面有火光，急上去看，见有一群队商，正在那里张幕野宿。亚利急从骆驼跳下，和他们讲自己受困的情形，请求他们和他同伴。亚利的告白很感动了队商，他的请求也被他们许可了。

亚利得了新同伴，正安着心，忽然听得许多骆驼的足音，见有一群旅客从南方来了。这群旅客之中，不料有一个就是他的父亲，后来晓得他父亲在斯哀治早知亚利要来，等得不耐烦起来了，恰好有还乡的朋友，就同伴回来，想在路上碰见亚利的。亚利意外地得着父子相遇，不觉悲喜交集了。

亚利和父亲无恙归家，把路上一切始末，详告他的母亲，他的勇气大被母亲称赞。

这样改作以后，观察点一致，文字就一气，不犯繁滞的毛病了。叙事文原是把事件来展开使人看的，性质好像戏曲。观察点的变动，就是戏曲中幕的更动，戏曲中幕不应多变，叙事文的观察点也不应多变。

叙事文因观察点不同，对于同一材料，可作成各方面的文字。这步功夫，在学作叙事文上很是重要。有这样功夫的作者，对于一件事就能理解要从哪方面叙述才省事。

〔练习〕

下面的例，是以旁观者的态度作的文字。试置观察点于裁判官方面，把它改作成一篇裁判官写给朋友的信。

有一位富人，向朋友讨债。这位朋友说并不曾借钱，想把债赖了。富人不得已，诉诸法庭。裁判官问原告："你在何处借钱给他？"原告回答说："在某处大树下。"裁判官说："那么要叫大树来做证人了。"就命法吏执行召唤证人的手续。停了一会，裁判官对着表，独自说："证人就快来了。"这时被告不觉自语道："从这里到那棵大树，有六七里路，恐怕没有这样快吧！"裁判官听了这话，就说："你晓得大树所在的地方，这就是你曾经受过钱的证据。"于是把这案判决如下：

"被告曾经向原告借钱，已自身证明，因此，被告应该把钱还给原告。"

第六节　观察点的变动

照前节所说，叙事文的观察点不应变更，使文气一致而不散漫、冗繁。但这只是一般的原则，在长篇的或复杂的叙事文，要将各方面的情形都表现得适当，却不得不变动。大概，事实的间接叙述比直接叙述不易生动，所以在两件或多件事实有相同的重要，而只从一个观察点出发要将各方面都表现出来又非常困难时，观察点就不得不变动了。例如：

亲家再三不肯，王玉辉执意，一径来到家里，把这话对老孺人说了。老孺人道："你怎的越老越呆了！一个女儿要死，你该劝他，怎样倒叫他死？这是什么话说！"王玉辉道："这样死，你们是不晓得的。"老孺人听见，痛哭流涕，连忙叫了轿子去劝女儿了。

王玉辉在家依旧看书写字，候女儿的消息。

老孺人劝女儿，哪里劝得转，一般每日梳洗，陪着母亲坐，只是茶饭全然不吃。母亲和婆婆着实劝着，千方百计，总不肯吃，饿到六天上，不能起床。母亲看着伤心惨目，痛入心脾，也就痛倒了，抬了回来，在家里睡着。又过了三日，二更天气，几个火把，几个人来打门，报道："三姑娘饿了八日，在今日午时去世了！"

——《儒林外史》第四十八回

这段文的目的，虽是在写出一个中了礼教的毒的人为虚荣忍心看着自己的女儿饿死。但王玉辉、老孺人和他们的女儿三个人的情况，都同样重要。并且，假定从王玉辉一方面叙述，那么老孺人劝女儿和女儿未死前的各种事情都无从表现，或难于表现，就是从另一方面叙述，也同样地不能周到。在这种时候，观察点虽变动了好几处，也是应当的。

叙述一件事，哪几方面的关系重要，以及哪些应当表现，哪些不应当表现，全依事件的性质，由作者自己的意见去判断，没有一个简明的标准。凡是有剪裁功夫的作者，当然能够得到这种标准的。上面所举的例，也可以说是有剪裁功夫的。

第七节　叙事文的流动

叙事文的对象是事物的现象的展开，这展开的情形被叙述成文字的时候，就成了文字上的流动。现象的展开不止，文字的流动也就仍然继续，所以流动是叙事文的特色。

一件事的展开虽有一定的速度，但叙述这件事的文字，它的流动却有快慢。将事件展开的情况绵密地叙述，把事件中各方面详细地描写的，是慢的叙事文；只述事件的概要，和其中各方面的大意的，是快的叙事文。例如：

宋江起身净了手，柴进唤一个庄客，提碗灯笼，引领宋江东廊尽头处去净手，便道："我且躲杯酒。"大宽转穿出前面廊下来，俄延走着。却转到东廊前面，宋江已有八分酒，脚步趄了，只顾踏

去。那廊下有一个大汉，因害疟疾，当不住那寒冷，把一锨火在那里向。宋江仰着脸，只顾踏将去，正趷在火锨柄上，把那火锨里的炭火都掀在那汉脸上。那汉吃了一惊，惊出一身汗来。那汉气将起来，把宋江劈胸揪住，大喝道："这是什么鸟人！敢来消遣我？"宋江也吃一惊，正分说不得，那个提灯笼的庄客慌忙叫道："不得无礼——这位是大官人最相待的客官！"那汉道："'客官'，我初来时也是客官！也曾最相待过！如今却听庄客搬口，便疏慢了我，正是'人无千日好！'"却待要打宋江，那庄客撇了灯笼，便向前来劝。正劝不开，只见两三碗灯笼飞也似来，柴大官人亲赶到说："我接不着押司，如何却在这里闹？"那庄客便把趷了火锨的事说了一遍。柴进笑道："大汉，你不认得这位奢遮的押司？"那汉道："奢遮杀，问他敢比得我郓城宋押司，他可能？"柴进大笑道："大汉，你认得宋押司不？"那汉道："我虽不曾认得，江湖上久闻他是个及时雨宋公明——是个天下闻名的好汉！"柴进问道："如何见得他是天下闻名的好汉？"那汉道："却才说不了，他便是真大丈夫，有头有尾，有始有终！我如今只等病好时，便去投奔他。"柴进道："你要见他么？"那汉道："不要见他说甚的？"柴进道："大汉，远便十万八千里，近便只在面前。"柴进指着宋江便道："此位便是及时雨宋公明。"那汉道："真个也不是？"宋江道："小可便是宋江。"那汉定睛看了看，纳头便拜，说道："我不信今日早与兄长相见！"宋江道："何故如此错爱？"那汉道："却才甚是无礼，万望恕罪，有眼不识泰山！"跪在地下哪里肯起来？宋江忙扶住道："足下高姓大名？"

——《水浒传》第二十一回

这是慢的叙事文。

宋江因躲一杯酒，去净手了，转出廊下来，趿了火锹柄，引得那汉焦躁，跳将起来，就欲要打宋江。柴进赶将出来，偶叫起宋押司，因此露出姓名来。那大汉听得是宋江，跪在地下哪里肯起？说道："小人有眼不识泰山，一时冒渎兄长，望乞恕罪。"宋江扶起那汉问道："足下是谁？高姓大名。"

——《水浒传》第二十二回

这段所叙的事实和前段相同，只是简单得多，这是快的叙事文。

快的叙事文，以叙述事件的轮廓为目的；慢的叙事文，以叙述事件的情况为目的。两者的分别，正和中国画的写意画和工笔画相同。大体说来，小说属于慢的一类，历史属于快的一类。莎翁的剧本是慢的，兰姆兄妹所作的《莎氏乐府本事》就快了。《三国志》是快的，《三国演义》就慢了。

第八节 叙事文流动的中止

叙事文的特色既然在流动，所以不但这流动须快慢适当，还须慎防中止。所谓流动中止，就是由时间的、动的叙事文，突然转到冗长的、空间的、静的记事文，或插入说明，使动态一时停滞。

（例一）

原来王夫人时常居坐宴息亦不在这正室，只在东边的三间耳房内，于是老妈妈引黛玉进东房来。临窗大炕上铺着猩红洋毯，正面设着大红金线蟒引枕，秋香色金线蟒大条褥。两边设一对梅花式洋漆小几，左边几上文王鼎、匙、箸、香盒，右边几上，汝窑美觚，内插着时鲜花卉，并茗碗、茶具等物。地面下，西一溜四张椅子上都搭着银红撒花椅袱，底下四副脚踏。两边又有一对高几，几个茗碗花瓶俱备，其余陈设，不必细说。

——《红楼梦》第三回

这段文中，除了第一句是叙事文以外，流动全然中止，以后都成了王夫人房中的记事文。若非把这一大节叙上不可，应当将所记的情况都改成由黛玉眼中看出的，而将末了"其余陈设，不必细说"的话删去，那么流动就没有停滞了。

（例二）

蒋门神见了武松，心里先欺他醉，只顾赶将入来。说时迟，那时快；武松先把两个拳头去蒋门神脸上虚影一影，忽地转身便走。蒋门神大怒，抢将来，被武松一飞脚踢起，踢中蒋门神小腹上，双手按了，便蹲下去。武松一踅，踅将过来，那只右脚早踢起，直飞在蒋门神额角上，踢着正中，望后便倒。武松追入一步，踏住胸脯，提起这醋钵儿大小拳头，望蒋门神头上便打。（原来说过的打蒋门神扑手，先把拳头虚影一影便转身，却先飞起左脚；踢中了便转过身来，再飞起右脚；这一扑有名，唤做"玉环步，鸳鸯脚"。——这是武松平生的真才实学，非同小可！）打得蒋门神在地下叫饶。

——《水浒传》第二十八回

这段文中，括弧内的话都是作者所加的解释，这种说明加到叙事文中，也是使流动停滞的原因，若删去了，流动便连续不断，极有生趣。

第九节　叙事文流动的顺逆

叙事文是把事物的变化来展开的，所以流动的方向也有两种：第一种，照那变化自然的顺序，依次叙述，这是顺的；第二种，因为要叙明变化的前因后果，或并行的事件，不能全然依照自然的顺序而要有所颠倒，这是逆的。例如：

天气很冷，天下雪，又快要黑了，已经是晚上——是一年最末的晚上。在这寒冷阴暗中间，一个可怜的女孩光着头，赤着脚，在街上走。伊从自己家里出来的时候，原是穿着鞋，但这有什么用呢？那是很大的鞋，伊的母亲一直穿到现在，鞋就有那么大。这小女孩见路上两辆马车飞奔过来，慌忙跑到对面时鞋都失掉了。一只是再也寻不着，一个孩子抓起那一只，也拿了逃走了。他说：将来他自己有了小孩，可以当作摇篮用的。所以现在女孩只赤着脚走，那

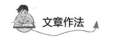

脚已经冻得全然发红发青了。在旧围巾里面，伊兜着许多火柴，手里也拿着一把，整日没有一个人买过伊一点东西，也没有人给伊一个钱。

——《卖火柴的小女孩》

今年盐政点的是林如海。这林如海姓林名海，表字如海，乃是前科的探花，今已升兰台寺大夫，本贯姑苏人氏，今点为巡盐御史，到任未久。原来林如海之祖曾袭过列侯，今到如海，业经五世。起初只袭三世，因当今隆恩圣德，额外加恩，至如海之父又袭一代，至如海便从科甲出身。

——《红楼梦》第二回

这两例中有好几处是逆行的。逆行虽有不得不用的时候，初学的人却宜注意，大概在普通的叙事文是用不到的。

〔练习〕

（1）试将读过的叙事文，举两个观察点变动的例。

（2）试将读过的慢的叙事文举出一篇改成快的。

第四章

说明文

第一节　说明文的意义

解说事物，剖释事理，阐明意象，以便使人得到关于事物、事理或意象的知识的文字，称为说明文。例如：

一旁是字的形，一旁是字的声，所以叫做形声。

——《中国文化的根源和近代学问的发达》

科学的起源，不是偶然发见的，因为人类是有理性的动物，有种种心理的根据，所以发生科学。

——《科学的起源和效果》

说明文的性质，有时好像和科学的记事文相同，有时又好像和叙事文类似，其实全不一样。

说明文和科学的记事文有什么区别呢？最重要的一点，就是对象的范围不同。科学的记事文虽也是以记述事物的状态、性质、效用为主，但以特殊的范围为限，是比较具体的；说明文以普遍的范围为对象，是比较抽象的。如第二章第一节所举的例，第一个是记述一枝梅花的状态，第二个是记述屋内一部分的陈设，第三个是记述一个人的性质。范围既狭，所记述的也比较具体，使人读了自然可

以就得到那些知识。但若要讲到"植物""房屋的构造"和"人类的通性"等一般的事实，以及抽象的事理如"文学的意义""实验主义"等，范围就扩大得多，不是记事文所能胜任的了。

说明文和叙事文的分别比较容易。关于事实的说明，对象虽和叙事文相同，但形式全然相异。如"今天上午八点四十分火车从江湾开出"，是叙事文的形式；而"火车从江湾开到上海是在今天上午八点四十分"，便是说明文的形式。还有一个区别，叙事文可带作者主观的色彩，说明文却不许可。

第二节　说明文的用途和题式

说明文本来是用较浅近明了易于理解的文字去解明事物或事理，使它的关系明了，范围确定，意义清晰，给人以关于该事物或事理的普遍的正确的知识，所以用途很广。教师的讲义，科学的教科书，大半是说明文，固不必说；就是学术上的定义，字典上的解释，古书上的注解，事实真相的传达，凡足以使人得到明确的观念和理解的，都要用到说明文。

说明文的题式通常有疑问式和直述式两种：

（一）疑问式

（甲）书籍是什么？（乙）何谓文学？（丙）科学怎样起源的？

（二）直述式

（甲）书籍；（乙）文学；（丙）科学的起源。

在古文中还有用"说"字或"原"字加到题上的，如"士说""原君"之类。但文中多羼入议论，所以不能因题式而判断文体。

第三节　说明文的条件

说明文最简单的形式，就是单语的定义；复杂的说明文，无非是单语的定义的集合和它们的引申。先就单语的定义来讨论。

例如，"人是有理性的动物"是规定"人"的意义的，就是用"有理性的动物"六个字合起来说明"人"的概念。在这六个字中，又可分成两部分：一、"动物"；二、"有理性的"。"动物"是"人"所属的类，"有理性的"是"人"在所属的类中所具的特色，就是"人"和所属的类中的其他的东西相差的地方，论理学上叫做种差。所以最简单的说明文的形式是：

类 + 种差

但说明文只是这样简单，通常不能就使人明了，非更详尽不可。因为说明文所说明的既不一定简单，而又是对于未知某事物、某事理的人才有作的必要，所以作法上必须的条件便须加多，共有六个，分说如下：

（一）所属的种类　为了要使所说明的事物和其他关系较远的事物分离，所以须述它所属的种类。如要使"人"和植物、矿物等分离，就先说他是动物。又以"书籍"和"书信"为例：

（甲）书籍是印刷物。

（乙）书信通常是手写的。

（二）所具的特色　将所属的种类虽已叙述而能使它和其他关系较远的事物分离，但还要使它和关系较近的同属于一类的分离，所以必须描述它的特色。如要使"人"和一切别的动物分离，必须叙述他的特点——"有理性的"。

（甲）书籍是预备永久保存，给多数人看的。

（乙）书信是处理一时的事情，代谈话用的。

（三）所含的种类　因要内容明了，使人更易理解，而且理解的内容更充实，所以将事物所包含的种类叙述也是必要。但分类原须有一定的标准，所以叙述分类须将所用的标准同时叙出。

（甲）书籍在版本上，有刻版的、铅印的；在装订上，有洋装的、中国装的；在文字上，有洋文的、中文的；在内容上，有关于文学的、关于科学的、关于哲学的等。

（乙）书信因所述事件的关系人的多少，有公信和私信的分别。

（四）明显的实例　文字内将明显的实例举出，则愈加明了。

（甲）英文教科书是洋文的，国语教科书是中文的……

（乙）例如学校通知书和致全体同学书是公信，问候某君的信是私信。

（五）**对称和疑似**　单从事物的本身直述，往往不易明了。所以若将对称的，即同属于一类而不是同种的，或疑似的，即好像同种而实不同的事物对照述说，更可使该事物明白显出。学术上的名词大概有对称的，通俗的事物多半有疑似的。

植物是生物中不属于动物的一部分。（对称）

习字纸也是用笔写的，但不以代谈话为目的，所以不是书信。（疑似）

（六）**语义的限定**　语义因使用而多分歧，作说明文时，如果遇到容易误解的时候——如古语新用之类——非特别加以限定不可。例如：

共和是国家主权在全体人民，行政首长也由人民选出的一种国体，不是周召共和的共和。

上述各项，是说明作文法上的要件，现在以"文学"为题应用各要件，示范如下：

文学是一种艺术（一），换句话说，就是以文字做成的艺术（二）。纯粹的文学通常不以日用为目的（五），因体裁上有小说、诗歌、戏曲等分类（三）。《红楼梦》是小说，《长恨歌》是诗歌，《西厢记》是戏曲（四）。

文学不是普通的文字，也不是科学（六）。韩愈的《原道》，王船

山的《读通鉴论》等，不是文学。物理学讲义、化学教科书等，也不是文学（四）。

我国古来，凡是文字都称文学，但是现在的所谓文学完全是小说、诗歌、戏曲的总称，和从前的意义是不同的（六）。

第四节　条件的省略

说明文原是为未知某事物的人作的。在繁复的说明文，要正确、明晰，固应具备前节所述各条件，但遇某部分确已非常明了的时候，也可以省略。

（1）普通的省略　容易明了而不致误解的事物，或只以使人知道一个概要的，都可以只说大概。例如：

（甲）国家是人类社会组织之最大形体，包容一切社会生活。

——《新学制公民教科书》第一册第六章

（乙）国家是人类为满足需要兴趣而组织的团体，社会也是人类为满足需要兴趣而组织的团体，目的大概相同。但是社会只有人与人的关系，和人所在的土地无关，所以社会成立不限定要占据一定的疆土。人民如果没有一定的疆土，便不能成为国家。

——《政治学大纲》第四章第三节

（甲）和（乙）同是关于国家的说明，（乙）是详细、绵密的说法，（甲）是省略的说法。专门科学的文字都是（乙）类，通常的文字和口头的谈话以（甲）类为多。

（2）**因比较而省略** 利用读者所已知的事物，两相比较以说明的时候，和已知事物相同的条件，就可省略，这是常用的省略法。例如：

> 星云和一团云差不多，微亮，挂在空中，极像一缕烟。
> 日本人民受军阀的苦痛，也和我国一样。

这是利用读者已知的"云"和"烟"来说明"星云"，利用读者已知的"我国军阀的横暴"来说明日本的军阀的。这种方法很有效用，所要注意的就是比拟要恰当，不然，一样地容易引起误解。

〔练习〕

试依所讲法则，就下题作说明文：
（1）偶像
（2）革命
（3）山
（4）学校

第五章

议论文

第一节 议论文的意义

发挥自己的主张，批评别人的意见，以使人承认为目的的文字，称为议论文。

记事文是记述事物的状态、性质的，叙事文是叙述事物的变化的，议论文和它们截然不同，很是明显，最易混同的就是说明文。

说明文关于剖释事理的部分，和议论文很有容易混淆的地方。因为对于事情的内容，真是说得极详尽，那么它的价值怎样？我们对于它应持的态度怎样？都可不言而喻，用不到再加议论了。例如：把"社会主义"的意义、功用、优劣等都说到详尽无余，那么社会主义的可行不可行自然非常明了。又如：将"教育"的含义尽量发挥，那么教育应该怎样？人人应否受教育？也自然可以不必再说，就很明白。

照这样说来，议论文和说明文不是没有差别了吗？这又不然，**第一是目的不同**。说明文的目的是在使人有所知，议论文不但要使人有所知，还要有所信。

第二是性质不同。试就两者的题式看就可明了。说明文大概用单语为题。如"社会主义""教育"之类。议论文则用一个命题为题，如"社会主义可行于中国""教育为立国的根本"之类。一般议论文

的题目，虽也有只用单语的，如"男女同学论""孔子论"等，但不过是形式的省略，若从文章的内容去考察，便知仍是一命题。因为文中不是主张"男女应当同学"，便是主张"男女不应当同学"，不是说"孔子之道已不适于中国"，就是说"孔子之道仍当遵从"。议论文的题目原是文章的根本主张的概括的缩写，所以表面虽是单语，内容依然是命题。

第三是态度不同。说明文比较地偏于客观的，所以虽有时因各人的见解不同，不能人人一致，也有敌论者，但作者并不预计的。议论文却恰好相反，实际上虽未必就有人反对，作者心目中概假定有敌论者立在前面。因为若一切都成了定论，和数学上的公式一样，本来就无议论的必要了。"男女同学"所以还有议论的必要，正因有人主张也有人反对的缘故。

议论文虽和说明文不同，但议论文中用说明文的地方很多。因为没有说明做基础，判断很不容易下，例如要主张"男女应当同学"，那么教育的意义和男女的关系等，都非先加以说明不可。试就下例玩味一下就更可明了了。

……但是到了现在，关于女子和文学的观念全然改变了。文学是人生的或一形式的实现，不是生活的附属工具，用以教训或消遣的，它以自己表现为本体，以感染他人为作用。它的效用以个人为本位，以人类为范围。女人则为人类一分子，有独立的人格，不是别的什么附属物。我们在身心状态的区别上，承认有男子、女子与儿童的三个世界，但在人类之前都是平等。与男女的成人世界不同的儿童，世间公认其一样的有文学的需要，那么在女子方面这种需要自然更是切要，因为表现自己的与理解他人的情思，实在是人的社会生活的要素。在这一点上，文学正是唯一的修养了。

——《女子与文学》

第二节　命　题

断定用言语或文字表示出来称为命题。议论文实际上就是对于所提出的命题所给的证明——有必要的时候，还加上相当的说明——所以命题是议论文的根本。命题是一个完全的句子（sentence），但一个完全的句子除了表明语句（indicative）外，疑问语句（interrogative）、命令语句（imperative）、愿望语句（optative）、惊叹语句（exclamatory）都不是命题，因为所表示的都不是一个断定，用不到证明。

命题从性质上说，有肯定命题和否定命题两种。

（甲）竞争运动应该废止——肯定命题

（乙）竞争运动不应该废止——否定命题

在理论上只有这种形式的句子可以作为议论文的题目，但实际上常有不照这样直写的，（甲）（乙）二项，可有下列各种格式：

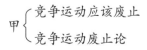
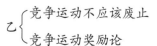

$$甲\begin{cases}排竞争运动 \\ 论竞争运动\end{cases} \qquad 乙\begin{cases}竞争运动应该保存 \\ 竞争运动的存废\end{cases}$$

　　论题本应是一个命题，就是一个完全的表明语句，但题目除表示论文的主旨外，有时还含有刺激读者的作用。例如："女子不该参政吗？""文化运动不要忘了美育！""异哉所谓国体问题！"等形式的题目都有；但实际上不过是从"女子应当参政""文化运动应当注意美育""非国体问题"变化出来的。

　　作议论文的第一步，就是认定自己所要提出的命题。命题确定了，然后加以证明。所要注意的就是保持论点，不要变更，使议论出了本命题范围以外。例如"论莎士比亚的文学"，应当只从文学本身立论，不应该牵涉他幼时窃羊的事情。要排斥耶稣的教义，应当只从他的教义本身下攻击，不应该说他是私生子。因为文学和作者的幼时道德各不相关，教义的好坏和立教者的是私生子、非私生子毫无关系。如果要牵涉，就应当先证明两者的关系，必要使人承认幼时道德不好的，长大了也无好文学，私生子不能成伟大的宗教家，然后议论才立得住，不然总是谬论。这种毛病在批评别人的主张的时候较多，往往以攻击私人为压倒对手的武器。其实就是对手因为私德上受指斥不敢再答辩，也不是他的主张失败的证据。

第三节　证　明

　　命题既经认定，就应当加以证明，证明可分两种。

（一）**直接证明**　即是对于一种主张，找出积极的理由来证明。例如：

孟子曰："不仁哉梁惠王也！仁者以其所爱，及其所不爱；不仁者以其所不爱，及其所爱。"公孙丑问曰："何谓也？""梁惠王以土地之故，糜烂其民而战之；大败，将复之，恐不能胜，故驱其所爱子弟以殉之。是之谓：以其所不爱，及其所爱也。"

——《孟子·尽心》

这篇的主旨是说梁惠王不仁，而用"以其所不爱，及其所爱"的事实来证明。

（二）**间接证明**　就是所谓反证，对于一种主张，先证明对方面的谬误，使自己所说的牢固。例如：

……孟子曰："世俗所谓不孝者五：惰其四支，不顾父母之养，一不孝也；博弈，好饮酒，不顾父母之养，二不孝也；好货财，私妻子，不顾父母之养，三不孝也；从耳目之欲，以为父母戮，四不孝也；好勇斗狠，以危父母，五不孝也：章子有一于是乎？"

——《孟子·离娄》

这篇的主旨是说匡章是孝子，而用他没有不孝的事实来证明。

大概，发表自己的主张，不能不有直接的证明；反驳他人的议论，间接证明最有用。例如，有人主张"足球应当废止"，他所持的理由是"足球危险"，就可用间接证明法反驳如下：

足球危险，不错。但是，世间危险的事情很多，火车也危险，飞机也危险。如果因为危险就应当废止，那么，火车、飞机也应当废止了，这是很不合理的。

用这种反驳法应当要注意对手的论点变更。若主张"足球应当废止"的人，因为这个驳议而声明说："火车、飞机虽危险，但有用它们的必要，非足球可比的。"他的根据已全然变更了，最初的理由是"足球危险"，后来的理由是"足球危险而且非必要"，所以应当认为新论。

第四节　演绎法、归纳法和类推法

演绎法、归纳法和类推法，是论证的基本方法。要知道详细，须求之于论理学，这里所讲的只是一个大概。

（一）演绎法　用含义比较广阔的命题做基础，来论证含义较狭的命题，这是演绎法。例如：

学校的功课都应当注意学习，——大前提

音乐是学校的功课，——小前提

故音乐应当注意学习。——断案

这是演绎法最基本的形式，通常称为三段论式，是用含义较广的"学校的功课都应当注意学习"和"音乐是学校的功课"两个命题来证明"音乐应当注意学习"的命题。上列的顺序是理论上的通常的排列法，在文字或语言上，常有变更。试以上式为例：

（1）学校的功课都应当注意学习"的"（大），音乐"既"是学校的功课（小），所以音乐"也"应当注意学习（断）。

（2）学校的功课都应当注意学习"的"（大），所以音乐"也"应当注意学习"呀"（断），"因为"音乐"也"是学校的功课（小）。

（3）音乐"既"是学校的功课（小），学校的功课都应当注意学习"的"（大），音乐"也就"应当注意学习"了"（断）。

（4）音乐"既"是学校的功课（小），音乐"就"应当注意学习（断），"因为"学校的功课都应当注意学习"的"（大）。

（5）音乐应当注意学习"呀"（断），"因为"学校的功课都应当注意学习（大），音乐"也"是学校的功课（小）。

（6）音乐应当注意学习"的"（断），音乐"既"是学校的功课（小），学校的功课都应当注意学习"啊"（大）。

引号内的字是为句子的顺畅附加的，因为无论在文字上或语言上，常常还一定用很质朴的表明语句。大前提、小前提和断案不但排列的顺序可以变更，常常还有省略。例如：

（1）学校的功课都应当注意学习（大），音乐"也"是学校的功课"呀"（小）！

（2）音乐"既"是学校的功课（小），音乐"岂不"应当注意学习"吗"（断）？

（3）学校的功课都应当注意学习"的"（大），音乐"就"应当注意学习"了"（断）。

（4）音乐"既"是学校的功课（小），"就"应当注意学习（断）。

（5）学校的功课都应当注意学习（大），音乐自然不是例外（断）。

只要意义能够明白，在文章上排列变更，要素省略都无妨。为了文章辞调的关系，将命题的形式改换也是必要。但若要检查议论的正否，却须依式排列。例如：

（1）桀纣之失天下也，失其民也。

——《孟子·离娄》

（2）天子不能以天下与人。

——《孟子·万章》

（3）他不用功，故要落第。

这些议论若要施以检查，须将省略的补足，成一完全的三段论式如下：

（1）失其民者失天下，
　　桀纣失其民者也，
　　故桀纣失天下也。

（2）天子不能以天下与人，
　　尧为天子，
　　故尧不能以天下与人（舜）。

（3）不用功的学生都要落第，

　　　他是不用功的学生，

　　　故他要落第。

演绎法的议论，全以两前提做基础，所以如前提中有一不稳固，全论就不免谬误。如前例第三个论式：

不用功的学生都要落第，

他是不用功的学生，

故他要落第。

这论式中，大前提就不甚稳当，因为世间尽有天资聪明，不用功而可以不落第的学生。

世间原难有绝对的真理，所以就是论式各段都无误，也不是就没有辩驳的余地。不过各段的无误，是立论的必要条件，若没有这条件，议论的资格都没有了。

〔练习〕

　　试把下列各议论补足成三段论式，并检查是否谬误：
　　（一）试验使学生苦痛，故应废止。
　　（二）我国有广大的土地，岂有亡国之理。

演绎法的两个前提原是立论的根据，假若对于一前提不易承认，还须别的三段论法，把这前提来证明。例如要论证"人类必须有教育"的一个命题，假定是用下列的论式：

人类须有知识，——小前提

知识由教育而得，——大前提

故人类必须有教育。——断案

这论式中的小前提实在是很有疑问的，所以必须再加以证明如下：

生存须有知识，——大前提

人类要生存，——小前提

故人类须有知识。——断案

倘使这论式中的前提还有疑问，那么非再加以证明不可，繁复的议论文大概就是由许多三段论法联合成的。

〔练习〕

试补成下列的论式：
凡人因非全知全能，皆有缺点，故孔子虽圣人，也有缺点。

（二）**归纳法**　归纳法和演绎法恰好相反，是集合部分而论证全体的论法。例如，用演绎法证明"某人是要死的"。其论式如下：

凡人都是要死的，——大前提

某人是人，——小前提

故某人是要死的。——断案

这例中的大前提"凡人都是要死的"的一个命题是否真实，如果要加以证明，也可用下列的演绎法的论式：

凡生物是要死的，——大前提

人都是生物，——小前提

故凡人都是要死的。——断案

对于这个论式的大前提"凡生物是要死的"的一个命题，若还有疑问，须加以证明，那就不是演绎法所能胜任的，非用归纳法不可了。论式如下：

牛是要死的，马是要死的，羊是要死的，草是要死的，树是要死的……袁世凯死了，西施死了，我的祖父母死了……

牛、马、羊、草、树……袁世凯、西施、我的祖父母……都是生物。

故生物是要死的。

这式的两前提都是以经验所得的部分集合起来，由此便得到"生物是要死的"的结论。

归纳法中有两个应当遵守的条件：

（一）部分事件的集合须普遍而且没有反例；

（二）有明确的因果关系。

这两个条件如果能满足一个，大概可以认为没有错误。用例来说：

（1）有角动物都是反刍动物。

在这例中，"有角"和"反刍"有没有原因结果的关系，这在现在的科学上还没有证明，所以不能满足第二个条件。但有角的动物如牛、如羊、如鹿等都是反刍的，并且没有反例，即有角而不是反刍的动物可以举出，这就满足第一个条件，而可认为正确的了。

（2）有烟的地方必定有火。

这例中的"烟"同"火"是有因果关系的，满足了第二个条件，所以就是不遍举事例，也可认为正确。

（3）文化高的国民都是白皙人种。

这例虽可举出英、美、德、法等国民来做例证，但有印度、中国等反例可举，不满足第一个条件。并且，明确的因果关系也没有，又不满足第二个条件。这样的归纳便是谬论。

最有力的归纳法，是第一、第二两个条件都能满足的。因为事例既普遍而无相反的例可举，原因结果的关系又极明了，自然不易动摇了。所应注意的，有无反例可举和人的经验有关系。就现在所经验的范围虽无反例，范围一旦扩大也许就遇见了反例，所以归纳法所得的断案常是盖然的。但原因结果的关系既已明确，就有反例可举也不能斥为谬论，这只是原因还没完全举出，或反例另有原因的缘故。例如：

居都市的人比居乡村的人来得敏捷。

这就是生活状况的不同，一是刺激很多，一是清闲平淡，可以将原因结果的关系说明的。虽有一二反例，必定别有原因存在，对于原论并不能动摇。

〔练习〕

就下列各命题，广举事例且说明其因果关系：
（一）文化从海岸起始。
（二）卜不筮足信。
（三）健康为成功之母。

（三）类推法　根据已知的事例而推断相类的事例的方法，这是类推法。例如：

地球是太阳系的行星，有空气，有水分，有气候的变化，有生物。——已知的事例

火星是太阳系的行星，有空气，有水分，有气候的变化。——相类的事例。

故火星有生物。——断案

类推法应用时须遵守下列的两条件：

（甲）所举的类似点，须是事物的固有性，而不是偶有性；

（乙）被推的事物须不含有与断案矛盾的性质。例如：

（1）孔子与阳虎同是鲁人，同在鲁做官，若依了这些类似点，因孔子是圣人就推断阳虎也是圣人，这便犯了第一个条件，因为这些类似点都是偶有性。

（2）甲乙二鸟，声音，大小，形色都相同。但乙鸟的翅曾受伤折断，若依类似点因甲善飞就推断乙也善飞，这便犯了第二个条件，因为翅的折断和善飞，性质是矛盾的。

〔练习〕

人披毡了则温暖，将毡子包冰，则冰反不易化。试就类推法说明。

第五节　证据的性质分类

判断一件事，总是以经验作根据，而依前两节所举的方法找出证据来。由性质上，证据有种种的不同，分述如下：

（一）因果论　因果论又名盖然论，是根据了"同样的原因必生同样的结果"的假定，以原因证明结果。例如：

（1）某人平日品行方正（原因），这次的窃案大概和他没有关系（结果）。

（2）他作文成绩素来很好（原因），这次成绩不良，大概是时间局促的关系（结果出预想之外，因为别有原因的缘故）。

这都是因果论，普通所谓议论，大概是这类最多。因果论所以又名盖然论，就是因为这种议论并不是确切可靠的缘故。对于同一事件，往往可做正相反对的因果论，即如前例的：

（1）某人平日品行方正（原因），这次的窃案大概和他没有关系（结果）。

对于这一个因果论也可做正相反对的第二个因果论：

（2）某人近来很穷（原因），或不得已而窃盗（结果）。

这两个因果论，可以同时发生，在这时候，要决定究竟哪一个成立，实是一件很难的事。就是能够证明某人真是渴不饮盗泉的丈夫，但仍不能将（1）确立而推翻（2），因为还有第三个、第四个乃至无穷个因果论可以发生。即如：

（3）某人的母亲病得很危险，他正困于医药费（原因），或竟至于窃盗（结果）。

这个因果论更为有力，某人品行既好，当然有孝行，对于母亲的病自是要想尽方法去医治，那么急不暇择，也是人情。

从这例看来，可知因果论是个确度很小的论法。所以用这个论

法的时候，通常须用"大概""或"等推量的语气，万不可取断定的态度。

但因果论虽不是充足的可靠的议论，却是必要的、很有价值的。所以无论何种议论，至少非有一个因果论的证据不可。否则，即使别的证据很多，也不可靠。例如甲有杀乙的嫌疑时，假定有下列各种证据：

（1）乙被杀时，甲确不在家。

（2）甲家有带血迹的刀。

（3）甲的衣上有血。

这类的证据无论有多少，假定甲所以要杀乙的原因一点不明白的时候，依然毫不足凭，而不能据以断定甲是杀乙的。如果能求得下列的事实的一种或一种以上，那就可以认甲为杀乙的嫌疑者。所以仅一因果论的证据虽不足恃，若与别的证据联合起来，就成有价值的论法了。假定所得的事实如下：

（1）甲曾因金钱关系与乙有仇。

（2）甲和乙前几天曾打架而被打伤。

（二）例证论　将和结论相同的事例引来做议论的证据，叫做例证论。例如：

（1）某人身体原很弱，因从事运动，今已健康（事例）；所以运动是有益于健康的（结论）。

（2）甲学生很用功及了格，乙学生不用功落了第（事例）；所以要及格非用功不可（结论）。

（3）投石于水，就沉下去，投木片于水，则浮在上面（事例）；可知轻的东西是浮的，重的东西是沉的（结论）。

这都是例证论。例证论以部分来推全体，或以甲部分来推乙部分。前一种是归纳法的，归纳的法则应该严格遵守；后一种是类推法的，类推的规则切不可犯。除此以外还有几个条件应当特别注意：

（甲）人事和物理的不同　前例中（1）和（2）是人事，（3）是物理。物理以物为对象，物质界是有普遍的法则可寻的，所以大概可以说有一定。甲石沉了，乙石也沉了，可以说凡石都要沉的；甲木浮起，乙木也浮起，可以说凡木都要浮起的。但人事界的现象却没有这样的简单。甲从事运动身体康健了，乙从事运动或反而生病。因为体质、情形都不一定相同，结果不一定相同也是应该的。丙不用功幸而不落第，就以为不用功可以不落第；某人买彩票发财，就去买；某人的阿哥的学问好，就以为他的学问也好：这些谬误，都是一类。

（乙）"假定"不能做例证　例证须是事实，"假定"做不来例证。世间往往有以"假定"做例证而应用例证论的。例如：

（1）精神一到，何事不成（假定）；凡毕业颠沛流离的，都是精神不振作的缘故（结论）。

（2）他如果从事商业，已经可以做商店的经理了，何至穷得这样

（假定）；所以读书不如经商（结论）。

（1）例中，事情成不成非做了以后不能晓得的；（2）例中，经商能不能就做商店经理，而不穷困，也要经了商才可知道的。只悬揣了一个假定，再从这假定立了脚来推论，即使常识上通得过去，总不可靠。

（三）譬喻论　譬喻论和例证论相似，不过例证论是引用和结论相同的事例做证据，譬喻论是引用和结论相似的事例做证据。例如：

（1）加热于蒸汽机关，则机关运转，故热可转成运动。（例证论）

（2）像蒸汽机关的运转需煤一样，生物在生活上也需食物。（譬喻论）

譬喻论中所最要紧的，就是两方面的类似的关系。譬喻要得当，就是两方面中各自所存有的关系要有适当的关联。试就上例分解如下：

（1）蒸汽机关的转动要发热的东西（煤），故运动要有发热的东西。（归纳的例证论）

（2）运动要有发热的东西，故生物的运动（生活）也要有发热的东西（食物）。（演绎的因果论）

适当的譬喻，照上面的样子分解起来，例证论和因果论间一定有相当的可以存在的关系。假如其中有一式错误，譬喻论的全体也就要错误。今示误谬的例于下：

浙江人比湖南人好，好像浙江绸比湖南绸好一样。

这种譬喻论的谬误是谁都晓得的。所以，谬误的原因在哪里呢？试分解一下就晓得了：

（1）浙江绸比湖南绸好，所以浙江的一切比湖南的一切好。（归纳的例证论）

（2）浙江的一切比湖南的一切好，所以浙江人比湖南人好。（演绎的因果论）

这二式中，（1）的例证论明明不合归纳的法则，事例既不普遍，因果关系也不明确，要举反例，不论多少都可以举出，如湖南的夏布就比浙江的好之类。（2）的演绎式的大前提既谬误，断案当然也靠不住了。就是分解起来，（1）的归纳式不错，而（2）的演绎式错了，也一样地靠不住。

检查譬喻论的方法除将它分解以外，还有一种，就是审察两面的关系类似不类似。就前例说："浙江绸"和"湖南绸"的关系，与"浙江人"和"湖南人"的关系全不类似。不类似的关系当然不能譬喻的。至于"蒸汽机关"和"煤"的关系，同"生物"和"食物"的关系，就是类似的了。

譬喻论，我国古来用的很多，现在也着实有不少的人用它，讥

诈百出，最易使人受欺，大宜注意辨别。

〔练习〕

试指出下列各譬喻论正否：

（一）国之有海军与陆军，犹鸟之有两翼，缺一不可。

（二）政府之不必使人民与闻政治，犹父母之不必问家事于子女。

（三）一矢易折，集数矢则难折。人也是这样，孤立易败，协力则无敌。

（四）符号论　符号论和因果论恰相反，因果论是从原因推证结果，符号论是从结果推证原因。例如：

（1）某人没有一定的职业，应当很穷。（因果论）

（2）某人到了严冬还穿夹衣，可见他很穷。（符号论）

符号论是以实际的形迹（符号）来证明所论的真确的。见学生上课时在讲堂中睡眠，说教师不能引起学生的兴味；见水的结冰，说大气的温度在冰点以下；见日本打胜了俄国，说日本比俄国文明程度高，这都是符号论。通俗所谓"理由"的，大概是因果论；所谓"证据"的，大概是符号论。

因为同一事实，可以由种种的原因发生，所以符号论虽是由结果而推论原因的议论，也是不完全可靠。例如：

（1）学生上课时在讲堂中睡眠，足见教师不能引起学生的兴味。

这议论也可有别种的说法：

（2）学生上课时在讲堂中睡眠，足见学生不十分注意学业。

（3）学生上课时在讲堂中睡眠，足见学校的功课太繁重，学生担负不下。

……

符号论一不小心就容易生出谬误。因为是博士，就崇拜他，说他有学问；因为是孔子说的，就相信它一定不错；因为西洋人也这样那样，所以非这样那样不可；看看报上某商店的广告，就信某店的货物精良，都是这一类的谬论。

符号论中最可靠的，是那结果只有一种原因可以生出来的时候。例如：

（1）河水结冰了，可知天气已冷到摄氏表零度以下。

这是可靠的议论，因为除了天气已冷到摄氏表零度以下，没有别的原因可以使河水结冰的。但是像：

（2）碗中的水结冰了，可知天气已冷到摄氏表零度以下。

这就不大可靠。因为使碗中的水结冰的原因还有别的，人工的方法就是一个。

就大概说：自然界的现象，符号论大体可靠，一涉到人事，关

系非常复杂，用符号论大须注意。

第六节　各种议论的联络

前节所述的四种议论，各有缺点，所以单独使用很不可靠。但是若能将二种以上的议论联结起来，就成有力的议论了。例如甲有杀乙的嫌疑时，如果在同一事情，得到下列种种事实，那末甲是嫌疑犯，差不多可以断定了。

（1）甲的性情粗暴。　　　　　　　　　　　　　（因果）

（2）甲与乙曾因金钱关系有宿怨。　　　　　　　（因果）

（3）某次甲曾用刀和人格斗。　　　　　　　　　（例证）

（4）乙被害时，甲不在家，其时为夜半。　　　　（符号）

（5）甲家中有带血的衣服和刀。　　　　　　　　（符号）

以上是三种议论的联结，若能四种联结，更为可靠。所应注意的，就是因果论和符号论并不全然可靠，至于例证论和譬喻论更只能做补充用，力量很微弱，即以上例来说，虽已有五个证据，但最多只能说甲有嫌疑，至于甲是否杀乙，依然不能断定。所以，关于这一类事实要下判决，非有确实的人证（如当场见到）或物证（如刀与伤口）不可。因此，裁判官只能用各种方法引诱甲自行承认，而不能依自己所得的盖然的证据推断。因为上面的事实，甲和别人血斗或杀的不是乙，甚或别人嫁祸，（4）和（5）都可以存在的，至于

（1）（2）（3）都是已经过去的事，用做证据本来力量很不大。

第七节　议论文的顺序

文章原无一定的成法，议论文的顺序当然也不能说有一定。以下所说的事项，不过是普通的说法。

（一）命题的位置　议论文原是对于命题的证明，命题当然是议论文的根本。所以命题在一篇文章中应该摆在什么地方？还是先列命题，后来说明呢？还是先加说明，后出命题呢？这实在是一个问题。

在最普通的文章，应该先提出命题，使读者开首就了解全篇主旨所在。若是把文章读了半篇，还不能晓得究竟讲点什么，这类不明晰的文章，普通不能算好的。

先列命题，能使文章明晰，却是有时也不应当先将命题列出：

第一，命题容易引起反对的时候　例如对学校学生主张有神论，或对宗教家主张无神论的时候，倘使先把命题揭出，必致开端就惹起观听者的反对，以后虽有很好的证明，也不足动人了。这种时候，应当先从比较广泛点的地方起首。对学生讲有神论，可先从科学说起，说到科学不可恃，再提出有神论来。对宗教家主张无神论，可先说古来有神论和无神论的派别，各揭出其优劣，使听者觉得无神论也有若干的根据，然后再提出自己主张无神论的意见。

第二，命题太平凡的时候　例如在慈善会场中演说"人要有慈善心"的时候，若开端先将命题提出，听的人就厌倦了。这种时候，可

从"生存竞争的流弊"等说起，使听者感觉慈善的必要，然后再提出本命题来。

（二）证明的顺序　通常因果论应当列在前面，符号论列在最后。因果论若列在最后，就使已经证明的事情和当面的问题无涉。若四种论证都全备的时候，就是（1）因果论、（2）譬喻论、（3）例证论、（4）符号论，这是最普通的。

先列因果论，使读者预想有像结论的事实。次列譬喻论和例证论，使读者预想着在别时别地所有的事实，或者在此也要起来。到了最后的符号论，使读者觉得所预期要起来的事实果真起来，就能深切地信从了。再用前面所举的甲杀乙的事例来说：

（1）甲与乙因金钱关系有宿怨。（使读者预想甲或因此杀乙。）

（2）甲虽是个平和的人，但是愤怒可改变素性；好像水虽平静，遇风也要起浪。（使读者信平和的甲，也可杀乙。）

（3）从前某人某人都是平和的人，都因愤怒及金钱关系，有过杀人的行为。（使读者因从前的实例，坚信甲有杀乙的可能。）

（4）甲家有带血的衣服，且乙被害时，甲确不在家。（因证据使读者坚信甲是杀乙的。）

第八节　作驳论的注意

议论文以推理为根据，除了自然界的现象以外，人类社会的事情非常复杂，而人的推理又非绝对可恃，所以无论何种名文，总不免有驳击的余地。并且议论原是假定有敌论者存在，否则已用不到议论。从这一点说，议论文可以说是广义的驳论了。今姑且就一般的所谓驳论，略述一二。

（一）寻求敌论的立脚点 要反驳敌论，自然以从要害驳击为最有效，所以寻求敌论的立脚点是第一步功夫。对于敌论应当找出它的主旨，就是根本的命题。其次要寻出它证明的根据和法式——演绎或归纳或类比。

（二）反驳的方法 对于敌论所用的证论的法式既已明了，只须检查它违犯哪一种条件。但只是将证论推翻，不一定就能打倒敌论的根本命题，所以最重要的还是对于这命题的驳击。

命题由性质上分，有肯定和否定两种，如本章第二节所说；若由分量上分，又有全称和特称两种。例如：

（1）凡人是动物
（2）凡人非木石 ｝……全称命题

（3）有动物为人
（4）有动物非马 ｝……特称命题

上例在质上（1）（3）是肯定，（2）（4）是否定；所以从质和量上分，命题有四种：（1）全称肯定，（2）全称否定，（3）特称肯定，（4）特称否定。

将质或量不同，而所含的概念相同的命题对证，称为对当。对当有各种形式，须于论理学中求之。现在只讲其中的一种矛盾对当，即全称肯定和特称否定以及全称否定和特称肯定。矛盾对当的性质

是此真则彼伪，此伪则彼真，因此对于敌论命题的攻击，这种方法最方便而有效。

议论的命题应当是全称，若为特称立论本已非常无力。所以驳击敌论的全称命题，只须从它的矛盾对当的特称命题下手，因为证明特称命题实较证明全称命题容易。例如：

（1）敌论——凡哺乳动物都住在陆上。

——全称肯定

　　　　驳论——有哺乳动物（鲸）不住在陆上。

——特称否定

（2）敌论——白话不能达古书之义。

——全称否定

　　　　驳论——有教师讲解时白话能达古书之义。

——特称肯定

上例若驳论成立，敌论当然被推翻，而驳论都是特称，只要有一二例证就可成立，所以最方便而有效。

〔注意〕证明全称肯定或否定以推翻特称否定或肯定也是矛盾对当，但于作驳论少有用处，所以不详细讲了。

（三）应注意的条件　作驳论应注意的重要条件有下列的三个：

第一，勿助长敌论的声势　敌论者如果是有声望的人，议论往往在一般人的心里有强固的印象。这时候务必设法使敌论的印象减轻，以便自己的议论容易透入人心，切不可助长敌手的声势。例如对某博士的文字作驳论的时候，如果说：

> 某君是个博士，是个大学教授，学问很渊博，他的议论，当然不是我们做中学生的所够得上批评的。
>
> 不过……

这就是不利于自己的议论。但是也不可因此而发些轻薄的议论去糟蹋对方，这是作者的人格问题。

第二，勿曲解敌论　驳论是将自己对于敌论的反抗，公诉于一般的读者的文字。对于敌论必须不以恶意去曲解它。否则无论怎样，不能中它的要害，并且不能得读者的同情。

第三，驳论的位置　最有力的驳论最好放在中部，后半篇可用强有力的方法发挥自己的主张，使读者忘了所读的是驳论，而信从自己的主张。

以上所说的各项，并不是想取不正当的胜利，只是用来防不应当有的失败，千万不要误用。文章真要动人，非有好人格、好学问做根据不可，仅从方法上着想总是末技。因为所可讲得出的不过是文章的规矩，而不是文章的技巧。

〔练习〕

（1）试将读过的一篇议论文，分解它的论证法。

（2）试就读过的一篇议论文作驳议。

第六章

小品文

第一节　小品文的意义

　　从外形的长短上说，二三百字乃至千字以内的短文称为小品文。前几章所讲的记事、叙事、说明和议论等，是从文的内容性质上分的，长文和小品文只是由外形而定。因此小品文的内容性质全然自由，可以叙事，可以议论，可以抒情，可以写景，毫不受何等的限制。

　　小品文，我国古来早已有了，如东坡小品就很有名。普遍的所谓"随笔"，也可看做小品文的一种。近来在各国，小品文更盛行，并且体裁和我国的向来的所谓小品文大不相同。现在的所谓小品文实即 sketch 的译语。大概都是以片段的文字，表现感想或实生活的一部分的。例如：

雪　夜

　　从早晨就暗淡的天，一到夜就下了雪了。由窗隙钻入的寒气冷到彻骨，好像是什么妖魔用了冰冷的手，来捉摸人的头颈似的。才将夜饭碗盏收拾好的母亲，在灯下又开始做针线，父亲呢，一心地看着新闻。饭毕就睡了的小妹，好像是日间跑得太厉害了，时时在被窝里发出惊叫来。

　　雪依然没有止，后园里好几次地有竹折断的声音。夜不觉深了，

寒气渐渐加重，连远处传来的犬吠声，听去也觉得分外地带着寒森凄清了。 （写景）

红蜻蜓

就枯草原上卧了，把书翻开，忽然飞来了一个红蜻蜓，停在书页上面。头影一动，就好像触怒了它的样子，即刻飞去了。飞也不远，仍旧回到原处。我寂然不动地看它：尾巴缓缓地孑孑地动着，薄薄的两只翼翅，尽量伸张，好像单叶式飞行机的样子。不时又闪转着那大而发光的眼睛。

在晚秋的当午的强烈的日光中，红色的蜻蜓，看去却反觉有点寂寞。 （状物）

田 畔

倦了在田畔坐息，前面走过了穿着中学校制服的学生们，仔细一看，是K君与N君。他们不知道我在这里，一壁走着，一壁高声地谈着。

唉！唉！在小学校的时候，我比K君、N君成绩好得多，先生也说我是有望的少年，只为了贫穷的缘故，就这样朝晚与田夫为伍。我难道竟以田夫过这一生吗？

那未免太悲哀了！但是有什么法子可想呢？我太难过了！虽自己不愿哭，眼泪已流下颊上了！ （抒情）

鸡

鸡告诉我们天地的觉醒，但所告诉的并不一定是光明。

鸡的第一次开声，是夜的最黑暗的时候。

鸡在深暗中叫，鸡是在深暗中叫的！　　　　　　（议论感想）

读者读了上面的例，当可明白小品文是怎样的东西了。小品文虽然也有独立制作的，其实多散见于长文中。有名的文学作品中含有小品文极多，几百页的长篇小说，也可看成小品文的连续。在近代作品中，果能节取，随处可得到很好的小品文范例。例如：

风雨的强度渐渐地退减，不久，就只剩了雾样的非常美丽的细雨。云的弧线一点点地透升上去，长而且斜的日光，即落在地上了。从云的裂缝里，露出一条碧色的天空，这裂缝次第展开，像个揭去面纱的样子，既而澄净深碧的天空就罩住世界。新鲜的微风拂拂地吹着，好像地球的幸福的叹息，掠着湿雨的小鸟的快乐的歌声，可从田野森林间听得。

——莫泊桑的《一生》

从黎明起，平常所没有的凝然而沉的浓雾，把一切街道闭住了。这虽若干地轻微透明，不至于全不看见东西，可是在雾中行走的人们，都已浸染着了那不安的暗黄色。女人脸上鲜活的红色以及动人目的衣服花样，都好像隔了一层黑的薄纱，在雾中有时茫然地暗，有时豁然地鲜明。南首天空，在蚊帐样的黑云里，藏着日脚很低的十一月的太阳，比地上远来得明亮；北首则到处沉暗，好像低挂着大大的幕，下面昏黄而黑，物象分辨不清，几同夜间一般。于这沉滞的背景中，模糊地浮出着薄暗的淡灰色的屋宇，在秋天已早荒废了的某花园的门口竖着的两圆柱，看去宛像死人前面列着的一对的黄蜡烛……

——安得列夫的《雾》

祖母死后数年，父母也都跟着做了这墓中的人，到现在已星霜几易了。墓碑满了藓苔，几乎看不出文字，虽默然地立着不告诉我什么，但到此相对，不觉就如目见墓中人一样。他们生前的情形，都一一不可遏地奔到我心上来：祖母驼圆了背在檐下曝日的光景，父亲的将眼鼻并在一处打大喷嚏的神情，母亲着了围裙浆洗衣服的样子，都显然地在我眼前浮出。

飒然地风来了，树叶瑟瑟地作声。明知道只是树叶的声音，然在我无余念的人的耳中，好像是有一种曾听见过的干皱的沙音，快活的高声，和低而纤弱的喉音，纷然合在一起，在那里忙说着什么似的。忽然间声音一停，以后就寂然了。

我的心也寂然了。从这寂然的心坎中忽然涌起了怀慕的心情，不觉眼中就含了泪了。唉！如果可以，我愿就这样到墓中去，不再返尘世了！

——二叶亭四迷的《平凡》

以上不过就近代外国文学作品中略举数例，这样好的小品文，在我国好的文学作品中当然也很不少。如《儒林外史》中的"王冕放牛"，和《水浒传》中的"景阳冈"一段，都可作小品文读的。读者只要能留心，就可随处得着小品文的范例了。

第二节　小品文在文章练习上的价值

小品文自身原有独立的价值，且不详论。练习小品文，对于作长文也很有帮助，就是可以增长关于作文所需要的各种能力，所以对于文章练习上，利益很多。兹述一二于下：

（一）**可为作长文的准备**　画家学画，须先从小部分起，非能完全描一木一石的，绝不能画全幅的风景，非能完全写一手一足，绝不能画整个的人物。文章也是这样，不能作全部分的文字的，即使作了长篇的文字，也决不会有可观的价值。所以与其乱作无谓的长文，不如多作正确的小品文。换句话说，就是学文须从小品文入手。

（二）**能多作**　文有三多：多读，多作，多商量，这是学文者无可反对的条件。但长篇文字要多作，实不容易，小品文内容既自由，材料又随处可得，并且因字数很少，推敲、布局都比较容易，很便于多作。能多作，作文的能力就自然进步了。

（三）**能养成观察力**　小品文形比较短小，当然不能容纳大的材料。因此，要作小品文，无论写情、写景，非注意到眼前事物的小部分，将它的特色生命来捕捉不可。这么一来，结果就可使观察力细密而且锐敏。细密而且锐敏的观察力，实在是文人最重要条件之一。

（四）**能使文字简洁**　要作小品文，因它的字数有限，断用不着悠缓的笔法，非有扼要的手腕不可。所以学习小品文，可以使文字简洁。初学作文，最普通的毛病是冗漫、宽泛，因为初学者对于材料还没有选择取舍的能力，不容易得着要领的缘故。若作小品文，这毛病立即现出，渐渐自然会简洁起来，而对于材料也能精于选择、取舍。这种工作，原是作文的第一步，也就是作文方法的一切。如果真能通达，已可算得有作文的能力了。

（五）**能养成作文的兴味**　初学作文的人，往往因为作得不好，打断兴味，而自觉失望，这是常见的事。长篇文字所需的材料既多，

安排也不容易，初学的人当然没有作得好的可能，屡作都不好，兴味就因而萎缩了。小品文以日常生活为材料，并且是片断地收取，因而容易捕捉，材料既不复杂，安排也容易，即使作了不好，改作也不费事。为了这样，学作小品文既容易像文字，而很好的成绩偶然也可得着，作者的兴味当然可以逐渐浓厚。

学作小品文的好处如要细述，还不止此，但这已很足证明有学它的必要了。读者要学作文章吗？先努力作小品文吧！

第三节　小品文练习的机会

小品文随时可作、随地可作，不必再待特别机会。这里列举一二便于作小品文的机会如下：

（一）**日记**　日记因人的境遇、职业不同，种类当然很多，但大体可分为两种，一是只记述行事的，二是记述内面生活的。在普通人的日记中，两种时时相合，前者重事实方面，后者重心情方面。例如：

晨五时起，到后园散步，早膳后赴学校。授课三小时。傍晚返寓。S君来谈某事，夜接N自沪来信。灯下作覆书，阅新到杂志。十时就寝。

数日来的苦闷，依然无法自解。来客不少，可是都没有兴高采烈地接待他们。客散以后，一味只是懊恼，恨不得将案上的东西，掷个粉碎。天一夜，就蒙被睡了。

上面二例，前者是以行事为本位的，后者是以心情为本位的。两者虽任人自由，没有限制，但为练习文章计，应当注意这两方面的调和。一味抒述内心生活，虽嫌虚空，然账簿式的事实的排列，也实在没有趣味。因此，最好的日记是于记述事实之中，可以表现心情的做法。请看下例：

昨晚执笔到一点钟，起来觉得有点倦懈。天仍寒雨，窗外桃花却开了。H来谈，知N已病故，不胜无常之感。忽然间N的往事，就成了全家谈话的材料了。下午到校授课，夜仍译《爱的教育》，只成千百字。

上例虽不甚佳，然可视为两方调和的一例。我国古来，日记中很有可节取的文字。案头现有《复堂日记》，摘录一节如下：

积雨旬日，夜见新月徘徊庭阶，方喜晴而础润如汗，雨意未已。二更猛雨，少选势衰，枕上阅洪北江《伊犁日记》《天山客话》终卷。睡方酣，闻空楼雨声密洒，霆雷如百万军声，急起，已床屋漏矣。两炊许时，雷雨始息，重展衾枕，已黎明，是洪先生出关，车行三四十里时也。

这是清人谭复堂日记的一节，可以做小品文读的。笔法虽与现代的不合，但对于实生活的忠实的玩味力和表现力，是可以为法的。

一个人每日的生活必有几事可记的。一日的日记，如果分析起来，实有几个独立的小品文可成。通常日记不必使每一事实都成小

品文，只要使一日的日记全体为一小品文，或于其中含一小品文就够了。上例就是于一日的日记中含一小品文的。

日记的价值可说的很多，练习文章也是价值之一。因为日记是实生活的记录，日记的文字可以打破一切文字上的陈套。要作好日记，非体会吟味实生活不可。所以从日记去学小品文是很适当的。

（二）书札　书札与普通文字径路不同，尽有能作普通文字而不能作书札的。书札有实用与非实用的二种。实用的书札普通都是随笔写成，不加功夫；至于非实用的，则非有练习功夫的人是不能作的。日常的书札中往往含有这实用的与非实用的两方面。例如：作书托友人介绍医生，而附述自己病床的景况，前者是实用的，后者是非实用的。又如：作书约友人来游，而叙述所在地的景物，前者是实用的，后者是非实用的。

讲到趣味，作书札比作日记更多，因为日记是独语，而书札却是对话了。知友把他的生活情况来报知我们的书札，我们都非常乐读。我们能于书札中表现我们的生活，使朋友晓得，他们将怎样地欢喜呢？

我国古来书札中，佳例很多。兹随录一二为例：

　　某启，两日疾有增无减，虽迁闸外，风气稍清，但虚乏尔。儿子何处得《宝月观赋》，琅然诵之。老夫卧听未半，跃然而起。恨二十年相从，知元章不尽。若此赋当过古人，不论今世也。天下岂常如我辈愦愦耶？公不久当自有大名，不劳我辈说也。愿欲与公谈，则实未能，想当后数日耶？

　　　　　　　　　　　　　　　　　　——苏东坡《与米元章》

某到黄陂，闻公初五日便发，由信阳路赴阙，然数日如有所失也。欲便归黄州，又雨雪间作。向僧房申明窗下拥数块热炭，读《前汉书·戾太子传赞》，深爱之。反复数遍，知班孟坚非庸人也。方感叹而公书适至，意思豁然。稍晴暖，当阳罗江上放舟还黄也。

——苏东坡《与滕达道》

庭前小梅数株，绿衣素妆，娟好如汉宫人。幽斋无事，静对忘言。或时移书吟咏其下，攀条摇曳，暗香入怀。每当惠风东来，飘拂襟袖，挹其清芬，宛然如见故人。今虽飞琼碎玉，点点青苔，然片光孤影，独仿佛缭绕左右。倘能乘兴而来，巡檐一索，便可共吟楚些，共招落梅魂也。

——汤傅楹《与尤展成》

上所举的例虽与现代文体不同，然都能表示实生活，不只简单的排列要事，很能使受书的爱读，而且读了增加不少的兴趣。由此可知：要作好书札，非加入实生活的背景不可；若不将实生活做背景，文字就不能动人。试比较下二例：

（甲）昨日在某处遇见H君，知S君即将于下星期内赴英伦。我和H定于明晚在某处设宴饯行，特写信约你，请届期与会。

（乙）昨日在某处遇见H君，知S君即将于下星期内赴英伦。S君要赴英留学，原是早有所闻的，却不料别离有这样快！寥寥的朋辈中暂时将又少一人了。已和H约定，明晚在某处设宴饯行，特写信给你，请届期与会。于离别以前，大家再一亲S君的快活的面影，话一番小学时代的旧事吧。

这是编者漫然作成的例。（甲）和（乙）相较，（甲）是只列事实，（乙）是兼述生活和心情，（乙）较（甲）有情趣，读了自可了解了吧。

书札中能兼述生活情趣，就能不呆滞而饶兴味。这不但在本文中如此，随处都是这样。举一例说，即如署名下的月日就可有各种记法。"某月某日""某月某日灯下""某月某日游山归来""某月某夜蟋蟀声中"，这些记法，后面的比前面的，趣味就有多少的分别。

这里所应注意的，就是要真实无饰。若专袭套语，徒事修饰，是毫无用处的。只要能表现实生活，就可以使读者引起情趣；若徒把古人或今人的美辞丽句来套袭，就要成呆板讨厌的文字了。旧式书简中很多这种毛病，不可不知。

第四节　小品文作法上的注意——着眼细处

小品文是记述实生活的一部分的东西，以描写部分为目的。要写全体的事象，当然不是小品文所能胜任的。所以作小品文必须注目于事物的细处，就极微细极琐碎的部分发见材料。习作小品文所以能使人的观察精细锐敏，原因就在这一点。试看下例：

（甲）鳞云一团，由西上升，飞过月下，即映成五色，到紫色缘边，彩乃消灭。团圞的月悬在天心，皎皎的银光笼罩着平和的孤村。四边已静寂了，地底下潜藏的夜气，像个呼吸似的从脚下冲发上来。

——《月夜》

（乙）一到半夜，照例就醒，醒了不觉就悄然。窗外有虫叫着，低低地颤动地叫着，仔细一听，就是每夜叫的那个虫。

我不知于什么时候哭了，低低地颤动地哭了。忽而知道，这哭的不是我，仍是那个虫。

——《虫声》

上二例都是描写秋夜的。一以月为题，一以虫声为题；一以景色为主，一以作者的心情为主。趣向不同，好坏虽难比较，然秋夜的情调，二者中，何者比较地能表示出来呢？不用说，后者胜于前者了。这个原因，由于（甲）欲以短小的文字写繁复而大的景物，（乙）却只写虫声（一个虫声）的缘故。

欲在一小文中遍写一切，结果必致失败。初学者作"春日游某山记"，往往将上午某时出门，途遇某友，由何处上山，在何处休息，何处午餐，游某寺某洞，某时下山，怎样回家等，一一列举于短小的文字中，结果便成了一篇板笨的行事账簿，当然没有什么趣味可得的。

不但描写景物是这样，即在抒情文、感想文、议论文中，也是如此。小品文的材料，与其取有系统的整个的，不如取偶发的、断片的。例如：

去年今日此门中，人面桃花相映红。人面不知何去处，桃花依旧笑春风。

这是崔护的诗，所以读了能使人感动，全在他能触物兴感，把

偶发的断片的材料来活写的缘故。如果平铺叙述，把一切事件都说到，就成了"崔护某处人，一日在某处遇一女郎……"样的一篇东西，使人读了，最多也不过得着"哦，有这么一回事"的感觉罢了。

就事件的全体来做小品文的材料，结果只能得到点轮廓，不能得其内容。用譬喻来说，轮廓的文字好像地图，是不能作为艺术品的。我们要作绘画样的文字，不需要地图式的文字。因为从绘画上才有情趣可得，从地图上是不能得到的。

从许多断片的部分的材料中，选出最可寄托情感的一点拿来描写，这是作小品文的秘诀。好像打仗，要用少数的兵去抵御大敌的时候，应该集中兵力，直冲要害，若用包围式的攻战法，就要失败的。

第五节　小品文作法上的注意——印象的

精细的部分的描写，胜于粗略的全体的叙述和说明。这是从前文已知道的。那么，什么叫做描写呢？

描写是照了事象把它来从笔端现出的意思，和绘画所用的意义相同。说明固然不是描写，叙述也不是描写。旧式文章中说明和叙述的分子很多，近来的文章，除了批评文、感想文等以外，差不多都以描写的态度出之了。

我国古来纯文学作品中很有描写佳例，随录一二，读者当能了解描写的态度。

山色倒侵溪影，一路随孤艇。

————杨仪《桃源忆故人》

寒风吹水，微波皱作鱼鳞起。

————赵宽《减字木兰令》

仰视浮云驰，奄忽互相逾。

————李陵《与苏武》

斜日坠荒山，云黑天垂暮，时见空中一雁来，冷入残芦去。

————蒋冕《卜算子》

于上列各例，读者对于他们观察事物的精敏，大约佩服了吧！
简单点说：描写就是观察的表出，不会观察事物的人是断不能描写
的。前节所说的宁作小部分的描写，不可作全体的叙述和说明，换
句话说，就是要描写的，不可是叙述的、说明的。因为短小的文字
中，若要装载整个的有系统的材料，必致流于说明、叙述，结果便只
存了轮廓而使内容完全空虚了。

但从另一方面看，所谓描写的就是"印象的"的意思。我们与事
物相对时，心情中必有一种反应或感觉，这普通称为"印象"。描写
是照了所观察的事象如实写出，就是要把印象写出。所以，如果是
描写的文字，必会成印象的文字。上面所举的描写诸例，都是印象
的，都能将自己对于事物所得的印象传给读者。

将自己所得的"印象"，不加解释说明直现出来，使读者也得着
同样的印象，这叫做"印象的"。试看下例：

（甲） 才开窗，湿而且重的温风即吹来，花坛的花枝都带着水

珠。蔷薇已落了许多，有几瓣还乱落在花坛外，沾着些泥土了。油也似的雨，还丝丝地、亮晶晶地从檐口挂下，罗岩山山腰以上，无声地放着破絮似的云，铅样的湿烟，低低地笼罩湖水，一切都沉滞得如在水银中一样。

——《时雨的早晨》

（乙）　起来正六时，天还未晴，开窗一看，湿而且重的温风就迎面吹来。花坛的花枝上都带着水珠，知道昨夜大雨。蔷薇已落了许多。这蔷薇是今年正月里亲自种的，前天才开，不料就落了。有几瓣还乱落在花坛外，沾着些泥土，这大约是昨夜风大的缘故吧。

油也似的雨，丝丝地、亮晶晶地，从檐口挂下，不从檐口去看，却看不出。罗岩山山腰以上放着破絮似的云，天恐一时不会晴呢。铅样的湿烟，低低地笼罩湖水，一切沉滞得如在水银中一样。唉！真令人闷极了。

上面二例，（甲）只述目见的光景，（乙）则于述光景以外，又加入作者自己的解释或说明。读者读了，不消说是取前者不取后者的吧。因为前者比较地能把印象传给读者，且所传给予读者的只有印象，所以读了容易感染。至于后者则像以谆谆的态度教示读者一样，读者读了很感着不自由；且因所传给予读者的不止印象，夹杂着许多不相干的东西，所以印象也就不能分明地传给读者了。

我国旧式文字中往往以作者自己的态度，强迫读者起同感。如叙述一悲事，结尾必用"呜呼，岂不悲哉"，叙述一乐事，必要带"可谓乐事也已"之类。其实这是强迫读者的无理的态度。悲不悲，乐不乐，读者自会感受，何必谆谆然教诲人家呢？

描写！描写！部分的精细的分写，胜于全体的叙述和说明！再进一步说，要"印象的"描写！

第六节　小品文作法上的注意——暗示的

前节的所谓部分的描写，并非一定主张绝对地描写一部分，目的是要从部分使人仿佛全体。既然能印象地描写，把部分的印象传给别人，全体的影子必然在其中含着，所以必能将全体的光景暗示读者。说明的文字易陷于轮廓的，范围常有一定，文字就往往无余情可得；描写的文字部分虽小，范围却无限制，可以暗示种种复杂的情景于读者。所以数千字的说明、叙述的文字，有时效力反不及百字内外的描写的文字。小品文的价值大半在此。如果部分的描写，只能收得部分的效果，那就不是好文字。在这个意义上，小品文远比别的长文来得难作。据说，法国雕刻家罗丹雕刻一胸像的时候，先做一全像，完成了再截去手足，而只留下胸部以上的部分。作小品文也非用这样的态度不可。

不要说明的和叙述的，要描写的，要印象的，暗示的，其实这许多话的根本完全相同。说明和叙述必无余情，能描写，自然会成印象的，同时也自然是暗示的了。试看下例：

邻家的柿树今年又结了许多的柿子。这家有一个很可爱的小孩。去年这时候，他爬上树去摘那柿子，不小心翻下来了。他哭得不得了，他的父母赶快将他送到医院里去，结果左手带了残疾

了。他垂下了左手走过这树旁的时候，总恨恨地对着树看的。真可怜呢！

——《柿树》

这例彻头彻尾是叙述的、说明的，并无趣味，也没有余情，使人读了不过得着一个大概的轮廓，除了说一句"原来如此"以外，并不会起何等的心情。试再看下例：

近地的孩子们笑着喊着，忘了一切捉着迷藏。从折手以后，就失了大将地位的芳哥儿，悄然地在他自己门口徘徊，恨恨地对着那柿树的弯曲的枝杈。他是因从这树上翻下，成了一生不可回复的残疾的。

圆圆的月亮，从柿树的弯曲的枝杈旁上来了，"月亮弯弯……"芳哥儿用眼角瞟视着在狂耍的俦伴，一面大声地唱了起来，眼泪忽然含不住了。

这例和前例面目就大异，芳哥儿的悲哀，以及好胜的性格、将来的运命等等，都可在此表露，是有余情、有个性的文字。前例是事情的全体，后例却只是一瞬间的光景，而效力上，后者反胜于前者。可知部分的印象的描写，可以暗示全体。前例是地图式的文字，后例却是绘画式的文字。

用了部分去暗示全体，才会有余情。在这里，可以觉悟小品文并不是容易作的，所得部分，要有全体做背景才可以，并且，部分与背景的中间，最好要有有机的不可分的关系存在。譬如水上浮着的菱，虽只现一小部分的花叶，但水中却有很繁复的部分潜藏着。而水中潜藏着的繁复的部分，和水上所现出的简单的部分还有着不可分的有机的关系。

暗示是小品文的生命，但所谓暗示可分两部分来看：一是笔法的暗示，一是材料的暗示。前者比较容易，后者实在很难。如能用暗示的笔法去描写暗示的材料，那就是最理想的了。前面所举的崔护的诗，其好处全在他能用暗示的笔法去描写暗示的材料。

第七节　小品文作法上的注意——中心

前面曾说：小品文好像以寡兵抵大敌，非集中兵力，直冲要害不可。又说：如果取整个的多数的材料，不如细密写少数的部分的材料。这里所谓中心，也就是这种态度的另一方面。

所谓中心，就是统一的意思。小品文字数不多，如果再散漫无统一，必致减少效用，没有可以逼人的能力。试看下例：

仍不到六时就起来了。因循惯了的我，这几天居然把贪睡的恶癖矫正，足见世间没有什么难事，最要紧的就是克己。克己！克己！校中先生所带讲的"克己"二字的价值，到今方才了解。

盥洗以后，散步校园，昨夜新晴的天，又下起雨来。满想趁今日星期天出外游耍，现在看去，只好闷居在校里了。"不如意事常八九"，世间大概如此吧。

——《朝晨》

上例前后二段间并无何等的联络，所说的全是截然不同的事，就是无中心、无统一的文字，令人读了以后，不能得着整个的情味。这样的时候，倒不如把两种材料分作成两篇小品文。

没有中心，文字就要散漫无统一，散漫无统一的文字断不能动人。但所谓中心，不是一定限于事项的统一，事项虽不前后联络，只要情调心情上能统一时，仍不失为有中心的文字。例如：专写西湖的早景，是统一的；但于一短文中如果兼写西湖的早景、夜景、雨景而确能表现出西湖风景的情调（地方色）时，仍不失为有统一有中心的文字。试再看下例：

狗叫过好几次了，父亲还没有回来。在洋灯旁缝着衣服的母亲，渐渐把针的运动宽松，手中的布也次第流到桌上去了。

邻家很远，大哥昨日到上海做学徒去了。窗外的风声、犬声、壁上的时钟声，以及母亲的轻微的鼻息声，都觉得使我感着说不出的寂寥。

狗又叫近来了。母亲很无力地张开眼来，好像吃了一惊了似的，仍旧提起了皱罗罗布来一针一针地缝着。

夜不觉深了！

——《夜》

上例材料上并不统一，尽有前后无关系的事项。但情调却并不散漫，读了可以使人得着一个整个的寂寞无聊的感情。这就是以情调心情为中心的文字。

从此可知，文字不可无中心，这中心用事项来做，或是用情调来做，是不必限定的。只要不是杂凑的文字大概自然都有中心可说，因为我们要忠实地写一事实或一情调时，绝不至于说东扯西，弄成无统一的文字的。

第八节　小品文作法上的注意——机智

小品文如奇兵，平板的笔法断难制胜，非有机智不可。我们观察事物，有正面观察和侧面观察两种。正面观察每多平板，常不及侧面观察的来得容易动人。因为正面的部分是大家都知道的，侧面的部分往往为人所不顾及的。能将人所忽略的部分从事观察，文字就容易奇警，而表现也容易成功。

相传有一画师，出了一个《花衬马蹄香》的画题，叫许多学生各画一幅。大多数的学生都从题目的正面着想，画了许多落花，上面再画一个骑马扬鞭的人。这是何等地杀风景呢！有一个聪明学生却不画一片花瓣，只画一匹马，另外加上许多只随马蹄飞的蝴蝶，画师非常赞许。这是侧面观察成功的一例。

侧面观察就是于事物的普通光景以外，再去找出常人心中所无而实际却有的光景来。这虽有赖于观察力的周到，但基本却在机智的活动。凡是事物，无论如何细小，要想用文字把它表现净尽，究竟是不可能的事。用文字表现，要能使人读了如目见身历，收得印象，全在一二关于某事物的特色。只要是特色，虽很小很微，也足暗示某事物的全体。

例如：梅雨时候，要描写这梅雨天的光景，如果用平板正面的观察的方法来写，不知要用多少字才能写出（其实无论多少字，也写

不完全的）。在这时候，假使有人把"蛛网"详细观察，发现"雾样的细雨，把蛛网糁成白色"的一种特别的光景，把这不大经人意的材料和别的事情景况写入文字中，仅这小小的材料，已足暗示梅雨天了。试再看下列各句：

（1）正午的太阳，照得山边的路闪闪地发白光。山脚大松树的树身上流着黄白色的脂浆。

——《暑昼》

（2）日光在窗纸上微微地摇动，落叶掠下来在窗影上画了很粗的黑线。

——《初冬晴日》

上二例都是侧面描写，并不琐碎地把暑日或初冬的光景来说，而暑日或初冬的光景却已活现了。

以上是从机智的一方面说明。机智还可从另一方面说：就是文字有精彩的部分，和平常的部分可区别。文字坏的，或者是句句都坏；文字好的，却不是句句都好。一篇文中，有几句甚或只有一句好的，有几句平常的。在好的文字中，这好的几句的位置，常配得很适当。

在平常的文字中，加入几句使成好文字，这种能力是作文者大概必须的。特别地在作小品文时，这能力格外重要。在小品文中，要有用一句使全体振起的能力才好。试看下例：

弱小的菊科花开出来使人全不经意，却颤颤地冷冷地铺满了庭阶。

无力的晚阳，照在那些花的上面，着实有些儿寒意。原来秋已来了。

——叶绍钧《母》

这文末句，是使全体统一收束的，在文中很有力量。如果没有末一句，文字就要没有统一，没有余情了。又如：

正坐在椅子上诵读英文，忽然一个蚊子来到脚膝下，被它一刺，我身一惊，觉得很难忍，急去拍时，已经飞去了。没有多少时候，仍旧飞近我身边，做嗡嗡的叫声。我静静地等它来，果真它回到原处，它伸直了脚，用口管刺入我的皮肤，两翼向上而平，好像在那里用着它的全副精神似的。我拍死了它，那掌上粘湿了的血水，使我感得复仇的愉快和对于生命的怜悯。

——某君《蚊》

这篇所以还算好的，关系全在末一句。如没有末一句，全体就没了意义。以上二例都是以末一句使全文振起的，其实有力的句子并不一定限于放在末了。

以上虽就描写文而说，其实所谓侧面观察，所谓一句使全文振起，不单限于描写文，在议论、感想等类的文字中，也很必要。在议论文、感想文中，所谓"警句"者，大都是侧面观察成功的，有振起全文的能力的。例如：

戏子们何等幸福啊！他们自己随意选择了扮作喜剧或扮作悲剧，要苦就苦，要乐就乐，要笑就笑，要哭就哭。在现实生活上却不能

这样。大抵的男女都被强迫了做着自己所不愿做的角色。这个世界是舞台，却没有好戏。

——王尔德

一日一日地过去，无论哪一日，差不多都是空虚，厌倦，无聊，在后也不留什么的痕迹！一日一日地过去，这些时间，原实是无意味无智的东西，然而人总希望共同生存。他们赞美人生，他们将希望摆在人生上面，自己上面，及将来上面。啊！他们在将来上面期待着怎样的幸福啊！

那么为什么，他们认作来日不像正在过着的今日一样呢？

不，他们并未想过这样的事，他们全不喜想，他们只是一日一日地过去。

"啊！明日，明日！"他们只是这样自慰，直到"明日"将他们投入坟墓中去为止。

可是一等入了坟墓，他们也就早已不想了。

——屠格涅夫

上二例都是名文，寥寥数言中，实已喝破真理的一面。其末句都很有力，使人读了怒也不是，哭也不是，笑也不是，不知如何才好。又本章第一节所举的《鸡》，差不多全体是警句，可以参照。

第九节　实际做例和添削

（一）第一步　文有用了想象做的，如冒险小说之类，其中所描写的都非作者目见亲历之境，只是想象的产物。就是普通文字中，也不无想象的分子夹杂。但初学的人用想象作文，实不如从观察作文稳当。观察第一要件在真实，观察力若尚未养成，所想象的也难免不合实际。如画家然，必先从摹写实物、人体入手，熟悉各种形态、骨骼、筋肉的变化，然后可从事创作。

但是眼前的材料很多，从哪里观察起呢？这本不成问题，所以发生这疑问实由于着手就想创作名文的缘故。老实说，名文并不是一蹴可就的。在初时，最好就部分的平凡事物中搜集材料，逐渐制作，渐渐地自会熟达，成近于名文的文字。文字的好坏本不在材料的性质，而在表现的技能。善烹调的无论用了怎样平常的原料，也能做出可口的肴馔来。世上森罗万象，一入能文者的笔端就都成了好文章了。

（二）由材料到成文字 无论什么材料都可用，只要仔细观察了，把它写出来就成文字。这样说法，作文不是很容易的吗？其实这是大大的难事。写出原是容易，但要将自己所观察得的依样传给别人，使别人也起同样的心情，这却很难。并且不如此，文字就没了意义了。

现在试示一二做例吧：

假定我们观察春日的田野，在笔记本上，得到下列的材料：

（1）草青青地长着，草上有两个蝴蝶在那里翩翩飞舞，一个是黄蝴蝶，一个是白蝴蝶。

（2）小川潺潺流着，水面被日光反射成银白色。

（3）远远的树林晕成紫色，其上飘着蓬蓬的白云。

（4）两个老鹰在空中回旋，不时落近到地面来。

（5）温风吹在身上，日光照在头上，藉草坐了，竟想睡去，我不禁唱起歌来了。

材料有了，更要把这材料连缀起来成为文字。那么怎样连缀呢？先就全体材料的性质考察：草—蝴蝶—小川—树林—云—老鹰—温风—日光。这里面，树林和云是远景，老鹰也比较地不近，草、蝴蝶、小川是最和作者相近的。照普通的顺序，先说近的，后说远的，原来的排列似乎也没大错。但依原形连缀拢来，终究不成文章：第一，接合不稳；第二，词句未净。

（1）句虽明了，但是不干净，多冗词。"草""草上""两个蝴蝶""黄蝴蝶""白蝴蝶"相同的名词叠出，文趣不好，应改削如下：

青青的草上，有黄白二蝶翩翩飞舞。

这样就够了。（2）没有什么可删，原形也可用。不过突然与（1）连结，文有点不合拍。如果加入一句"草的尽处"，连接起来就不突兀，并且景色也较能表现。

其次是（3）和（4）了。这二者要互易顺序，景物才能统一，为了与上文连接及表出春日的心情起见，上加一句"抬起倦眼仰望"，更得情味。其余一仍其旧，将全体连缀起来如下：

青青的草上，有黄白二蝶翩翩飞舞。草的尽处，小川潺潺流着，水面被日光反射成银白色。

抬起倦眼仰望，两个老鹰在空中回旋，不时落近在地面来。远处的树林晕成紫色，其上飘着蓬蓬的白云。

温风吹在身上，日光照在头上，藉草坐了竟想睡去，我不禁唱起歌来了。

这样，文虽不工，但繁词已去，连接也无大病，春野的景色，春日的情感，已能表出若干了。

再示一例吧。假如有这样的一篇学生日记：

某月日，星期。

早晨，近处有一小孩被车子碾伤，门前大喧扰。我只在窗口望了一望，不忍近视。后来知道，这受伤的小孩是某家的独子，送入病院以后即受手术，但愿能就医好。

正预习着明日的功课，李君来了。乃相与共同预习。所预习的是英语。二人彼此猜测先生的发问，不觉都皱了眉。

午餐与李君谈笑共食。

午后到李君家，适他家有亲戚来，李君很忙，我就回来了。

傍晚无事。

灯下继续预习毕，翻阅小说，至敲十一点钟，始惊觉就寝。

先就第一节看，所记的是偶发事项，与自己无直接关系，似乎是可记可不记的材料。如果要记，应只用简洁的词句，不应这样冗长。可改削如下：

早晨，有一个小孩在门口被车子碾伤。附近大喧扰。听说就送入医院去了。

这样已够，再改作如下，则更好。

早晨，有一个小孩在门口被车子碾伤，为之怆然。

"为之怆然"这是感情的语句。加入了可以表出当时的心情。这种表示感情的语句，要简劲有余情，能含蓄丰富才好。

再检查第二节。这节中末句"皱了眉"很好，但开端太冗滞，宜改削如下：

正预习明日的英语，李君来了。乃相与共同预习。彼此猜测先生的发问，不觉皱了眉。

原文，"预习"两见，"所预习的是英文"，是无谓的说明。改作如上，就比较妥当了。

第三节无病。第四节"他家有亲戚来"云云，也与自己无关系，可省略，改如下：

午后因送李君，顺便一到他家就归。

第五节的"傍晚无事"全是废话。无事，无事就是了，何必声明呢？当全删。

第六节无病，末句能表出情味，不失为佳句。

第十节 分段与选题

（一）**文的分段** 文字的分段和句逗性质一样，同是表示区划的。最小的区划是逗，其次是句，再其次是段。有时还有空一行另写，表示比段更大的区划的。

分段不但使文字易读，且使文字有序不紊。分段有长有短，原视人而不同，但大体也有一定的标准，就是要每段自成一段落。用前节的例来说：

青青的草上，有黄白二蝶翩翩飞舞。草的尽处，小川潺潺流着，水面被日光反射成银白色。

抬起倦眼仰望，两个老鹰在空中回旋，不时落近在地面上来，远处的树林，其上飘着蓬蓬的白云。

温风吹在身上，日光照在头上，藉草坐了竟想睡去，我不禁唱起歌来了。

这文是分做三段写成的。第一段着眼近处，第二段着眼远处，两不相同，所以换行另写。第三段是心情的抒述和前二段叙述事物的又不同，所以再别做一段。换一着眼点，就把文字分段，这是普通的标准。

所要注意的就是标准只是相机而定的。例如上文第一段所包含

的事物有草、蝶、小川三项，如果在全文描写精细，不这样简单的时候，那么由草而蝶，由蝶而小川，都可说是着眼点的更换，就都应分段了（下面二段也是这样）。上文所以合为一段，一因文字简单，二因所写的都是近景的缘故。

分段还有把每段特别提出的意思，能使分出的文字增加强度。有时，往往因为要想使某文句增加强度，特意分行写列的。试看下例：

K君从车窗探出头来说"再会"，我也说了一声"再会"，不觉声音发颤了。K君也把眼圈红了起来。汽笛威吓似的一作声，车就开动。我目送那车的移行，不久被树林遮阻，眼前只留着一片的野原。

啊！K君终于去了。

我不觉要哭起来了。

这文末二句原可并为一段的，却做二行写着。分段以后，语气加强，连全文都加了强度了。能适当分段也是文章技巧之一，但须入情合理，不可无谓妄饰。

（二）题的选择 文字中，有先有题目，后有文字的；有先有文字，后有题目的。旧式文字往往先有题目，随题敷衍。其实，好的文字都是作者先有某种要写的事物或思想情感，如实写出，然后再加题目的。特别地在小品文应该如此。

题目应随文的内容而定，自不容说。但陈腐的题目不能令人注目，有时因题目陈腐，使本文也惹了陈腐的色彩。过于新奇呢，又易使读者读了本文失望。所以题目非推敲斟酌不可。

举例来说：前节所列春日写景的文字，如果要定起题目来是很多的，《春野》《春景》《游春》等都可以。但我以为不如定为《藉草》来得切实而不落陈套。

在小品文中，文字须苦心制作，题目也须苦心制作。题的好坏，有时竟有关于文的死活。尽有文字普通，因了题目的技巧，就生出生气来的。

今天母鸡又领了一群小鸡到篱外来了。其中最弱的一只，赶不上其余的，只是郎当地在后跟着。忽然发出异常的叫声，挣扎飞奔，原来后面来了一只小狗。母鸡回奔过来，绕在那小鸡后面，向小狗做着怒势。小鸡快活地奔近兄弟旁边去，小狗慑于母鸡的威势，也就逃走了。

——《亲恩》

这文材料很普通，文字也没有十分大了不得，但《亲恩》这题目实有非常的技巧。因了题目好的缘故，平凡的本文也成了奇警了。这是用题目来振起全文的一例。

附录

作文的基本的态度

我曾看了不少关于文章作法的书籍，觉得普通的文章，其好坏大部分和态度问题有关。只要能了解文章的态度，文章就自然会好，至少可以不致十分不好。古今能文的人，他们对于文章法诀各有各的说法，一个说这样，一个说那样，但是千言万语，都不外乎以读者为对象，务使读者不觉苦痛厌倦而得趣味快乐。所谓要有秩序，要明畅，要有力等，无非都是想适应读者的心情。因为离了读者，就可不必有文章的。

要使文章能适合读者的心情，技巧的研究原是必要，态度的注意却比技巧更加要紧。技巧属于积极的修辞，大部分有赖于天分和学力；态度是修辞的消极的方面，全是情理范围中的事，人人可以学得的。要学文章，我以为初步先须认定作文的态度。作文的态度就是文章的 ABC。

初中的学生，有的文字已过得去，有的还不大好。现在作文用语体，只要学过了语法的，语句上的毛病当然不大会有，而平日文题又很有自由选择的余地，何以还有许多的毛病呢？我以为毛病都是由态度不对来的。态度不对，无论加了什么修饰或技巧，文字也不能像样，反觉讨厌。好像五官不正的人擦上了许多脂粉

似的。

文章的态度可以分六种来说。我们执笔为文的时候，可以发生六个问题：

（1）为什么要作这文？

（2）在这文中所要述的是什么？

（3）谁在作这文？

（4）在什么地方作这文？

（5）在什么时候作这文？

（6）怎样作这文？

用英语来说，就是 Why、What、Who、Where、When、How，六字可以称为"六 W"。现在试逐条说述。

（1）为什么要作这文？ 这就是所以要作这文的目的。例如，这文是作了给人看的呢，还是自己记着备忘的？是作了劝化人的呢，还是但想使人了解自己的意见，或是和人辩论的？是但求实用的呢，还是想使人见了快乐、感得趣味的？是试验的答案呢，还是普通的论文？诸如此类，目的可各式各样，因了目的如何，作法当然不能千篇一律。普通论文中很细密的文字，当作试验答案就冗琐讨厌了。见了使人感得趣味快乐的美文，用之于实用就觉得不便了。周子的《爱莲说》，拿到植物学中去当关于说明"莲"的一节，学生就要莫名其妙了。所取的题目虽同，文字依目的而异，认定了目的，依了目的下笔，才能大体不误。

（2）在这文中所要述的是什么？ 这是普通所谓题义，就是文章的中心思想。作文能把持中心思想，自然不会有题外之文。例如在主张男女同学的文字中，断用不着"乾道成男，坤道成女"，"男子三十而娶，女子二十而嫁"等类的废话。在记述风灾的文字，断不许有飓风生起的原因的科学解释。我在某中学时，有一次入学试验，我出了一个作文题《元旦》，有一个受试者开端说"元旦就是正月一日，人民于此日大家休息游玩……"等类的话，中间略述社会欢乐情形，结束又说"……不知国已将亡……凡我血气青年快从今日元旦觉悟……"等，这是全然忘了题义的例。

（3）**谁在作这文？** 这是作者的地位问题，也就是作者与读者的关系问题，再换句话说，就是要问以何种资格向人说话。例如：现在大家同在一个学校里，假定这学校还没有高级中学，而大家都希望添办起来，将此希望的意思，大家作一篇文字，教师的文字与学生的文字，是应该不同的。校长如果也作一篇文字，与教师、学生的亦不相同。一般社会上的人，如果也提出文字来，更加各各不同。要点原是一致，而说话的态度、方法等等，却都不能不异的。同样，子对于父和父对于子不同，对一般人和对朋友不同，同是朋友之中，对新交又和对旧交不同。记得有一个笑话，有一学生写给他父亲的信中说："我钱已用完，你快给我寄十元来，勿误。"父亲见信大怒，这就是误认了地位的毛病了。

（4）**在什么地方作这文？** 作这文的所在地也有认清的必要，或在乡村，或在都会，或在集会（如演说），或在外国，因了地方不同，态度也自须有异。例如在集会中，应采眼前人人皆知的材料；在乡村应采乡村现成的事项；在国外，用外国语；在国内，应用本国语（除必不得已须用外国原语者外）。"我们的 father""你的 wife"之类，

是怪难看难听的。

（5）**在什么时候作这文？** 这是自己的时代观念，须得认清的。作这文在前清，还是在民国成立以后？这虽是大家都知道的事，但实际上还有人没了解。现在叹气早已用"唉"音了，有许多人还一定要用"呜呼""嗟乎"；明明是总统，偏叫做"元首"；明明是督军，却自称"疆吏"；往年黎元洪的电报甚至于使人不懂，这不是时代错误是什么？

（6）**怎样作这文？** 上面的五种态度都认清了，然后再想作文的方法。用普通文体呢，还是用诗歌体？简单好呢，还是详细好？直说呢，还是婉说？开端怎样说？结末怎样说？先说大旨，后说理由呢，还是先说事实，后加断定？怎样才能使我的本旨显明？怎样才能免掉别人的反驳？关于此种等等，都须自己打算研究。

以上六种，我以为是作文时所必须认清的态度，虽然很平凡，却必须知道，把它连接起来，就只是下面的一句话：

谁对了谁，为了什么，在什么地方，什么时候，用什么方法，说什么话。

如果所作的文字依照这里面的各项检查起来，都没有毛病可指，那就是好文字，至少不会成坏文字了。不但文字如此，语言也是这样。作文说话时只要能够留心这"六 W"，在语言文字上就可无大过了。

论记叙文中作者的地位
并评现今小说界的文字

　　普通文字的体裁，一般分为议论、说明、记事、叙事四种。这分类虽由于文字的表面的性质，其实内部还含有作者的态度上的不同，就是作者自己在文中出现不出现的问题。在议论文中，所列的完全是作者对于某事物的判断，作者完全现出在文里；说明文，是以作者的见解来解释某事物的，作者也现出在文中，不过程度较差罢了。至于记事文与叙事文，乃如实记述事物的文字，态度纯属客观，作者在文字上无现出的必要，并且现出了反足以破坏本文的调子。因为记叙文的使命，不在议论某事物的好坏，解释某事物的情形理由，乃在将作者对于某事物的经验如实传给读者，使读者从文字上也得同样的印象。这时候作者所处的只是个媒介的地位。媒介虽有拉拢男女之功，然在已被拉拢的男女之间，却是大大的障碍物，非赶快躲避一旁不可的。

　　在这里，恐怕有人要问："那末作者在记叙文中不能发挥自己的人格个性了吗？"我的回答很是简单，就是作者得因了文字暗示他的人格个性，而在文字的形式上，绝不许露出自己的面目来。"郑伯克段于鄢"，孔子虽在"克"字上表示许多深意，然在文字的形式上，除记叙以外却不占着地位。荷马的人格个性虽可从《伊里约特》（今译《伊利亚特》）或《阿突西》（今译《奥德赛》）等作品中想象，但从文字的形式上却没有羼入着自己的解释或议论。

除用了像上文所说的方法暗示作者的人格个性外，记叙文中实不容作者露出自己的面目；要露出自己的面目，非在本文以外另起炉灶不可。历史中的"太史公曰""赞曰"等语以下的文字完全是议论性质，和正文本纪、列传中的文字异其态度了的。

记叙文在文字的形式上要看不出有作者在，方能令人读了如目见身历，得到纯粹的印象。一经作者逐处加入说明或议论，就可减弱读者的趣味。其情形正如恋爱男女喁喁情话着，媒介者突然露出面影来阑入障害一样。凡是好的记叙文，大都是在形式上看不出有作者的。

楚子登巢车以望晋军。子重使大宰伯州犁侍于王后。王曰："骋而左右，何也？"曰："召军吏也。""皆聚于中军矣！"曰："合谋也。""张幕矣！"曰："虔卜于先君也。""彻幕矣！"曰："将发命也。""甚嚣且尘上矣！"曰："将塞井夷灶而为行也。""皆乘矣！左右执兵而下矣！"曰："听誓也。""战乎？"曰："未可知也。""乘而左右皆下矣！"曰："战祷也。"

这是《左传》中叙"鄢陵之战"的文字中的一节，可谓记叙文中典型的文字。其所以为典型的，就在作者不露面目，能使读者恍如直接耳闻楚子与伯州犁的对话。古来所谓好的记叙文中也有偶然于记叙中突然加入说明的，但真是很少，并且也只一二句，混入不多。例如《项羽本纪》中：

……项王即日因留沛公与饮，项王项伯东向坐，亚父南向坐。

〔亚父者范增也。〕沛公北向坐，张良西向侍。……

章邯令王离涉间围距离，章邯军其南，筑甬道而输之粟，陈余为将，将卒数万人而军巨鹿之北。〔此所谓河北之军也。〕

又如《左传·宣四年传》：

初若敖娶于邙，生斗伯比，若敖卒，从其母畜于邙，淫于邙子之女，生子文焉。邙夫人使弃诸梦中，虎乳之、邙子田，见之，惧而归，以告，遂使收之。〔楚人谓乳谷，谓虎于菟故命之曰斗谷于菟。〕以其女妻伯比。实曰令尹子文。

上面括号内的句子，都与上下别的句子态度不同：别的是记叙，括号内的却是作者加入的说明了。我对于这种句子另有一个解释，以为不足为病。原来这种句子如果在现在都是夹注性质，应用括号或搭附标，列在本文以外，古人尚无这种便利的符号，所以混入正文罢了。试看，把上例括号中的句子括出之后，上下文仍是衔接的。

记叙文应以不露作者面目为正宗，从前流行的"夹叙夹议"究属滥调。我国从来文人叙述一悲哀的事实，末尾常有"呜呼悲矣"的附加语；描写一难得的人物，往往用"呜呼！可以风矣"煞脚。其实，这是作者对于读者的专制态度。作者的任务只要把是悲或可风的事实如实写出，传给读者就够，至于悲不悲，被风不被风，都属于读者的自由，不必用谆谆教诲的态度来强迫的。

我喜读《孔雀东南飞》，但对于末尾的"多谢后世人，戒哉慎勿

忘"二句，常感不快，以为总是缺陷，不如没有了好。因为作者在这二句中突然伸出头来了。同是描写兵祸的诗，我喜读杜甫的《石壕吏》，而不甚喜读白乐天的《新丰折臂翁》。因为前者纯系记叙性，后者的末尾一段："君不闻，开元宰相宋开府，不赏边功防黩武；又不闻，天宝宰相杨国忠，权求恩幸立边功；边功未立人生怨，请问新丰折臂翁。"完全是作者自己在那里说话，突然露出了面目的。《新丰折臂翁》是《新乐府》五十首之一，据白乐天自序，这五十首是"为君为臣为民为物为事而作，不为文而作"的。

不用说，记叙文中也有以作者自身为对象的。但这只限在文体"自序"或第一人称的小说的时候。这时作者完全与读者对面，作者就是文中的主人翁，一切都用了告语的态度写出。其情形与作者自己做了媒介传给外界某事物的光景于读者时，完全不同的。用主观的态度或第一人称到底，可以；用客观的态度或第三人称到底，也可以。所可非议的只是明明是客观的态度或第三人称的文字，突然作者伸出头来，把主观的或第一人称的态度夹杂进去，使文字失其统一。

中国旧小说中，这种不统一之处很多。作者用了"可以戒矣""可以风矣"的态度含着劝惩主义的不必说，即在文字的形式上，作者时时出头。先就小说文字的腔调看，有下面种种的例可指：

"却说"，"正是"，"未知后事如何，且听下回分解。"

"前人有诗曰……"或"有诗为证。"

"说时迟，那时快。"

"闲言不表，且归正传。"

"也是合当有事。"

这类词句都是作者的口气，就是作者在文中时时现出了。以上还不过就常用的腔调说，正文中同样的缺陷也几乎随处皆有。试以《红楼梦》为例：

〔第四回中既将薛家母子在荣府中寄居等事略已表明，此回则暂不能写矣，如今且说〕林黛玉自在荣府，一来贾母万般怜爱，寝食起居一如宝玉……

（第五回）

……宝玉笑而不答，一径同秦钟上学去了。〔原来这义学也离家不远，原系当日始祖所立，恐族中子弟有不能延师者，即入此中读书。凡族中为官者皆有帮助银两以为族中膏火之费，举年高有德之人为塾师。〕如今秦宝二人来了，一一的都互相拜见，读起书来。……〔原来这学中虽多是本族子弟与些亲戚家子侄，俗语说得好："一龙一种，种种各别。"未免人多了，就有龙蛇混杂下流人物在内。〕自秦宝二人来了，都生得花朵儿一般模样……

（第九回）

……金荣只顾得意乱说，却不防还有别人，〔谁知〕早又触怒了一个人。〔你道这人是谁？原来这人名唤贾蔷，亦系贾府中之正派玄孙……〕

（同上）

再以《水浒传》为例：

……十五人眼睁睁地看着那七个人都把这金宝装了去，只是起

不来、挣不动、说不得。〔我且问你，这七人端的是谁？不是别人，原来正是晁盖、吴用、公孙胜、刘唐、三阮这七个。却才那个挑酒的汉子，便是白日鼠白胜。却怎地用药？原来挑上冈子时，两桶都是好酒。七个人先吃了一桶，刘唐揭起桶盖，又兜了半瓢吃，故意要他们看着，只是叫人死心塌地。次后吴用去松林里取出药来，抖在瓢里，只做走来饶他酒吃，把瓢去兜时，药已搅在酒里，假意兜半瓢吃，那白胜劈手夺来，倾在桶里，这个便是计策。那计较都是吴用主张，这个唤做智取生辰纲。〕

（第十五回）

那妇人回到家中……每日却自和西门庆在楼上任意取乐……这条街上远近人家无有一人不知此事，却都怕惧西门庆那厮是个刁徒泼皮，谁肯来多管！〔常言道"乐极生悲，否极泰来"。光阴迅速，前后又早四十余日。〕却说武松自从领了知县言语……

（第二十五回）

够了，不必多举了。把上面括号中的部分和不加括号的部分合读起来，很足使人感到不调和的缺陷。我也认《红楼梦》与《水浒传》是有价值的小说，但对于这样的笔法，总觉有点不满。在近世别国的小说中是找不出这样的手法的。

以上是我个人对于记叙文的见解和对于旧文艺的不满的表示。以下试以这见地来评现在新作家的创作。在这里，我先要声明二事：（一）我所评的不是作品全体，只是作品的形式部分——文字而已。（二）我因无暇无钱，不能普遍地搜罗现今当世诸作家的作品来读，所经眼的作品只是很有限的几篇。

现今诸家的作品，手法上、体裁上，大家都已力求脱去旧套，摹仿他国的了。但就我所见到的有限的若干作品中，似乎还有许多地方未能脱尽旧式，有着我所谓不统一的瑕疵的。例如，鲁迅的《风波》中：

老人男人坐在矮凳上，摇着大芭蕉扇闲谈，孩子飞也似地跑，或者蹲在乌柏树下赌玩石子。女人端出乌黑的蒸干菜和松花黄的米饭，热蓬蓬冒烟。河里驶过文人的酒船，文豪见了大发诗兴，说："无思无虑，这真是田家乐啊！"

〔但文豪的话有点不合事实，就因为他们没有听到九斤老太们的话。〕这时候九斤老太正在大怒……

又如郁达夫的《沉沦》中：

第一高等学校将开学的时候，他的长兄接到了院长的命令要他回去。他的长兄便把他寄托在一家日本人的家里。几天之后，他的长兄、长嫂和他的新生的侄女就回国去了。

〔东京的第一高等学校里有一班预备班，是为中国人特设的。在这预科里预备一年卒业之后才能入各地高等学校的正科，与日本学生同学。〕他考入预科的时候，本来填的是文科，后来将在预科卒业的时候，他的长兄定要他改到医科去，他当时亦没有什么主见，就听了长兄的话把文科改了。

〔在生活竞争不十分猛烈，逍遥自在，同中古时代一样的时候，在风气纯良，不与市井小人同处，清闲雅淡的地方，过日子正如做

梦一般。〕他到了 N 市之后，转瞬之间，已经有半载多了。

又如叶绍钧的《潘先生在难中》中：

不知几多人心系着的来车居然到了。闷闷的一个车站就一变
而为扰攘的境界，〔来客的安心，候客者的快意，以及脚夫的小小
发财，我们且都不提，单讲一位从让里来的潘先生。〕他当火车没
有驶进站场之先，早已调排得十分周妥，他领头，右手提着黑皮
包，左手牵着个七岁的孩子。七岁的孩子牵着他的哥哥，〔今年九
岁。〕哥哥又牵着他的母亲，潘师母。潘先生说人多照顾不齐，这
么牵着，首尾一气，犹如一条蛇，什么地方都好钻了。他又屡次叮
嘱，教大家握得紧紧，切勿放手，尚恐大家忘了，又屡次摇荡他
的左手，意思是教他把这个警告打电报一般一站一站递过去。〔首
尾一气诚然不错，可是也不能全然没有弊端。火车将停时所有的
客人和东西，都要涌向车门，潘先生一家的一条蛇是有点尾大不
掉了。〕

这都是第三人称的小说，而于中却夹入着作者主观的议论或说
明，就是作者忽然现出。文字在形式上失了统一，应认为手法上的
不周到，须改善的。这种文例，据我所见到的着实还不少，反正是
同样的例，不多举它。

此外，诸家的作品中，还有表面上似不犯上面所说的缺陷，而
骨髓里却含有同样不统一的毛病的，例如冰心的《超人》中所列的厨
房里跑街的十二岁的孩子禄儿在花篮中附给主人公何彬的信：

我也不知道怎样可以报先生的恩德，我在先生门口看了几次，桌子上都没有摆着花儿——这里有的是卖花的。不知道先生看见过没有——这篮子里的花，我也不知道是什么名字，是我自己种的，真是香得很，我最爱它。我想先生也必是爱它，我早就要送给先生了，但是总没有机会，昨天听说先生要走了，所以赶紧送来。

我想先生一定是不要的。然而我有一个母亲，她因为爱我的缘故，也很感激先生。先生有母亲么？她也是一定爱先生的。这样，我的母亲和先生的母亲是好朋友了。所以先生必受母亲的朋友的儿子的东西。

禄儿叩上

姑勿论贫苦的禄儿能否识字写信，即使退若干步说，禄儿曾识字能写信，但这样拗曲的论调，究竟不是十二岁的小孩的笔端所能写得出的，揆诸情理殊不可通。其病源完全与上述各例一样，是作者在作品中露出马脚来。不过一是病在表面，一是病在内部罢了。

易卜生的《娜拉》中，哈尔茂称娜拉为"小鸟"，为"可爱的小松鼠"，为"可爱的云雀"。马克斯·诺尔道（Max Nordau）在《变质论》中批评他说："这是银行经管，辩护士，同居八年了的丈夫，对于已经做了三个子女的母亲的妻所应有的口吻吗？"

套这口气，我对于上面的信，也要发同样的疑问："这信是厨房徒弟，十二岁的小孩所作的文字吗？"章实斋的《古文十弊》里说：

文人固能文矣，文人所书之人不必尽能文也。叙事之文，作者之言也，为文为质，惟其所欲，期如其事而已矣。记言之文，则非作者之言也，为文为质，期于适如其人之言，非作者所能自主也。名将起于卒伍，义侠或奋闾阎，言辞不必经生，记述贵于宛肖。而世有作者，于此多不致思，是之谓优伶演剧。……

这虽为"古文"而说，我以为实是普通记述文字应守的律令。上例正犯了此律令。

又有不但部分上态度不一致，全篇犯着不统一的毛病的。例如《创造周报》（第十三期）全平的《呆子与俊杰》。依理，要对于全篇加批评，应把原作全体抄录。为避烦计，只得摘取开端和结尾，显出其全文形式上的态度。并且，我以为但看开端和结尾就够。因为已可看出全文形式上的口气了。原作开端一节是：

当去年暑假到来的时候，我的乡人 C 悦君在平民教养院所获得的美缺，被他的友人 H 君占去了。

结尾一节是：

暑假到了，识时务的俊杰 H 君代替 C 君占了教养院的美缺了，不合时宜的呆子 C 君茫然地离开了教养院，绝无留恋。他把他曾进行的艰巨的交际工程完全抛弃了。他开始了在俊杰的对面度那寂寞孤独而被人讥讽的呆子的生涯。

因为文字在叙述上是逆行的，所以结尾仍旧说到开端所说的事情为止。详细请看原作。就这开端和结尾二节看，就可知道C君在文中是主人公，H君是副主人公，语气是第三人称的。以下就依了这些条件来加以批评。

全篇称"C君""H君"，则作者立在旁面观察的地位可知，这文中的人名下加称呼，完全是普通称呼性质，和叶绍钧的《潘先生在难中》的"潘先生"性质不同。叶绍钧的"潘先生"已是专称，和通常称潘某某没甚两样。这文里的称"君"，纯粹只是普通称呼。

依上面的立脚点说，原作中凡叙述主人公内生活的处所，几乎全体发生冲突了。例如：

大会早已散了。C君和H君并坐在"一路"电车中。他〔满怀快乐，满脸高兴。〕……

"满脸高兴"是旁观者看得出的，至于"满怀快乐"，依上列的条件似乎是有点通不过去了。更有其者：

电车到了静安寺，他们俩走下车来，步行回去，途中C君想：H君的话确有几分道理……

试问，作者何以知道C君在想？在这样想呢？这样一一检查，几乎全篇各处都要逢到同类的困难了。

我以为这困难完全在用了一"君"字的缘故，因为"君"字的背

后，露出有作者的地位的。

原来在第三人称的小说作者的立点有三：一是全知的视点（The omniscient point of view）；二是制限的视点（The limited point of view）；三是纯客观的视点（The rigidly restricted point of view）。在全知的视点中，作者好似全知全能的神，从天上注视下界。作品中一切人物的内心秘密无不知道。一般描写心理的小说，作者如果不完全立足于这态度，就在情理上通不过去。制限的视点，是把全知的视点缩小范围，只在作品中一人物上，行使其全知的权利，凡借了作品中一人物（主人公）而叙述一切者皆是。纯客观的视点范围更狭，作者绝不自认有全知的权利，对于作品中人物但取客观的态度而已。

上例既称"C君""H君"，当然是属第三的纯客观的视点的文字，作品中人物的内心生活，实无知道的权利。若欲改为第一的全知的视点，或第二的限制的视点，则不应称"君"。但称 C 和 H 就是了。"君"的称呼，实是原文中致命的伤点。

以上是我因了个人的记叙文的见解，对于现今小说界文字上的批评。论理我于指摘缺点以外，应再举国内或国外的小说中的正例来证明己说。但这有好几个难点，举全文呢，不但不胜其烦，且不知举谁的哪一篇好；举一节呢，又恐读者要发生"以偏概全"的怀疑，以为一节的无病，不能证明全文的也都无病，不得已只好不举了。据我个人所知，别国名小说中是少见有这样不统一的文字的。

我在国文科教授上最近的一信念
——传染语感于学生

无论如何设法，学生的国文成绩总不见有显著的进步。因了语法、作文法等的帮助，学生文字在结构上、形式上，虽已大概勉强通得过去，但内容总仍是简单空虚。这原是历来中学程度学生界的普通的现象，不但现在如此。

为补救这简单空虚计，一般都奖励课外读书，或是在读法上多选内容充实的材料。我也曾如此行着，但结果往往使学生徒增加了若干一知半解的知识，思想愈无头绪，文字反益玄虚。我所见到的现象如此，恐怕一般的现象也难免如此吧。

近来，我因无力多购买新书，时取以前所已读而且喜读的书卷反复重读，觉得对于一书，先后所受的印象不同，始信"旧书常诵出新意"是真话。而在学生的教授上，也因此得了一种新的启示，以为一般学生头脑上的简单、空虚，或者可以用此救济若干的。

我现在的见解以为：无论是语是句，凡是文字都不过是一种寄托某若干意义的符号。这符号因读者的经验能力的程度，感受不同：有的所感受的只是其百分之一二，有的或者能感受得更多一点，要能感受全体那是难有的事。普通学生在读解正课以及课外读书中，对于一句或一语的误解不必说了，即使正解，也绝非全解，其所感受到的程度必是很浅。收得既浅，所发表的也自然不能不简单空虚。

这在学生实在是可同情的事。

举例来说，"空间"一语是到处常见的名词，但试问学生对于这名词的了解有多少的程度？这名词因了有天文学的常识与否，了解的程度大相径庭。"光的速度，每秒行十八万里，有若干星辰，经过四千年，其所发的光还未到地球。"试问在没有这天文学常识的学生，他们能如此了解这名词吗？在学生的心里，所谓"空间"，大概只认为是屋外仰视所及的地方吧。同样，"力"的一语在学生或只解作用手打人时的情形吧；"美"的一语，在学生或只解作某种女人的面貌的状态吧。

以上是就知的方面说的，情的方面也是如此。我有一次曾以《我的家庭》为题，叫学生作文。学生所作的文字都是"我家在何处，有屋几间。以何为业，共有人口若干……"等类的文句，而对于重要的各人特有的家庭情味，完全不能表现。原来他们把"家庭"只解作一所屋里的一群人了！"春""黄昏""故乡""母亲""夜""窗""灯"，这是何等情味丰富、诗趣充溢的语啊，而在可怜的学生心里，不知是怎样干燥无味、煞风景的东西呢！

不但国文科如此，其他如数学科中的所谓"数"和"量"，理科中的所谓"律"和"现象"，历史中的所谓"因果"和"事实"等等，何尝能使学生有充分的了解？

要把一语的含义以及内容充分了解，这在言语的性质上，在人的能力上，原是万难做到的事。因为一事一物的内容本已无限，把这无限的内容用了一文字代替做符号，已是不得已的办法。要想再从文字上去依样感受它的内容，不用说是至难之事。除了学生自己的经验及能力以外，什么讲解、说明、查字典，都没有大用。夸张点说，这已入了"言语道断"的境地了。

真的！要从文字去感受其所代表事物的全部内容，这是"言语道断"之境。在这绝对的境界上，可以说教师对于学生什么都无从帮助。因为教师自身也并未能全体感受任何一文字的内容。其实，世间绝没有能全体感受任何一文字的内容的人，所不同的只是程度之差罢了。数学者对于数理上的各语所感受的当然比普通人多。法律学者对于法律上的用语，其解释当然比普通人来得精密。一般做教师的，特别的是国文科教师，对于普通文字应该比学生有正确丰富的了解力。换句话说，对于文字应有灵敏的感觉。姑且名这感觉为"语感"。

在语感锐敏的人的心里，"赤"不但只解作红色，"夜"不但只解作昼的反对吧。"田园"不但只解作种菜的地方，"春雨"不但只解作春天的雨吧。见了"新绿"二字，就会感到希望焕然的造化之功、少年的气概等等说不尽的情趣。见了"落叶"二字，就会感到无常、寂寥等等说不尽的诗味吧。真的生活在此，真的文学也在此。

自己努力修养，对于文字，在知的方面，情的方面，各具有强烈锐敏的语感，使学生传染了，也感得相当的印象。为理解一切文字的基础，这是国文科教师的任务。并且在文字的性质上，人间的能力上看来，教师所能援助学生的，只此一事。这是我近来的个人的信念。

关于国文的学习

夏丏尊

一　引　言

摆在我面前的题目，是《关于国文的学习》。就是要对中学生诸君谈谈国文的学习法。我虽曾在好几个中学校任过好几年国文科教员，对于这任务，却不敢自信能胜任愉快。因为这题目范围实在太广了，一时无从说起，并且自古迄今，已不知有若干人说过若干的话，著过若干的书，即在现在，诸君平日在国文课里，也许已经听得耳朵要起茧哩。我即使说，也只是些老生常谈而已。

我敢在这里声明，以下所说的不出老生常谈。把老生常谈择要选取，来加以演述，使中学生诸君容易领会，因而得着好处，是我的目的。这目的如果能达到若干，那就是我对于中学生诸君的贡献了。

二　中学生应具的国文能力

"国文"二字，是无止境的。要谈中学生的国文学习法，先须预定中学生应具的国文程度。有了一定的程度，然后学习才有目标，也才有学习法可言。

诸君是中学生，对于毕业时的国文科的学力，各自做着什么样的要求？我原不知道，想来是必各怀着一种期待的吧。我做了许多年的中学国文教员，对于国文科的学力，曾在心中主观地描绘过一个理想的中学生，至今尚这样描绘着。现在试把这理想的人介绍给诸君相识。

他能从文学上理解他人的思想感情，用文字发表自己的思想感情，而且不至于十分理解错，发表错。

他是一个中国人，能知道中国文化及思想的大概。知道中国的普通成语与词类，遇不知道时，能利用工具书物，自己查检。他也许不能用古文来写作，却能看得懂普通的旧典籍。他不必一定会作诗、作赋、作词、作小说、作剧本，却能知道什么是诗、是赋、是词、是小说、是剧本，加以鉴赏。他虽不能博览古昔典籍，却能知道普通典籍的名称、构造、性质、作者及内容大略。

他又是一个世界上的人，一个二十世纪的人，他也许不能直读外国原书，博通他国情形，但因平日的留意，能知道全世界普通的古今事项，知道朱庇特（Jupiter）、阿波罗（Apollo）、维纳斯（Venus）等类名词的出处，知道"三位一体""第三国际"等类名词的意义，知道荷马（Homer）、拜伦（Byron）是什么人，知道《神曲》（*Devine Comedy*）、《失乐园》（*Paradise Lost*）是谁的著作，不会把"梅德林克"误解作乐器中的曼陀铃，把"伯纳德·萧"误解作是一种可吹的箫！（这是我新近在某中学校中听到的笑话，这笑话曾发生于某国文教员。）

我理想中所期待悬拟的中学毕业生的国文科的程度是这样。这期待也许有人以为太过分，但我自信却不然。中学毕业生是知识界的中等分子，常识应该够得上水平线。具备了这水平线的程度，然后升学的可以进窥各项专门学问，不至于到大学里还要听名词、动词的文法，读一篇一篇的选文，不升学的可以应付实际生活，自己补

修起来，也才有门径。

现在再试将一九二九年八月教育部颁行的《中学课程暂行标准》中所规定的高中及初中的毕业最低限度抄列如下：

（甲）高中国文科毕业最低限度：

（一）曾精读名著六种而能了解与欣赏。

（二）曾略读名著十二种而能大致了解欣赏。

（三）能于中国学术思想、文学流变、文字构造、文法及修辞等有简括的常识。

（四）能自由运用语体文及平易的文言文作叙事说理表情达意的文字。

（五）能自由运用最低限度的工具书。

（六）略能检用古文书籍。

（乙）初中国文科毕业最低限度：

（一）曾精读选文，能透彻了解并熟习至少一百篇。

（二）曾略读名著十二种，能了解大意，并记忆其主要部分。

（三）能略知一般名著的种类、名称，图书馆及工具书籍的使用，自由参考阅读。

（四）能欣赏浅近的文学作品。

（五）能以语体文作充畅的文字，无文法上的错误。

（六）能阅览平易的文言文书籍。

把我所虚拟的中学生的国文程度和教育部所规定的中学生国文

科毕业最低限度两相比较，似乎也差不多相仿佛。不过教育部的规定，把初中、高中截分为二，我则统就了中学生设想而已。

现在试姑把这定为水平线，当作一种学习的目标。那么，怎样去达这目标呢？这就是本文所欲说的了。

三　关于阅读

依文字的本质来说，国文的学习途径，普通是阅读与写作两种。阅读就是我在前面所说的"从文字上理解他人的思想感情"的事，写作就是我在前面所说的"用文字发表自己的思想感情"的事。能阅读，能写作，学习文字的目的就已算达到了。

先谈阅读。

"阅读什么？" 这是我屡从我的学生及一般青年接到的问题。关于这问题，曾有好几个人开过几个书目。如胡适的《最低限度的国学书目》，梁启超的《国学入门书要目》，此外还有许多人发过不少零碎的意见。但我在这里却不想依据这些意见，因为"国文"与"国学"不同，而且那些书目也不是为现在肄业中学校的诸君开列的。

就眼前的实况说，中学国文尚无标准读本，中学国文课程中的读物，大部分是选文，别于课外由教师酌定若干整册的书籍作为补充。一般的情形既不过如此，当然谈不到什么高远的不合实际的议论。我在本文中只拟先就选文与教师指定的课外书籍加以说述，然后再涉及一般的阅读。

今天选读一篇冰心的小说，明天来一篇柳宗元的游记，再过一日来一篇《史记》列传，教师走马灯式地讲授，学生打着呵欠

敷衍，或则私自携别书观览：这是普通学校中国文教室的一般情形。本文是只对学生诸君说的，教师方面的话，姑且不提，只就学习者方面来说。中学国文课中既以选文为重要部分，占着时间的大部分，应该好好地加以利用。为防止教师随便敷衍计，我以为不妨由学生预先请求教师，定就一学年或半学年的选文系统，决定这学年共约选若干篇文字；内容方面，属于思想的若干篇，属于文艺的若干篇，属于常识或偶发事项的若干篇，属于实用的若干篇；形式方面，属于记叙体的若干篇，属于议论体的若干篇，属于传记或小说的若干篇，属于戏剧或诗歌的若干篇，属于书简或小品的若干篇。（此种预计，只要做教师的不十分拆烂污，照理就该不待学生请求，自己为之。）材料既经定好，对于选文，应该注意切实学习。

我以为最好以选文为中心，多方学习，不要把学习的范围限在选文本身。因为每学年所授的选文，为数无几，至多不过几十篇而已。选文占着国文正课的重要部分，如果于一学年之中，仅就了几十篇文字本身，得知其内容与形式，虽然试验时可以通过，究竟得益很微，不能算是善学者。受到一篇选文，对于其本身的形式与内容，原该首先理解，还须进而由此出发，作种种有关系的探究，以扩张其知识。例如，教师今日选授陶潜的《桃花源记》，我以为学习的方面可有下列种种：

（1）求了解文中未熟知的字与词。

（2）求了解全文的意趣与各节、各句的意义。

（3）文句之中如有不能用旧有的文法知识说明者，须求得其解释。

（4）依据了此文玩索记叙文的作法。

（5）借此领略晋文风格的一般。

（6）求知作者陶潜的事略，旁及其传记与别的诗文。最好乘此机会去一翻《陶集》（指《陶渊明集》）。

（7）借此领略所谓"乌托邦"思想。

（8）追求作者思想的时代的背景。

一篇短短的《桃花源记》，于供给文法、文句上的新知识以外，还可借以知道记叙文的体式，晋文的风格，"乌托邦"思想的一般，陶潜的传略，晋代的状况等。如此以某篇文字为中心，就了有关系的各方面扩张了学去，有不能解决的事项，则翻书、查字典或请求教师指导，那么读过一篇文字，不但收得其本身的效果，还可连带了习得种种的知识。较之胡乱读过就算者，真有天渊之差了。知识不是可以孤立求得的，必须有所凭借，就了某一点分头扩张追讨，愈追讨关联愈多，范围也愈广。好比雪球，愈滚愈会加大起来。

以上所说的是对于选文的学习法，以下再谈整册的书的阅读。

整册的书，哪几种应读？怎样规定范围？这是一个麻烦的问题了。我以为中学生的读书的范围，可分下列的几种：

（1）因选文而旁及的。如因读《桃花源记》而去读《陶集》，读《无何有乡见闻记》（威廉·马列斯著）；因读司马谈的《论六家要旨》而去读《论语》《老子》《韩非子》《墨子》等。

（2）中国普通人该知道的。如四书、四史、五经、周秦诸子，著名的唐人的诗，宋人的词，元人的曲，著名的小说，时下的名作。

（3）全世界所认为常识的。如基督教的《旧约》《新约》，希腊的神话，各国近代代表的文艺名作。

不消说，上列的许多书，要一一全体阅读，在中学生是不可能的。但无论如何，要当作课外读物尽量加以涉猎，有的竟须全阅或精读。举例来说，"四书"须全体阅读，"诸子"则可选择读几篇，诗与词可读前人选本，《旧约》可选读《创世记》《约伯记》《雅歌》《箴言》诸篇，《新约》可就《四福音》中择一阅读。无论全读或略读，一书到手时，最好先读序，次看目录，了解该书的组织，知道有若干篇，若干卷，若干分目，然后再去翻阅全书，明白其大概的体式，择要读去。例如读《春秋左传》，先须知道什么叫经，什么叫传，从什么公起至什么公止。读《史记》，先须知道本纪、世家、列传、书表等等的体式。

近来有一种坏风气，大家读书不喜欢努力于基本的学修，而好作空泛功夫。普通的学生案头有胡适的《中国哲学史大纲》《白话文学史》，顾颉刚的《古史辨》《小说作法》，有《欧洲文学史》，有《印度哲学概论》，问他读过"四书五经""周秦诸子"的书吗？不曾。问他读过若干唐宋人的诗词集子吗？不曾。问他读过古代历史吗？不曾。问他读过各派代表的若干小说吗？不曾。问他读过欧洲文艺中重要的若干作品吗？不曾。问他读过若干小乘、大乘的经典吗？不曾。这种空泛的读书法，觉得大有纠正的必要。例如，胡适的《中国哲学史大纲》原是好书，但在未读过《论语》《孟子》《老子》《庄子》《墨子》等原书的人去读，实在不能得很大的利益。知道了《春秋左传》《论语》等原书的大概轮廓，然后去读哲学史中的关于孔子的一部分，读过几篇《庄子》，然后再去翻阅哲学史中的关于庄子的一部分，才会有意义，才会有真利益。先得了孔子、庄子思想的基本的概念，再去讨求关于孔子、庄子思想的评释，才是顺路。用譬喻说，《论语》《春秋》《诗经》《礼记》是一堆的有孔的小钱，哲学史的孔子一节，是把这些小钱贯串起来的钱索子，《庄子》中《逍遥游》《大宗师》等一篇一篇的文字，也是小钱，哲学史中庄子一节是钱索子。没有钱索子，不能把一个个的零乱的小钱，加以串贯整理，固然不愉快，但只有了一根钱索子，而没有许多可贯串的小钱，究竟也觉无谓。我敢奉劝大家，先读些中国关于哲学的原书，再去读哲学史，先读些《诗经》及汉以下的诗集、词集，再去读文学史，先读些古代历史书籍，再去读《古史辨》，万一逼不得已，也应一壁读哲学史、文学史，一壁翻原书，以求知识的充实。钱索子原是用以串零零碎碎的小钱的，如果你有了钱索子而没有可串的许多小钱，那么你该反其道而行之，去找寻许多的小钱来串才是。

话不觉说得太絮叨了。关于阅读的范围，就此结束，以下试讲一般的阅读方法。

第一是理解。理解又可分两方面来说：（1）关于词句的，（2）关于全文的。关于词句的理解，不外乎从词义的解释入手，次之是文法知识的运用。词义的解释如不正确，不但读不通眼前的文字，结果还会于写作时露出毛病。因为我们在阅读时收得词义，一经含糊

不甚彻底明白，写作时也就不知不觉地施用，闹出笑话来。（笑话的构成，有种种条件。而词义的故意误用，就是重要条件之一。）文字不通的原因，非文法不合即用词与意思不符之故。"名教""概念""观念""幽默"等类名词的误用，是常可在青年所写的文字中见到的，这就可证明他们当把这些名词装入脑中去的时候，并未得到过正当的解释了。每逢见到新词新语，务须求得正解，多翻字典，多问师友，切不可任其含糊。

词义的解释正确了，逐句的文句已可通解了，那么就可说能理解全文了吗？尚未。文字的理解，最要紧的是捕捉大意或要旨，否则逐句虽已理解，对于全文，有时仍难免有不得要领之弊。一篇文字，全体必有一个中心思想，每节每段，也必有一个要旨。文字虽有几千字或几万字，其中全文中心思想与每节每段的要旨，却是可以用一句话或几个字来包括的。阅读的人如不能抽出这潜藏在文字背后的真意，只就每句的文字表面支离求解，结果每句是懂了，而全文的真意所在，仍是茫然。本稿纸数有限，冗长的文例，是无法举的，为使大家便于了解着想，略举一二部分的短例如下：

当此之时，天下之大，万民之众，王侯之威，谋臣之权，皆欲决苏秦之策；不费斗粮，未烦一兵，未战一士，未绝一弦，未折一矢，诸侯相亲，贤于兄弟。（《战国策》）

"天下之大"以下同形式数句，只是"全世"之意；从"不"字句起至一连数句"未"什么，只是"不战"二字之意而已。

外物不可必，故龙逢诛，比干戮，箕子狂，恶来死，桀纣亡。人主莫不欲其臣之忠，而忠未必信；故伍员流于江，苌弘死于蜀，藏其血，三年而化为碧。人亲莫不欲其子之孝，而孝未必爱，故孝己忧而曾参悲。(《庄子·外物篇》)

这段文字，要旨只是第一句"外物不可必"五字，其余只是敷衍这五字的例证。

大家来至秦氏卧房。刚至房中，便有一股细细的甜香。宝玉此时便觉得眼饧骨软，连说好香。入房向壁上看时，有唐伯虎画的《海棠春睡图》，两边有宋学士秦太虚写的一副对联："嫩寒锁梦因春冷，芳气袭人是酒香。"案上设着武则天当日镜室中设的宝镜，一边摆着赵飞燕立着舞的金盘，盘内盛着安禄山掷过伤了太真乳的木瓜，上面设着寿阳公主于含章殿下卧的宝榻，悬的是同昌公主制的连珠帐。……(《红楼梦》第五回)

把房中陈设写得如此天花乱坠，作者的本意，只是想表现贾家的富丽与秦氏的轻艳而已。

对于一篇文字，用了这样概括的方法，逐步读去，必能求得各节各段的要旨，及全文的真意所在，把长长的文字，归纳于简单的一个概念之中，记忆既易，装在脑子里也可免了乱杂。用譬喻来说，长长的文字，好比一大碗有颜色的水，我们想收得其中的颜色，最好能使之凝积成一小小的颜色块，弃去清水，把小小的颜色块带在身边走。

理解以外，还有所谓鉴赏的一种重要功夫须做，对于某篇文字，要了解其中的各句、各段及其全文旨趣所在，这是属于理解的事。想知道其每句、每段或全文的好处所在，这是属于鉴赏的事。阅读了好文字，如果只能理解其意义，而不能知道其好处，犹如对了一幅名画，只辨识了些其中画着的人物或椅子、树木等等，而不去领略那全幅画的美点一样。何等可惜！

鉴赏因了人的程度而不同，诸君于第一年级读过的好文字，到第二年级再读时，会感到有不同的处所，到毕业后再读，就会更觉不同了。从前的所谓好处，到后来有的会觉得并不好，此外别有好的处所，有的或竟更觉得比前可爱。我幼年读唐诗时，曾把好的句加圈。近来偶然拿出旧书来看，就不禁自笑幼稚，发见有许多不对的地方，有好句子而不圈的，有句子并不甚好而圈着的。这种经验，我想一定人人都有，不但对于文字如此，对于书法、绘画，乃至对于整个的人生都如此的。

鉴赏的能力既因人而异，因时而异，关于鉴赏，要想说出一个方法来，原是很不容易的事。姑且把我的经验与所见约略写出一二，以供读者诸君参考。

据我的经验，鉴赏的第一条件，是把"我"放入所鉴赏的对象中去，两相比较。一壁读，一壁自问"如果叫我来说，将怎样？"对于文字全体的布局，这样问；对于各句或句与句的关系，这样问；对于每句的字，也这样问。经这样一问，可生出三种不同的答案来：

（甲）与我的说法相合或差不多，我也能说。觉得并没有什么。

（乙）我心中早有此意见，或感想，可是说不出来，现在却由作者替我代为说出了。觉到一种快悦。

（丙）说法和我全不同。觉得格格不相入。

三种之中属于（甲）的，是平常的文字（在读者看来）；属于（乙）的，是好文字。属于（丙）的怎样？是否一定是不好的文字？不然。如前所说，鉴赏因人而不同，因时而不同，所鉴赏的文字与鉴赏者的程度如果相差太远，鉴赏的作用就无从成立。"仁者见仁""智者见智""英雄识英雄"，是相当可信的话。诸君遇到属于（丙）类的文字时，如果这文字是平常的作品，能确认出错误的处所来，那么直斥之为坏的、不好的文字，原无不可。倘然那文字是有定评的名作，那就应该虚心反省，把自己未能同意的事，暂认为能力尚未到此境地，益自奋励。这不但文字如此，书法、绘画，无一不然。康有为、沈寐叟的书法，是有定评的，可是在市侩却以为不如汪洵的好，最近西洋立体派、未来派的画，在乡下土老看来，当然不及曼陀、丁悚的月份牌仕女画来得悦目。

鉴赏的第二要件是冷静。鉴赏有时称"玩赏"，诸君在厅堂上挂着的画幅上，他人手中有书画的扇面上，不是常有见到某某先生"清玩"，或"雅鉴""清赏"等类的字样吗？"玩"和"鉴"与"赏"有关。这"玩"字大有意味。普通所谓"玩"者，差不多含有游戏的态度，就是"无所为而为"，除了这事的本身以外，别无其他目的的意味。读小说时，如果急急要想知道全体的梗概，热心地"未知以后如何，且看下回分解"地急忙读去，虽有好文字，恐也无从玩味，看不出来，第二次、第三次再读，就不同了。因为这时对于全书梗概已经了然，不必再着急，文字的好歹，也因而容易看出。将我自己的经验当作例子来说，《红楼梦》第三回中黛玉初到贾府与宝玉第一次见

面时，写道：

> 宝玉看毕笑道："这个妹妹我曾见过的。"贾母笑道："可又是胡说，你何曾见过他。"宝玉笑道："虽然未曾见过他，然看着面善，心里倒像是旧相识，恍若远别重逢一般。"

我很赞赏这段文字。因为这一对男女主人公，过去在三生石上赤霞宫中有着那样长久的历史，以后还有许多纠葛，在初会见时，做宝玉的恐怕除了这样说，别无更好的说法的了。故可算得是好文字。可是我对于这几句文字的好处，直到读了数遍以后才发现。（《红楼梦》我曾读过十次以上。）这是玩味的结果，并不是初读时就知道的。

好的作品至少要读二遍以上。最初读时，不妨以收得梗概、了解大意为主眼，再读时就须留心鉴赏了。用了"玩"的心情，冷静地去对付作品，不可再囫囵吞咽，要仔细咀嚼。诗要反复地吟，词要低徊地诵，文要周回地默读，小说要耐心地细看！

把前人鉴赏的结果，拿来做参考，足以发达鉴赏力。读词读诗，不感到兴趣的，不妨去择一部诗话或词话读读；读小说，不感到兴趣的，不妨去一阅有人批过的本子。诗话、词话、文评、小说评，是前人鉴赏的记录，能教示我们以诗词文或小说的好处所在，大足为鉴赏上的指导。举例来说：《水浒传》中写潘金莲调戏武松的一节，自"叔叔万福"起至"叔叔不会簇火，我与叔叔拨火，要似火盆常热便好"，一直数十句谈话都称"叔叔"，下文接着写道："那妇人……便放了火箸，却筛一盏酒来自呷了一口，剩了大半盏看着武松道：'你若有心吃了这半盏儿残酒。'"金圣叹在这下面批着:"写淫妇便是活淫妇。……以上凡叫过三十九个'叔叔',忽然换做一'你'字,妙心妙笔。"

这"叔叔"与"你"的突然的变化,其妙处在普通的读者也许不易领会,或者竟不能领会,但一经圣叹点出,就容易知道了。

但须注意,前人的诗话、词话、文评、小说评,是前人鉴赏的结果。用以帮助自己的鉴赏能力则可,自己须由此出发,更用了自己的眼识去鉴赏,切不可为所拘执。前人的鉴赏法,有好的也有坏的。特别是文评,从来以八股的眼光来评文的甚多,什么"起承转合",什么"来龙去脉",诸如此类,从今日看去,实属可惜,用不着再去蹈袭了。

四 关于写作

从古以来,关于作文,不知已有过多少的金言玉律。什么"推敲"咧,"多读多作多商量"咧,"文以达意为工"咧,"文必己出"咧,诸如此类的话,不遑枚举,在我看来,似乎都只是大同小异的东西,举一可概其余的。例如"推敲"与"商量"固然差不多,再按之,不"多读",则识辞不多,积理不丰,也就无从"商量",无从"推敲",因而也就无从"多作"了。因为"作"不是叫你随便地把"且夫天下之人"瞎写几张,乃是要作的。至于"达意",仍是一句老话头,惟其与"意"尚未相吻合,尚未适切,故有"推敲""商量"的必要,"推敲""商量"的目的,无非就在"达意"而已。至于"文必己出"亦然。要达的是"己"的意,不是他人的意,自己的意要想把它达

出，当然只好"己出"，不能"他出"，又因要想真个把"己"达出，"推敲""商量"的功夫就不可少了。此外如"修辞立其诚"咧，"文贵自然"咧，也都可作同样的解释，只是字面上的不同罢了。佛法中有"一即一切""一切即一"的话，我觉得从古以来古人所遗留下来的文章诀窍亦如此。

我曾在本稿开始时声明，我所能说的只是老生常谈。关于写作，我所能说的更是老生常谈中之老生常谈。以下我将从许多老生常谈中选出若干适合于中学生诸君的条件，加以演述。

关于写作，第一可发生的问题是："写作些什么？"第二是："怎样写作？"

现在先谈："写作些什么？"

先来介绍一个笑话：从前有一个秀才，有一天伏在案头做文章，因为做不出，皱起了眉头，唉声叹气，样子很苦痛。他的妻子在旁嘲笑了说："看你做文章的样子，比我们女人生产还苦呢！"秀才答道："这当然！你们女人的生产是肚子里先有东西的，还不算苦。我做文章，是要从空的肚子里叫它生产出来，那才真是苦啊！"真的，文章原是发表自己的思想感情的东西，要有思想感情，才能写得出来，那秀才肚子里根本空空地没有货色，却要硬做文章，当然比女人生产要苦了。

照理，无论是谁，只要不是白痴，肚子里必有思想感情，绝不会是全然空虚的。从前正式的文章是八股文，八股文须代圣人立言，《论语》中的题目，须用孔子的口气来说，《孟子》中的题目，须用孟子的口气来说，那秀才因为对于孔子、孟子的化装，未曾熟习，肚子里虽也许装满着目前的"想中举人"咧,"点翰林"咧,"要给妻买香粉"咧,以及关于柴米油盐等琐碎的思想感情,但都不是孔子、孟子所该说的,一律不能入文,思想感情虽有而等于无,故有做不出文章的苦痛。我们生当现在,已不必再受此种束缚,肚子里有什么思想感情,尽可自由发挥,写成文字。并且文字的形式,也不必如从前地要有定律,日记好算文章,随笔也好算文章。作诗不必限字数,讲对仗,也不必一定用韵,长短自由,题目随意。一切和从前相较,真是自由已极的了。

那么凡是思想感情,一经表出,就可成为文章了吗?这却也没有这样简单。当我们有疾病的时候,"我恐这病不轻"是一种思想的发露,但写了出来,不好就算是文章。"苦啊!"是一种感情的表示,但写了出来也不好算是文章。文章的内容是思想感情,所谓思想感情,不是单独的,是由若干思想或感情复合而成的东西。"交朋友要小心"不是文章,以此为中心,把"所以要小心""怎样小心法""古来某人曾怎样交友"等等的思想组织地系统地写出,使它成了某种有规模的东西,才是文章。"今天真快活"不是文章吧?"所以快活的事由""那事件的状况"等等记出,写成一封给朋友看的书信或一则自己看的日记,才是文章。

文章普通有两种体式,一是实用的,一是趣味的。实用的文章,为处置日常的实际生活而说,通常只把意思(思想感情)老实简单地记出,就可以了。诸君于年假将到时,用明信片通知家里,说校中几时放假,届时叫人来挑铺盖行李咧,在拍纸簿上写一张向朋友借书的条子咧,以及汇钱若干叫书店寄书册的信咧,拟校友会或寄宿舍小团体的规约咧,都是实用文。至于趣味的文章,是并无

生活上的必要的，至少可以说是与个人眼前的生活关系不大，如果懒惰些，不作也没有什么不可。诸君平日在国文课堂上所受到的或自己想作的文章题目，如"同乐会记事"咧，"一个感想"咧，"文学与人生"咧，"悼某君之死"咧，"个人与社会"咧，小说咧，戏剧咧，新诗咧，都属于这一类。这类文章，和个人实际生活关系很远，世间尽有不做这类文章，每日只写几张似通非通的便条子或实务信，安闲地生活着的人们。在中国的工商社会中，大部分的人就都如此。这类文章，用了浅薄的眼光从实生活上看来，关系原甚少，但一般地所谓正式的文章，大都属在这一类里。我们现今所想学习的（虽然也包括实用文），也是这一类。这是什么缘故呢？原来人有爱美心与发表欲，迫于实用的时候，固然不得已地要利用文字来写出表意，即明知其对于实用无关，也想把其五官所接触、心所感触的写出来示人，不能自已。这种欲望，是一切艺术的根源，应该加以重视。学校中的作文课，就是为使青年满足这欲望，发达这欲望而设的。

话又说远去了，那么究竟写作些什么呢？实用的文章，内容是有一定的，借书只是借书，约会只是约会，只要把意思直截简单地写出，无文法上的错误，不写别字，合乎一定的格式就够了，似乎无须多说。以下试就一般的文章，来谈："写作些什么？"

秀才从空肚子里产出文章，难于女人产小孩。诸君生在现代，不必抛了现在自己的思想感情，去代圣人立言，肚子决无空虚的道理。"花的开落""月的圆缺""父母的爱""家庭的悲欢""朋友的交际"，都在诸君经验范围之内；"国内的纷争""生活的方向""社会的趋势""物价的高下""风俗的变更"，又为诸君观想所系。材料既无所不有。教师在作文课中，更常替诸君规定题目，叫诸君就题发挥，限定写一件什么事或谈一件什么理。这样说来，"写作些什么"在现在的学生似乎是不成问题了的。可是事实却不然。所谓写作，在某种意味上说，真等于母亲生小孩。我们肚里虽有许多的思想感情，如果那思想感情未曾成熟，犹之胎儿发育未全，即使勉强生了下来，也是不完全的无生命的东西。文章的题目不论由于教师命题，或由于自己的感触，要之只不过是基本的胚种，我们要把这胚种多方培育，使之发达，或从经验中收得肥料，或从书册上吸取阳光，或从朋友谈话中供给水分，行住坐卧，都关心于胚种的完成。如果是记事文，应把那要记的事物，从各方面详加观察。如果是叙事文，应把那要叙的事件的经过，逐一考查。如果是议论文，应寻出确切的理由，再从各方面引了例证，加以证明，使所立的断案坚牢不倒。归结一句话，对于题目，客观地须有确实丰富的知识（记叙文），主观地须有自己的见解与感触（议论文、感想文）。把这些知识或见解与感触，打成一片，结为一团，这就是"写作些什么"问题中的"什么"了。

有了某种意见或欲望，觉得非写出来给人看不可，于是写成一篇文章，再对于这文章附加一个题目上去。这是正当的顺序。至于命题作文，是先有题目后找文章，照自然的顺序说来，原不甚妥当。但为防止抄袭计，为叫人练习某一定体式的文字计，命题却是一种好方法。近来，学校教育上大多数也仍把这方法沿用着，凡正课的作文，大概由教师命题，叫学生写作。这种方式，对于诸君也许有多少不自由的处所，但善用之，也有许多利益可得：（1）因了教师的命题，可学得捕捉文章题材的方法，（2）可学得敏捷搜集关系材料的

本领,（3）可周遍地养成各种文体的写作能力。写作是一种郁积的发泄，犹之爆竹的遇火爆发。教师所命的题目，只是一条药线，如果诸君是平日储备着火药的，遇到火就会爆发起来，感到一种郁积发泄的愉快，若自己平日不随处留意，临时又懒去搜集，火药一无所有，那么遇到题目，只能就题目随便勉强敷衍几句，犹之不会爆发的空爆竹，虽用火点着了药线，只是"刺"地一声，把药线烧毕就完了。"写作些什么"的"什么"，无论自由写作，或命题写作，只靠临时搜集，是不够的。最好是预先多方注意，从读过的书里，从见到的世相里，从自己的体验里，从朋友的谈话里，广事吸收。或把它零零碎碎地记入笔记册中，以免遗忘，或把它分了类各各装入头脑里，以便触类记及。

再谈"怎样写作？"

关于写作的方法，我在这里不想对诸君多说别的，只想举出很简单的两个标准：（1）曰明了，（2）曰适当。写作文章目的，在将自己的思想感情传给他人。如果他人不易从我的文章上看取我的真意所在，或看取了而要误解，那就是我的失败。要想使人易解，故宜明了；为防人误解，故宜适当。我在前面曾说过：自古以来的文章诀窍，虽说法各有不同，其实只是同一的东西。这里所举的"明了"与"适当"，也只是一种的意义，因为不"明了"就不能"适当"，既"适当"就自然"明了"的，为说明上的便利计，故且把它分开来说。

明了宜从两方面求之：（1）文句形式上的明了，（2）内容意义上的明了。

文句形式上的明了，就是寻常的所谓"通"。欲求文句形式上的明了，第一须注意的是句的构造和句与句间的接合呼应。句的构造如不合法，那一句就不明了；句与句间的接合呼应如不完密，就各句独立了看，或许意义可通，但连起来看去，仍然令人莫名其妙。这样的例子，举不胜举。例如：

发展这些文化的民族，当然不可指定就是一个民族的成绩，既不可说都是华族的创造，也不可说其他民族毫不知进步。

这是某书局出版的初中教本《本国历史》中的文字，首句的"民族"与次句的"成绩"前后失了照应，"不可说"的"可"字，也有毛病。又该书于叙述黄帝与蚩尤的战争以后，写道：

这种经过，虽未必全可信，如蚩尤的能用铜器，似乎非这时所知。不过，当时必有这样战争的事实，始为古人所惊异而传演下来，况且在农业初期人口发展以后，这种冲突，也是应有的现象。

这也是在句子上及句与句间的接合上有毛病的文字。试再举一例：

我们应当知道，教育这件事，不单指学校课本而言，此外更有所谓参考和其他课外读物。而且丰富和活的生命，大概是后者而不是前者所产生的。

这是某会新近发表的《读书运动特刊》中《读书会宣言》里的文字。似乎词句上也含着许多毛病。上二例的毛病在哪里呢？本稿篇幅有限，为避麻烦，恕不一一指出，诸君可自己寻求，或去请问教师。

初中的《历史教本》会不通，《读书会宣言》会不通，不能不说是"奇谈"了，可是事实竟这样！足见"通"字的难讲。一不小心，就会不通的。我敢奉劝诸君，从初年级就把简单的文法（或语法）学习一遍，对于词性的识别及句的构造法，具备一种概略的知识。万一教师在正课中不授文法，也得在课外自己学习。

句的构造和句与句间的接合呼应，如果不明了，就要不通。明了还有第二方面，就是内容意义上的明了。句的构造合法了，句与句间的接合呼应适当了，如果那文字可作两种的解释（普通称为歧义），或用词与其所想表示的意义不确切，则形式上虽已完整，也仍不能算是明了。

无美学的知识的人，怎能作细密的绘画的批评呢？

这是有歧义的一例。"细密的绘画"的批评呢，还是细密的"绘画的批评"？殊不确定。

用辅导方法，使初级中学学生自己获得门径，鉴赏书籍，踏实治学。（读"文"，作"文"，体察"人间"）

这是某书局《初中国文教本编辑要旨》中的一条，可以作为用词与其所想表示的意义不确切的例子。"鉴赏书籍",这话看去好像收藏家在玩赏宋版书与明版书,或装订作主人在批评封面制本上的格式哩。我想,作者的本意,必不如此。这就是所谓用词不确切了。"踏实治学"一句,"踏实"很费解,说"治学",陈义殊嫌太高。此外如"体察人间"的"人间"一语,似乎也有可商量的余地。

内容意义的不明了,由于文词有歧义与用词不确切。前者可由文法知识来救济,至于后者,则须别从各方面留心。用词确切,是一件至难之事。自来各文家都曾于此煞费苦心。诸君如要想用词确切,积极的方法是多认识词,对于各词具有敏感,在许多类似的词中,能辨知何者范围较大,何者较小,何者最狭,何者程度最强,何者较弱,何者最弱。消极的方法,是不在文中使用自己尚未十分明知其意义的词。想使用某一词的时候,如自觉有可疑之处,先检查字典,到彻底明白然后用入。否则含混用去,必有露出破绽来的时候的。

以上所说,是关于明了一切方面的,以下再谈到适当。明了是形式上与部分上的条件,适当是全体上、态度上的条件。

我们写作文字,当然先有读者存在的预想的,所谓好的文字,就是使读者容易领略、感动、乐于阅读的文字。诸君当执笔为文的时候,第一不要忘记有读者,第二须努力以求适合读者的心情,要使读者在你的文字中得到兴趣或快悦,不要使读者得着厌倦。

文字既应以读者为对象,首先须顾虑的是:(1)读者的性质,(2)作者与读者的关系,(3)写作这文的动机,等等。对本地人应该用本地话来说,对父兄应自处子弟的地位。如写作的动机是为了实用,那么用不着无谓的修饰,如果要想用文字煽动读者,则当设法

加入种种使人兴奋的手段。文字的好与坏，第一步虽当注意于造句用词，求其明了，第二步还须进而求全体的适当。对人适当，对时适当，对地适当，对目的适当。一不适当，就有毛病。关于此，日本文章学家五十岚力氏有"六 W 说"，所谓六 W 者：

（1）为什么作这文？（Why）

（2）在这文中所要述的是什么？（What）

（3）谁在作这文？（Who）

（4）在什么地方作这文？（Where）

（5）在什么时候作这文？（When）

（6）怎样作这文？（How）

总结起来说，就是：

"谁对了谁，为了什么，在什么地方，什么时候，用了什么方法，讲什么话。"

诸君作文时，最好就了这六项逐一自己审究。所谓适当的文字，就只是合乎这六项答案的文字而已。我曾取了五十岚力氏的意思作过一篇《作文的基本的态度》，附录在《文章作法》（开明书店出版）里，请诸君就以参考。这里不详述了。

本篇已超过预定的字数，我的老生常谈也已絮絮叨叨地说得连自己都要不耐烦了。请读者再忍耐一下，让我附加几句最重要的话，来把本稿结束吧！

文字的学习，虽当求之于文字的法则（上面的所谓明了，所谓适当，都是法则），但这只是极粗浅的功夫而已。要合乎法则的文字，才可以免除疵病。这犹之书法中的所谓横平竖直，还不过是第一步。进一步的，真的文字学习，须从为人着手。"文如其人"，文字毕竟是一种人格的表现，冷刻的文字，不是浮热的性质的人所能模效的，要作细密的文字，先须具备细密的性格。不去从培养本身的知识、情感、意志着想，一味想从文字上去学习文字，这是一般青年的误解。我愿诸君于学得了文字的法则以后，暂且抛了文字，多去读书，多去体验，努力于自己的修养，勿仅仅拘执了文字，在文字上用浅薄的功夫！

读书三部曲

刘薰宇

近代正规的书，除却等于装饰的封面，至少包含三部分：一序，也有附着编审大意或凡例的，或只有编辑大意或凡例而没序的；二目录；三本文。此外，还有些附录。

新买一部书到手，假如准备认真地读它，那么第一便应当读序文、编辑大意和凡例之类。一般人不甚注意这一点，其实却很重要，序文大半是说明作者下笔的动因以及他在本文中所注意的各点。编辑大意和凡例之类，不用说更是具体地叙述本文的主眼和组织等等。这些对于整个地理解全书都很有帮助，不但如此，有些意义很少或十之八九是抄录来的书，假如作者的序文之类很忠实的话，只要读

过这序文之类就可将它束之高阁了。还不但如此，假如这本书所属的门类中，你已读过些部数，从它的序文中，你便可知道这部书对你有多少帮助，有时也就可以将它收在书架上，让有参考的必要时再翻阅。自然这些话得有例外，尤其在近来，著作物更形露骨地商品化的年头，有些书的序文简直是广告，不是自赞，便是请几个"名人"代吹嘘。这类序文当然和本文很少有关联，不过也值得一读，而且这类书的序文比本文更值得一读。它有时会告诉你本文大可不看，有时在你读过本文以后，它就会给你做证人，使你更认识那作者和那作者的作品。

第一步读序文，第二步不用说便是读目录。若把读字的意义看得比较的严，那么这似乎可笑极了，第一章什么，第二章怎样，这哪好读，不过这里所说的读，意义很宽，读了目录，全书的组织和轮廓在心里便有点影儿，这于本文，好似指路碑，能说一点用儿没有么？也和读序文一般，假如这本书所属的门类中，你已读过些部数，从它那里你便可知道这部书对你有多少帮助，有时也就可以将它收在书架上，让有参考的必要时再翻阅。

第三步，当然读本文。前两步虽是必要，但可以说只是它的准备。本文当怎样读法，一言难尽。好书不厌百回读，真是好书，读一遍有一遍的趣味，也可以有一遍的会心，哪怕你已能将它背诵如流，读起来还是别有风味，别有会心。至于坏书，不值一读半读，翻过几页，勿妨掼在火炉里，省得在书架上占位置，或害别人浪费光阴。

好书、坏书都不必说，还是说好坏未经你自己评定的新书。假如要认真地读，至少得读两遍。

第一遍快读、粗读，第二遍慢读、精读。快读、粗读是不求甚解，观大略的功夫；慢读、精读是力求了解，细磋细磨的功夫。

所谓快读、粗读，其作用有消极和积极两方面，消极的便是淘汰作用，人寿几何，所谓"于书无所不读"在古代容许有万一的可能性，若在近代，要说这语正是自己招供"所见甚狭"。因此，对于书不能无所选择，在快读、粗读以后，这本书的大体已可明了，有否精读的必要，便可舍弃，这就是淘汰作用。书可以分三类：一是不值一读也不足供参考的，二是不值精读而足供参考的，三是值得精读的。经过快读、粗读的淘汰作用，手里的那部书便可编排到这三类的一类中，倘若是编排到第三类的，那就得振作精神、集中注意地来慢读、细读。

对于第二步的慢读、细读，第一步的快读、粗读很有积极的作用。好的书、好的文章都有很谨严的组织，要理解须整个地去理解，正如看画，一幅好画，它的结构、色彩、线条全都是一贯的、调和的。只许整个地欣赏，不许你分开来数它里面有几件什么，哪些是黄，哪些是红。一个词一句话，孤零零地，便毫无意义，不有意义，有的是死的意义。有的人看见一幅字，他批评说某一字有力，甚而至于说某字的某一笔有力，这实在不妥当，若整个地看，倘然一幅字有的好有的坏，一个字有几笔好有几笔坏，那就不是好货。有的人见到女人，他批评说这个的鼻子美，那个的眼睛美，假使那美鼻子长在歪嘴巴上，美眼睛下面却是塌鼻子，还有什么美？美是有生命的，她的生命便是调和，没有别的东西帮衬，和四周的东西失了调和，便没有生命，也就无所谓美。美是如此，一个词一句话的意义也如此，它们的生命，是在整篇文字或整部书的关联中，正如手指的生命是在全个身体的关联中一般。就是为了这样，对于一部书

要理解，一面是要全部的，同时又要逐字逐句的从全部中理解各字句的意义，从各字句的连缀理解全部书的意义。这是读书法的基本原则。也就是为了这样，快读、粗读应在慢读、精读之先，若对于全书的轮廓没有一点影儿的人，便一字一句地去精读，其结果一定只能得到些零零碎碎的，毫无生命的知识。有些书读得多，而且天资较高的人，拿着一部书，一目十行地浏览过去，他便可以说出这部的主要意义来，这就比一起首便逐字逐句地读好得多。

这话儿有点漏洞了。既是浏览比起首就一字一句地细读好得多，快读、粗读岂不就够了么？然而说话不得这般马虎，浏览只能得大略，原书的精微特点却抓不到手中，一部书既值得精读，就不应浅尝辄止了。真是好书，真是值得精读的书，一次的慢读还不够，逐字逐句地读去，往往有些地方当时还不能理解，必和后面的反复印证才能恍然大悟，而这反复印证的功夫，往往不是一次可以得到的。因为一个人毕竟只有一副头脑，一时的注意只能集中在某一二点，若你所需的印证，正好不在你注意所集中的领域内，当然你和它就得相见不识了。人的注意的集中点从另一面说又不能时时一样，因此要收反复印证恍然大悟的功效，唯一的法门便是多读几遍。

所谓逐字逐句地慢读、精读，其目的自然是在对于那书一点儿不放松，但话虽如此，一次精读就要做到家，却十有八九不可能，在这里于是便不能不慢中见快，精中见粗，为了一时一次不能立即解决的一点困难，便停在那儿徘徊，岂不大煞风景。有些困难不但就本书反复印证才能解决，往往有还须从别方面去求救兵的，而这支救兵，有的是一求即得的，比如不认识的字查字典，但也有不能硬求，只可偶遇的，所以即使是在慢读、精读，也无妨慢中见快，精中见粗，留些困难以待来日救兵的光降。

　　本文如是读法，如是读过，一部书总算没有白买。至于读时作笔记啦，作记号啦，这要看读的目的而定，所以不用啰唆了。

　　读完本文，比如那书还有附录，是否要读一读呢？当然要读，而且还须早读。附录总是和本文有相当关联的，在读本文时就得随时参读。

　　说来都是空论，然而一般地说，只好如此。严格地说，在现代，书籍门类很多的现代，各种书有各种书的特殊的读法，用读数学书的方法去读物理书，已不免有些勉强，若拿去读小说、戏剧、诗歌，那更是荒天下之大唐了，不过原则却大体不差，这里所说的就只是原则而已。

给孩子的语文三书

读和写

沐绍良 —— 著

清华大学出版社
北京

内 容 简 介

　　《读和写》旨在解决学生的语文读写困难，全书以二十四个读书要点为大纲，配以生动有趣的例子，以故事的形式呈现给读者。小到词语的积累与运用、句子的读写、标点的应用等读写基础，大到各种文体的阅读与写作，学生在阅读与写作中的方方面面书中都有涉及。

图书在版编目（CIP）数据

　　读和写 / 沐绍良著. -- 北京 : 清华大学出版社，2025. 2.
(给孩子的语文三书). -- ISBN 978-7-302-68201-1
　　Ⅰ. G634.303
　　中国国家版本馆 CIP 数据核字第 2025E1F598 号

责任编辑：刘　洋
封面设计：徐　超
版式设计：张　姿
责任校对：王荣静
责任印制：杨　艳

出版发行：清华大学出版社
　　　　　网　　　址：https://www.tup.com.cn，https://www.wqxuetang.com
　　　　　地　　　址：北京清华大学学研大厦 A 座　　邮　　编：100084
　　　　　社 总 机：010-83470000　　　　　　　　邮　　购：010-62786544
　　　　　投稿与读者服务：010-62776969，c-service@tup.tsinghua.edu.cn
　　　　　质 量 反 馈：010-62772015，zhiliang@tup.tsinghua.edu.cn
印 装 者：河北鹏润印刷有限公司
经　　销：全国新华书店
开　　本：148mm×210mm　　印　张：15.25　　字　数：346 千字
版　　次：2025 年 4 月第 1 版　　　　　印　次：2025 年 4 月第 1 次印刷
定　　价：99.00 元（全三册）

产品编号：099563-01

总 序
PREFACE

我们出版这套"给孩子的语文三书",有一个总的目的,就是试图让中小学生读者了解语文学习的基本知识,掌握学习语文的基本方法,提高读写能力和语文水平。这套小书一共三本,分别是《文章作法》《读和写》和《文章讲话》。这三本书都诞生于民国时期,作者都是当时语文教学领域的大家。虽然已经过去了八九十年的光阴,这几部作品我们今天读来依然倍感亲切,而且生动有趣,丝毫没有过气的味道,已然成为现代语文教育的经典读物。

《文章作法》是夏丏尊先生关于文章写作的讲义稿,后来由刘薰宇先生多次修订成书。夏丏尊是我国现代著名的文学家、语文教育家、出版家和翻译家,主要著作有《文章作法》《阅读与写作》《文心》等,他还翻译了著名的儿童文学经典《爱的教育》一书,其著作对当时的语文教育有着广泛的影响。刘薰宇先生则是我国现代著名的数学教育家、出版家,新中国成立后曾担任过人民教育出版社副总编辑,审定过我国的中小学数学教材,他的《马先生谈算学》《数学趣味》《数学的园地》等书影响了无数的读者(现已整理成"给孩子的数学三书"出版)。夏丏尊先生曾在湖南第一师范学校和浙江上虞白马湖的春晖中学任语文教师,《文章作法》正是他在这两所学校任教时的讲义稿。书中从作者应有的态度讲起,针对不同文体的特点,为学生逐步讲解了叙事文、说明文、议论文、小品文等不同文体的写作方法和技巧，其中既有理论也有实践，语言通俗易懂，对学生写作能力的提高有着非常强的指导作用。本书同时还特别收录了夏丏尊《关于国文的学习》和刘薰宇《读书三部曲》两篇文章，对于学生的语文阅读和学习均有很好的启发和指导意义。

《读和写》的作者沐绍良是夏丏尊先生的学生，他有数年的语文教学经验，对学生在读写上的困难多有了解。1933年9月，他受邀到上海开明书店工作。在开明书店任职期间，他在《中国儿童时报》上连载发表了系列文章《读写故事》，受到广大读者的热烈欢迎。后来，这些文章由开明书店整理，以《读和写》为名出版，著名教育家叶圣陶先生为之作序，曾多次重版。《读和写》旨在解决学生的语文读写困难，全书以二十四个读书要点为大纲，配以生动有趣的例子，用故事的形式呈现给读者。书中涉及的内容非常全面，小到词语的积累与运用、句子的读写、文章的开头与结尾、标点的应用等读写基础，大到各种文体的阅读与写作，学生在阅读与写作中的方方面面书中都有涉及。重要的是，作者以故事体来写作，浅显易懂，引人入胜，很容易抓住学生的阅读兴趣，让他们产生自主学习的动力。而且，书中列举的习作例子，作者都作了生动有趣的指导说明，学生一读便懂，很有借鉴意义。

夏丏尊的《文章讲话》是一本深入剖析文章阅读与写作的经典之作。全书分为多个小节，每个小节都围绕一个核心问题进行论述，语言浅近通俗，言简意赅，引人深思。在这本书中，夏丏尊先生以名家名篇为例，解答了文章写作的各方面问题。他详细地解答了如何安排文章中的对话、如何通过文章表情达意、如何写文章才有气

势、如何用文字表现动态和静态，以及阅读什么、怎么阅读等青少年写作过程中都会遇见的问题。对于这些问题的解答不仅仅是写作技巧上的指导，更是对文章深层次内涵的挖掘和理解。夏丏尊先生对于文章的剖析不仅停留在表面形式，更深入到文章的精神内涵和作者的创作心境。这使得读者在阅读过程中，不仅能够学习到写作技巧，更能够领略到文章背后的深层次含义。

这三本小书涉及语文学习中的各种问题，历经时间的检验，已成为语文学习中的经典读物。不管是教师还是学生，或者是语文爱好者，相信都能从中有所启发和借鉴。我们这次将这三本小书整理为"给孩子的语文三书"出版，在整理过程中，我们尽量保持原作的风貌，只对个别文字和标点依据现代阅读习惯以及汉语规范做了修订。希望这套"给孩子的语文三书"能够得到广大读者朋友的喜欢。

编者

　　沐先生这本书，曾经在《中国儿童时报》按期登载过，听说读者非常欢喜看，每接到新出的一期，多数是先看沐先生的东西。这就可见这本书能够吸住一般少年的心。写一本书必须能够吸住读者的心，作者和读者之间才筑起了交通的大路，作者的好意思、好见解才可以一车一车地向读者方面输送。如果不能够做到这一层，作者尽有好意思、好见解，输送到读者跟前，读者的心却紧紧地关上了大门，那就不只是作者的想心思、动笔墨都成徒劳，就是印刷所工友排字印刷的精力也等于白费。这本书为什么能够吸住读者的心，我不想在这里说，因为说了对于读者没有多大益处。譬如说，一位小朋友爱吃水果，他爱吃就爱吃了，你却给他说明水果为什么惹他喜爱，这不是没有什么意思的事情吗？

　　我在这里只想对读者说以下的话：

　　这本书讲的是关于阅读和写作的方法。凡是方法记在心里，不过是一种知识。或者不只记在心里，还能够挂在口头谈谈，也不过表示你懂得多，肚子并不空。如果要真个受用，你得更进一步，让知识融化在习惯中间。举个例子来说：怎样怎样的卫生方法都只是知识，仅仅懂得卫生方法，对于身体不会有什么益处，必须使日常生活习惯完全合于卫生方法，身体才会保持着健康。我希望读者不要仅仅注意这本书的趣味，也不要仅仅把它挂在口头，作为同学之间谈话的资料。我希望读者把这本书中所说的化为自己的阅读和写作习惯。临到做菜，再去翻看烹饪讲义，这是个笑话，常常被人提起，表示单有知识而不成习惯的不可靠。临到阅读和写作的时候，是不应该再去想阅读和写作应该依什么方法的。看着这本书，同时把书中所说的应用到阅读和写作的实际工作上去，渐渐养成习惯。这样，才是真个受用，不算白看了这本书。我的话虽然简单，可是很扼要，愿读者注意。

1936 年 11 月 30 日

自 序
PREFACE

去年初夏，正当全国儿童年开始之际，"中国儿童时报社"编者仲武君特地到上海来约我写稿。我因为以前曾在浙江各地做过小学教师，对于过去和儿童朝夕相处的生涯，恋恋不能忘情，就满口答应下来，预备写一些文章作个纪念。

当时我起了一个念头："写什么好呢？如故事、童话之类，出版的书籍已不可谓不多，儿童在这方面的精神食粮不见得再会像自己在儿童时代那样的感到缺乏，似乎不用再制造了。可是在他方面，一时又想不到儿童急需的是什么。"正在这样踌躇，恰好夏丏尊、叶圣陶二位先生合著的《文心》出版了，承二位先生的情，送了我一册。《文心》读后，我上面的问题同时也得到了解决，就准备花一些工夫，想学学二位先生的写作方法，写一册给儿童的《文心》。

第一步，我重温了一次过去五年小学教师生活的旧梦；第二步，我从这个梦里，摘得了二十四个关于读写方面的要点，再把这些要点施以适当的配列，编成一个大纲；第三步就照编成的大纲逐一用故事体写了出来，题名《读写故事》，陆续寄给"中国儿童时报社"。

我的文章原不能和夏、叶二位先生相比，谁知发表之后，却意外地得到仲武君的来信，说是我的文章被该报读者爱上了，当初我不敢相信，以为仲武君造了谎，来鼓励我。以后又有友人风沙、文华

（他们和仲武君也都认识）二君从杭州传来消息说是该报的订户增加了一千多，据该报征求读者意见的结果，知道大多欢喜读我的《读写故事》，这才使我不相信自己起来了，因为读者爱好，我不得不更加努力，谁知写到中途我忽然害了病。等到病体痊愈，《读写故事》在该报已脱刊了许多时日。这时我就不打算续写下去。可是仲武君却一再来信鼓励我，督促我，终于又使我不得不振起精神来。现在，这册书总算被我在昙花一现的儿童年中写成了。谨在这里谢谢鼓励我写作的友人仲武、风沙、文华君和许多小读者们！

目 录
CONTENTS

一　宽紧带①

——长句和短句的读法和写法

虽说是初春，天气还是非常的冷。站在启智小学门口的一株梧桐树，依然是光秃秃的像一段枯木。早上的太阳光照射在它的身上，似乎想给它一些刺激，使它苏醒过来。可是它却像石头一样，尽贪着睡。

这时候，从校门左首的道路上来了两个孩子。他们像一对刚出窝的小鸟，跳呀跳地，非常活泼。两张圆脸上洋溢着童年时代特有的朝气。他们渐跑渐近，谈话的声音也逐渐清晰起来了。

"啊呀，你看那株梧桐，还老是这副死样！"

"可不是，现在已经是春天了，它也该抽出新芽来哩！"

这两个孩子一面说，一面让肩头挂着的书包颠呀颠地进了校门。第一个说话的孩子在他的书包上写着的字是"朱觉明"。第二个在书包上写着的是"周学文"。

觉明和学文走到校里，已经是八点钟了。过了一会儿，钟声响了，启智小学里三百多个孩子都聚集在礼堂里，列成队伍，举行开学式。开学式很简单，可是很严肃。大家聚精会神地依着所列的节目做去，四周的空气紧张得像要屏住了各人的呼吸。一会儿，仪式宣告完毕，孩子们就分散到各级的教学室里去。

"喂，梁先生来了！"学文轻轻地拉一下座旁的觉明的衣角。

六年级里一阵快乐的欢呼声。梁先生右手握了一支粉笔，在欢

---

① 宽紧带：松紧带。

呼声里和孩子们点了点头。

诸位同学：你们过了这学期，就毕业了。毕业之后，我们就不能像现在这样的朝夕在一起，要各自分离了。因此，我觉得这一学期的光阴值得非常珍贵。我的希望，是想在这短短的一学期内，一方面尽我的能力，多告诉你们一些求学的方法；一方面还想和你们的感情更固结些，让我们结成永久的朋友。这也许是我的奢望，但我却相信只要我们现在的感情基础打得坚牢，将来别离之后，也许不至于中途忘怀的。

今天，新课本还没有买到，不能分发给大家学习，我想趁此告诉你们一件事，当作这学期和你们第一次相见的礼物。

是去年寒假里的事。有一个小朋友跑来对我说："读书真不容易！"

我就问他："什么地方不容易呢？"

"我在读书的时候，逢到短的句子，就像吃汤团一样，毫不费力，但一篇文章里汤团一样的句子并不多，有时遇了长句，就把我难住了，我无论怎样去读，总读不懂那些长的句子。"他回答说。

"你说的确是实话，长的文句的确比短的文句难懂。"当时我提起笔来，在纸上写了两个文句说，譬如像这样两句：

（梁先生一面说，一面又在黑板上写。）

（一）他用棒打狗。

（二）一个穿着短衣服的人拿着一柄扫帚用力打一只嘴里衔着肉的黄狗。

"第一句只有五个字，自然一读就懂，第二句有二十八个字，呼吸短促的人也许会读得上气不接下气，眼睛里看到的有'衣服''人''扫帚''嘴''肉''狗'，再加上啰啰唆唆的字眼，真要令人糊涂。但是像二十八个字的句子还并不算长，有时候会读到比这更长的！"我说。

"怎么办呢？"那个小朋友问我，他像要哭出来了。我笑着安慰他："你不用着急。我给你一条宽紧带，就可打破这种困难了。"我就从我的腿上拿下一条宽紧带给他，他看了说："这样的东西我不是也有吗？"他说着拉起他的裤脚管，小腿上露出一条花花绿绿的宽紧带给我看。我点点头说："你的和我的都是一样的宽紧带，你也不用解下来了。现在，你且把我的宽紧带用两手拉拉看。"他果然拉了一拉，但还是莫名其妙，不知怎样用这个宽紧带去打破读长句的困难。

于是我画了两张图给他看，对他说："第一图是没有拉长的宽紧带，第二图是拉长了的宽紧带。"

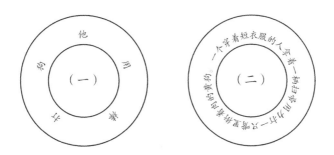

他看了一会，忽然大喊道："我明白了，原来如此！文句真和宽紧带一样。照第二图看来，那个长句的意义和第一图的短句是差不多的。短句一个'他'字，长句便拉成'一个穿着短衣服的人'；短句一个'用'字，长句便拉成'拿着'；短句一个'棒'字，长句便拉成'一柄扫帚'；短句一个'打'字，长句便拉成'用力打'；短句一个'狗'字，长句便拉成'一只嘴里衔着肉的黄狗'。其实，这个长句的意思，也不过是'人拿扫帚打狗'六个较大的字呀！"

那位小朋友不待我的解释，已经明白了怎样用宽紧带去打破读长句的困难。我拍拍他的肩，对他说："孩子，你真聪明！"

"但是我还不明白长句有什么作用呢。"他说着，脸上露出还不十分满足的神气。

我把当时解下来的宽紧带套上了腿就对他说："长句自有长句的好处。譬如像'他用棒打狗'这句话告诉我们的意义很是简单，'他'是哪样的人，他怎样打狗，他为什么打狗，这个句子里都没有告诉我们。但是，像'一个穿着短衣服的人拿着一柄扫帚用力打一只嘴里衔着肉的黄狗'这一句，这些问题就都有了回答。我们读第一句，所得的印象很淡，如果读了第二句，脑里就活画出一幅一只黄狗偷了一块肉，被一个穿短衣服的人捉住了，拿扫帚用力打这只黄狗的图画，所得的印象也就非常深刻。

"我们读长句的时候，第一先要留心找句子中最重要的词，例如上面所说的长句，它最重要的字眼就是'人拿扫帚打狗'，这样可以捉住全句最重要的意义。然后再仔细看那些修饰'人''拿''扫帚''打''狗'的词，于是全句的意义就可以完全明白了。

"所以读长句并非难事，因为句子和宽紧带一样一拉就长。你会看拉长了的宽紧带的花纹，自然也会看拉长了的文句的意义。"

这位小朋友听了我上面一番话，心里像又转着一个什么新念头。过了一会，他对我说："文句既然和宽紧带一样，那么，我们在自己作文的时候，也可以把句子照这个方法拉长吗？"

我说："在你感觉所写的文句不足表示你自己意思的时候，你就可以把它拉长。譬如你先写了这样一句话：

我散步。

"接着想：'散步是在池塘旁边'。你要表明这些意思，就可以把它拉长一些变成：

我在池塘旁边散步。

"后来又想：'散步的时候妹妹也在身边，这一层也要表明。'你又可以把它拉长一些变成：

我携了妹妹的手在池塘旁边散步。

"这样，句子就被你慢慢拉长了。但是你必须记住：在写作文章的时候，切不可任意拉长，因为你既然怕读别人有长句的文章，那么自己有长句的文章，别人也同样会怕读的呢！"

这件事说到这里，已经完了。现在要告诉大家的是，这个故事里的小朋友的姓名：他，就是你们的同学——周学文。

钟声又响了，梁先生和大家点点头，退了课。这时候，许多孩子都拥到学文的身边来，不约而同地问："学文，真的有这回事吗？"

读后作业

一、把下列各句尽量拉长：

（1）爸爸回来了。

（2）明儿上街。

（3）姐姐拿刀切菜。

（4）武松打虎。

二、把下列各句尽量缩短：

（1）他放声痛哭。

（2）我站在梧桐树下出神。

（3）一只凶恶的狗对着叫花子狂叫。

（4）他飞也似的跑去，用棉被扑灭了火。

（5）明儿的爸爸举起一柄发了锈的锄头，用尽了全身的力量，一下子把一条巨大而可怕的毒蛇打死了。

二　菩萨和活佛

——呆的文句和活的文句之比较

"学文，今天梁先生对我们所讲的事，听了真觉有趣，不知道当时的你，起了什么感想？"散课后，觉明问学文说。

"感想是有的，假使我说了出来，恐怕你会更高兴呢！——我当时想，读书和作文两件事，实在非常重要，同时我们要在这上面求进步，却又并不十分容易。古人说'读书破万卷，下笔如有神'，你想要文章作得好，要读一万卷书，而且不但是读，并且要把一万卷书读破，这是如何艰巨的工作？虽然这句话里的'万卷'并不是一个确切的数目，但也足可想见古人'神而明之'的读书法，是怎样的'吃力不讨好'。去年寒假里，我得到梁先生指示读长句的方法以后，不瞒你说，我自觉读书能力的确已进步了不少。因此我觉得，古人的读书法并不是好方法，我们必须要用像宽紧带那样的各种方法，才能收到事半功倍的效果。但是像宽紧带那样的方法，据梁先生说，是他自己研究出来的，他还说：'这样的方法你们也可以去研究，假使大家都研究起来，当然会有许多的好方法产生的。'"

"你和梁先生的话句句都对！"觉明拍手说，"我们何妨来研究研究呢？"

"呃，你不要说得太容易！"学文说，"这件事假使要做，必须联络多数兴趣相同的同学，大家组织一个研究会来研究，也许还有一些成绩研究出来。否则只凭你一张嘴说说'研究研究'，恐怕不会有

什么好结果的。"

觉明沉默了好些时候，像在仔细思索学文的话，突然，他紧握了学文的手，坚决地说："好，说做就做！我们大家来发起组织'读写研究会'罢！"

三天以后，周学文和朱觉明发起的"读写研究会"，果然组织成功了。参加的会员很多。他们请梁先生做顾问，规定每半月开会一次，由各会员演讲半月内研究的心得，请梁先生指导批评。

第一次开会，演讲的是朱觉明，他说："今天我的讲题是《菩萨和活佛》。我们学校的近旁有一个城隍①庙，庙里住着不少菩萨。说这些菩萨是'住'在庙里，实在不配；因为它们都是没有生命的东西，泥塑木雕，不会活动一下的。迷信的老太婆也许会向它们叩头，但是我有一次爬到那个'城隍'的背上去，骑在它的肩头上，发了半天的威，它也不会生气。你们想好笑吗？

"但是在我们中国，听说竟也有真的活菩萨，这种活菩萨一般人称呼作'活佛'，住在我国西藏。我没有见过活佛，很想有机会亲眼见一次，可惜我不能往西藏去。后来梁先生告诉我，他说：活佛果然是活的，但实在他是和我们一样的'人'。

"说了不少空话，现在我们来说正经罢！

"在文章里，有和菩萨一样的文句，也有和活佛一样的文句。明白些说，就是有呆的文句和活的文句。这两种文句，现在先各举一例。让大家看看。"

他说着，在黑板上写了两句话：

---

① 城隍：有的地方又称城隍爷，是阴曹地府里的地方守护神。为儒教《周官》八神之一。

（一）门前有一条小河，河水是静止的；可是河岸上的小草，因为有风吹来，却在摇动。

（二）门前横着一条小河，河水默默地躺在那里；可是河岸上的小草，却在风下打滚。

接着，他又说："读了上面两个例句，我们就可以明白呆的文句和活的文句的分别。在第一句里，我们读后的印象不过像一幅静物写生画，小河哩，河水哩，小草哩，都是一件件地安放在我们的眼前，我们读了，只觉得眼前的景物安排得非常呆板。但在第二句里，我们读后的印象便不同了。打个比方，像是看活动影片。这上面的小河是'横'着，河水是'躺'着，小草却在'打滚'！这印象在我们的脑里是多么鲜明，多么活泼！所以我们叫第一句是呆的文句，第二句是活的文句。

"在一篇文章里面，如果都是呆的文句，我们读起来就像数三百尊罗汉一样，觉得死板板的，生气毫无。但文章里若有了活的文句，读起来就极有兴趣了。我们平时欢喜拣文句活的文章读，就是这个缘故。同时我们又可以想到自己在写文章的时候，也该努力写活的文句。

"现在，再让我们来研究一下活的文句的写法：据我的研究，要写活的文句，并不是难事。只要先把我们所写的目的物加以深刻地观察，或者代目的物设身处地地来想一想，然后动笔，事情就成功了。"

觉明说到这里，重又拿起粉笔，把刚才在黑板上写的两句话，做了几处记号，变成下面的样子：

（一）门前（有）一条小河，河水是（静止）的；可是河岸上的小草，因为有风吹来，却在（摇动）。

（二）门前（横）着一条小河，河水（默默地躺）在那里；可是河岸上的小草，却在风下（打滚）。

"请诸位比较一下上面两句有括号的地方，"觉明接下去说，"我们看，从'有'字变成'横'字，从'静止'变成'默默地躺'，从'摇动'变成'打滚'，无非都是把目的物深刻地观察和代它们设身处地考虑的结果。再说得明白些，就是我们把'小河''河水'和'小草'都当作了有生命的东西，因此，才写得出'横''默默地躺'和'打滚'这一类的词。这种写法我现在把它叫作'动'的写法。'动'的写法是值得我们注意的，因为唯有用'动'的写法，才能写出'动'的文句，才能使全篇的文章活泼生动，虎虎有生气。

"到这里，我的话已快完了。——不知道诸位的心里，以为怎样？如果诸位认为这几句话有点道理，我还想让诸位做一件事。"

觉明说着，从袋里拿出一叠纸来，一面分发听众，一面说："这些纸上我印着三段文章，其中的文句都是呆的，请诸位用动的写法把它们改成活的文句。改成以后，请诸位交给我，由我拿去给梁先生看。"

这时觉明向大家行了一个礼，就走到自己的座位上去，同时一阵热烈的掌声却响起来了。

觉明演说完了之后，主席就请"读写研究会"的顾问梁先生去批评。

"今天是'读写研究会'的第一次集会，想不到朱觉明就有这样一个'响炮'准备，真出乎我的意料之外！……"

梁先生正要说下去，却不料小朋友们因为梁先生把觉明的演说比作响炮，觉得有些滑稽，都"哄"的一声笑出来。

"请大家不要笑，我说的是正经。别人开会放的礼炮，无论怎样响，我总觉得不如我们这次开会觉明的演说好。他的演说实在难得，虽然并不长，却极精彩。而且，他这种材料，要不是有一番苦心的研究，是得不到的。我希望从这次觉明的演说之后，下次跟着来的还有更好的演说！

"你们叫我来批评，我觉得这次觉明的演说实在是无可批评。真的！实在是无可批评！这里有的，只是几句补充的话，现在不妨向大家谈谈。要写活的文句，这句话是不错的。因为活的文句有吸引读者的力量。这种写法，在写景的时候用处最大。从刚才觉明所写的例句，我们就可以明白。不过在别的地方，这种写法就没有什么大用处。但是我们却不能因此就看轻这种写法，在写景的时候，如果不用这种写法，文章是不会好的。这是我要补充的第一点。

"觉明之所谓活的写法，说得很透彻：他说要把目的物（即景物）作深刻观察，并且代目的物设身处地地想一想，然后动笔，才能成功。这确是一句经验之谈，你们该牢牢记住。不过观察景物和代景物设身处地地想，这两件事不必一定在动笔以前。平时，我们看见了景物，即使是不打算把它写入文章，也不妨仔细观察一下，或甚至代它设身处地地想想，它是在一个怎样情况中。存在着这种平素的锻炼，最能增进我们文章的写作能力，我们要特别注意。这是我要补充的第二点。

"此外还有一点不必要的补充，也无妨谈谈。就是活的写法在修

辞学（研究写作的学问）上叫作拟人法。觉明不知道这个方法的名称，却自己定了一个'活的写法'，实在定得很聪明，并且也足以证明他说的方法是自己研究出来的。这种研究精神，很使我佩服。所谓拟人法，就是把无生命的景物加以人格化，使它具有一种活动能力的写法。

"好了。我希望你们以后在写作的时候，好好地利用这个活的写法吧。把一尊尊泥塑木雕的呆菩萨，吹进生命的活气，让它都变成活佛，这是一件伟大的事呀！"

梁先生说到这里，恰好主席宣布集会的时间已经完了。

读后作业

把下列各句改成活的文句：

（1）一个冬天的晚上，矿场上堆着一个雪人，雪人被月亮照着，白白的，胖胖的，非常可爱。旁边有一棵老树，一阵北风吹过，老树就摇动了一下。

（2）春天到了，春风在花园里吹醒了各种花草，花草们都抽出了芽。

（3）那边有一条小河，河上有一座木桥。河水流过木桥的桥脚，在那里打了一个旋，又向前流去。

（4）一轮明月悬在天空，忽然来了一朵黑云，把月亮遮住了。月亮被黑云遮掩了好一会儿，才慢慢地从云里出来。

三 三个求婚的少年

——文句的变化

时光真快，第一次的"读写研究会"刚开过不久，眨眨眼，又到了第二次集会的日期。这一次研究会的演说人是周学文，大家知道学文平日是一个爱说笑话的同学，猜想他这一次准有什么有趣的话将逗人开口大笑。因此一到开会的时候，会场里显得格外拥挤，就连不是会员的小朋友，也踊跃地来列席旁听了。

主席说："今天开会，到会的人比第一次越发多了。我们主持会务的人，真是说不出的高兴。今天是周学文君演说，他准备了一个很有趣的故事说给我们听，现在就请他来说吧。"

这时周学文就在一阵掌声里跳上台去。他向大家行个礼，就说：

我今天讲的故事，叫作《三个求婚的少年》。——某处地方，有三个少年：第一个叫龙伯通，第二个叫艾班，第三个叫胡比化。这三个少年大家很是要好，常在一块儿生活。有一天，他们看到一张报纸，上面登着一个启事，写着：

征 婚

我有一个女儿，现在已经长大了，想找一个聪明的少年，把我的女儿嫁给他。愿意娶我的女儿的少年们，只要自问是聪明的，都可以来应征。

地址：中山街六十四号王宅。

这三个少年，一向知道中山街六十四号王宅的女儿又美又聪明，看了这个启事，每个人心头痒痒的，都想去试一试。可是他们谁也不说明自己的心事，各自悄悄地分了手。

龙伯通最先到了那里，王宅的招待人就把他迎接进去。只见里面走出一个老头儿对龙伯通说："你是来求婚的吗？"

"是的，是的。"他回答。

那个老头儿就给他一支笔、一张纸，对他说："我的女儿是要嫁给聪明的少年的，不知道你是否果然聪明，请你做一篇文章给我的女儿看看。"

龙伯通接受了纸笔，由刚才那个招待人领到一间房里。他把纸展了开来，看见上面写着一个文题是"某月某日的日记"。

"只要写写日记，那倒容易办的！"龙伯通自言自语地说了一句，就开始写一篇日记……

"诸位"，学文忽然打断了故事的情节，向听众说：

龙伯通这篇日记，我们大可注意，现在让我念给诸位听听，请大家批评一下，龙伯通的婚事究竟有把握没有。他在上面写着：

做完了一个梦，我就醒来了。我昨天疲倦的精神也已经恢复了。向窗外一望，太阳出来了，只听得鸡也叫了，鸟也飞出树林去了，我也就起床了。起床以后，我就穿衣了，着鞋了，洗脸了，刷牙了，吃饭了，到学校里去求学了。我到学校，时候已经不早了。同学们都在上课了。我走进教室里去，不留心把门上的玻璃打破了，先生就对我发怒了，我就被先生打了。

我被先生打得很痛，哭了。先生见我哭，越发怒了，打也打得越发重了，我痛得连哭也忘记了（听众哄堂大笑），就把手挣脱了，一溜烟逃回家去了。

龙伯通作了这篇日记，还自以为很好呢，哪知道这篇日记给王家的姑娘看了，觉得又好气又好笑，就在他的文章后面批了几句话，说是："了字大家，又懒又傻。上学迟到，玻璃开花。先生发怒，怒得可怕，学生被罚，飞逃回家。这个少年我不要他。"

第二个到王家来的，是艾班，也和龙伯通一样，王家的老头儿给了他一支笔、一张纸，叫他写一篇日记，看他是不是一个聪明的少年。

"只要写日记，那不是太容易的事吗？"艾班这样一想，觉得这件事有十分把握，就搔了一下头皮，不一会就写成了一篇……

"诸位"，学文说到这里又把故事打断了：

艾班的日记和龙伯通并不相同，可是我们也大可注意。我现在也把他背了出来，让大家欣赏欣赏：

我醒来了，但是眼睛还张不大开，心里想要起床，但是身体很懒，四肢像疯瘫了样。我想我真的疯瘫了吗？但是一用劲，我却起来了。早饭以后，就想去上学，但是一看壁上的钟，时候还早，就在家里玩了一会。听到敲八点钟了，我就赶快往学校跑，但是在半路上，我想到今天是星期日，是放假的，就回来了。刚到门口，听到背后有人叫我，回头一看，但是没有人。我以为听错了，拔步进门，但是背后又有人哈哈笑了。我从笑声里听出是邻家孩子的声音，但是这次我并不回头睬他。他虽然要和我说话，但是我不睬他，他也没有办法。午饭后，想到中山公园去玩，但是天下雨了。妹妹说，下雨不要紧，可以带伞，穿皮鞋。我想，她的话果然不错，虽然天下雨，但是我也不怕，就带了伞，穿了皮鞋去玩中山公园，但是到了公园，一个游人也没有（听众大笑）。太寂寞了，只好回来。但是闷在家里很苦，又只好去睡。睡了一会醒来，妹妹说天晴了，现在可以去玩了。但是这时候天快黑了，谁还高兴再去玩。

艾班做了这篇日记，以为一定能中王家姑娘的意，不料王家姑娘看了，牙齿咬住了嘴唇，只差没有笑出来。她在他的文章后面批了这么几句话："但是博士，糊涂颠倒，四肢疯瘫，用劲就好。不知时间，被人调笑。游园无聊，就去睡觉。一觉醒来，一天过了。这个少年我也不要。"

第三个到王家的是胡比化。也和龙伯通、艾班一样，王家的老头儿给了他一支笔、一张纸，叫他写一篇日记，看他是不是一个聪明的少年。

"他叫我写日记，那么他的女儿一定是嫁给我的了！"胡比化心里暗暗得意，拿起笔来，在纸上一阵啰啰唆唆，早把一篇日记写成……

"同学们，你们大概也很愿意知道胡比化这篇日记的内容吧！"学文又打断了故事的进展，向听众说：

他这篇日记我也能够背出来，请诸位仔细听一听：

做了一个可怕的梦，然后我醒来了，我用手擦擦眼睛。然后起了床，然后洗脸，吃早饭。吃好早饭，然后背着书包去上学，我出了大门、不多远，遇着一只恶狗。它向我叫一声，然后跑过来咬住我的衣角，我被它吓了一跳，想踢开这只狗，然后逃走。可是我的力气不及它的大，被它围住了，不能脱身，它咬破我的衣服，然后再咬破我的书包，然后再咬破我的裤①。我吓极了，然后急得大哭起来。然后看见我的爸爸赶来，用棒把狗打跑了，然后拍拍我的头说："好孩子，不要怕，你回去换了衣服，然后去上学。"我听了爸爸的话，然后擦干了眼泪，跟他再到家里换了衣服，然后再去上学。下午放学回来，心里还记得那只狗，怕得很，只好不走大路，从小路走。走了一半的路，然后看见一只牛横在前面，我想牛是老实的家伙，一定要它让路，然后让我过去。我大声喝它，它不听，然后我用拳头敲它肚子，它也不管，然后我拾了石子击它的头，忽然它发怒了，向我猛冲过来，我敌不过它的气力，只好倒退。然后冒了险，仍旧走大路回家。

王家姑娘看了胡比化这篇日记，也是摇头，在他文章的后面批了这么几句话："大路遇狗，小路遇牛。然后先生，无路可走。欺善怕恶，实在下流。不敌畜生，多么可羞！爸也然后，儿也然后，要想结婚，然后然后！"

"我的故事到这里已经完了，"学文向听众说，"这三位求婚少年，结果都是失败的，王家的女儿到现在我说话的时候为止，还找

① 裤（kù）：同"裤"。

不到她理想中的聪明少年。我想如果诸位也有心去一试的话，倒不妨也去试试看。不过，为要达到你们的目的，你们得仔细笔下的文章，她虽然只要你们写一篇日记，要是你们在这篇日记中文句有了毛病，她的眼光却很锐利，马上就会把你们的毛病指摘出来的。"

"现在让我们来丢开故事的情节，研究一下这三位求婚者的文章罢！据王家的女儿在三篇文章后面的批语，龙伯通是一个'了'字大家，艾班是一个'但是'博士，胡比化是一个'然后'先生。她这样称呼他们，自然并非佩服他们真个了不得，无非讽刺他们的文章是弄不通的，是呆板的，是无变化的。龙伯通的文章，重重叠叠地用'了'字；艾班的文章，重重叠叠地用'但是'；而胡比化却常用'然后'。我们知道文句如果没有变化，我们读起来就有一种不快的感觉。活泼的文章，它的文句一定没有这种毛病。现在三位求婚者的文章，我都已油印起来，要分发给诸位。请诸位拿去之后，仔细地替他们改一改，医好各篇的毛病。改成后，请交给本会的顾问梁先生。"

学文说完了，向大家摆一摆手，就下了台，大家都拍手赞成他说得好。

最后，主席请梁先生上台来批评。梁先生说：

"今天学文的故事可以说是一个精美的杰作。他在故事中包含文句的研究，如果没有一番苦心的计划，是说不出来的。这里我要替他补充的是：呆板的文句，不一定用'了''但是'或'然后'，有许多文章，仅有用什么'于是''不久'以及什么什么，连篇到底，犯了和这三位求婚者同样的毛病。这一点要请大家注意。"

读后作业

修改下面的文句：

（1）因为近来的天气还很冷，所以我的身上还穿着棉袍。但是因为棉袍是很重的，走起路来，做起事情来，都很不方便，因为这个缘故，所以我终于把棉袍脱去了。

（2）自从哥哥死了之后，我每天很不快乐。后来妈妈生了一个弟弟，自从我有了弟弟，我又快乐了，后来弟弟又死了，自从弟弟死了之后，我更不快乐了。

（3）不知怎样一来，那只狗发怒了。那时，我恐怕它要咬我，就逃了开去。一会儿，那只狗摇摇尾巴，好像很和善的样子。那时，我知道它绝不会来咬我，就跑过去和它玩。

（4）他从袋里摸出一块糖来给我吃，又从袋里摸出一个小球来给我玩，又从袋里摸出一张图画来给我瞧。

四　急惊风与慢郎中

——文句的缓写法和急写法

学文和觉明组织了"读写研究会"以后，参加的会员因为都肯努力研究，不到一月，无论阅读能力或写作能力，都有了显著的进步。因此梁先生对这些会员，也时时点头称赞，说他们都是好孩子。

许多没有加入"读写研究会"的同学，听说那个会办得很好，大家都抢着去加入，好像谁不去加入，谁就错过了吃糖的机会一样。这么一来，"读写研究会"的会员数，就很快地从七八人增加到四五十人。

参加的新会员，一部分是五年级的同学，其中有一个名叫钱文华的，虽然年岁很小（他还只有十二岁呢），却非常聪明，而且又肯非常努力地研究，因此他的进步也非常快。到了第三次"读写研究会"开会的前一天，各会员就公推他去演说。

第二天开会的时候，钱文华早把演说的材料预备妥当，不待大家催促，就毫不踌躇地上了台。他先在讲台后方的黑板上写了几个大字："急惊风与慢郎中"。

"诸位同学，"钱文华开始说，"你们想都已知道'急惊风碰着慢郎中'这句俗语的意思吧？在这句俗语里'急'字和'慢'字是对照得很巧妙的，假使小孩子所患的病是急惊风，而请来的医生恰好是慢郎中，那么这个孩子的父母一定要摇头着急，这是当然的事。

"现在我们来说正经：在文句里，也有和'急惊风与慢郎中'同样的情形，研究起来，很是有趣。请大家看我来举例。"

钱文华说到这里，又在黑板上写了这么两句：

（一）"父亲病重，弟弟来了电报，我得赶快回去，你们的功课，我请徐先生代我教。"先生的脸色立刻变成灰白，丢了电报，双手捧着头说。

（二）先生的脸色立刻变成灰白了，丢了电报，双手捧着头说："父亲病重，弟弟来了电报，我得赶快回去，你们的功课我请徐先生代我教。"

"现在请大家比较一下，"钱文华接下来说，"上面两句话，说的同是先生接电报以后的情形，但因为写法不同，我们读后的感觉就有缓急之分。这因为第一例是缓写法，第二例是急写法。其中先生脸色的改变是最重要的一点，应该把它放在谈话的前面，使别人读了，情绪也会立刻跟着紧张起来。急写法就照这样办，缓写法却反把先生的谈话放在脸色改变的前面。

"原来文句之须缓写，还是须急写，是应该随事情的性质来决定的，有许多事情的性质并不紧急，当然应该缓写。但像上面那样所说的事却必须用急写法，才能发挥出文章的能力。如果用缓写法，别人读了，情绪就不会紧张了。那样的文章当然不是好文章。从前的读书人，在路上遇了大雨，还是斯斯文文地走。有人问他为什么不拉起长衫奔跑，他就回答说是'宁可湿衣，不可乱步'。像这种不知缓急的呆鸟，做了医生便是一个不折不扣的慢郎中，写出来的文章自然也是不会好的。"

大家听到这里都忍不住笑了，并且暗暗点头。只见钱文华换了一口气又说：

"不过急写法虽然有使读者情绪紧张的效果，却也不可滥用。从前有一牧羊人，因为在山中独个儿牧羊，很是寂寞，他就想出一个说谎的方法，去惊动附近的村民。当他第一次狂喊'狼来了'的时候，附近的村民听了果然信以为真，就跑上山去救他，谁知他看见别人上了当，正在那里拍手狂笑，哪里有什么狼！这么一次两次后，村民们因为他常常说谎，以后就不信他的呼喊了。有一天，山上果真来了狼，这时他吓得魂不附体，又像以前一样狂喊起来，可是村民们因为对于他的呼喊已经不肯相信，谁都不再上山去。这个牧羊人，终于和他所放的羊一样，填饱了狼的肚子。在文章里，如果滥用了急写法，它的结果也就和那个牧羊人相似，会失去读者的信任的。

"现在，让我们再来细究一下缓写和急写的方法。"钱文华一面说，一面又在黑板上写了四句：

（三）半夜里，我在梦中正和弟弟玩得高兴的时候，忽然一片锣声响，惊破了我的梦。醒来一听锣声在前街，原来是前街失了火。

（四）半夜里，忽然一片锣声响，惊破了我的梦（当时我在梦中正和弟弟玩得很高兴），醒来一听，锣声在前街，原来是前街失了火。

（五）武松见了虎，叫声"啊呀！"一翻身到青石的旁边，等虎扑过来。

（六）"啊呀！"武松见了虎，大叫一声，一翻身到青石的旁边，等虎扑过来。

"这上面第四、第六例是急写法，第三、第五例是缓写法。我们由观察各个例句的结果，知道缓写法只是平铺直叙。至于急写法，却往往前语与后语倒置，以便把最重要的一部分调到前面去。例如第四例的锣声，第六例'啊呀'的呼声，本来在'做梦'和'武松见虎'后面，这是平铺直叙的写法，也就是缓写法。但是为了锣声和'啊呀'的呼声很重要，就都把它们移到前面去。这样一来，虽然破坏了有层次、有先后、平铺直叙的规则，可是文章的能力却格外发挥出来了。

　　"以上是我对于缓写法和急写法研究所得的报告。我的能力很薄弱，说话又不擅长，这一次的演说当然是失败的，请大家原谅，并且请大家和梁先生批评指教！"

　　钱文华说完了，好像觉得很惭愧的样子，匆匆地向大家行了礼，就下台来，可是大家却并不吝惜各人的掌声，像春雷一样地震碎了整个会场的空气。

　　末了，梁先生对大家说："你们的'读写研究会'的确越来越精彩了，今天钱文华的演说，不但是你们听了得益，连我也得了不少启发。钱文华是五年级的同学，已经有这样精彩的演说，实在是我所意料不到的。现在，我也有一些意见，不妨和大家谈谈。请大家看钱文华所举的第一、第二两例，这两个例句，都包含着谈话。本来文章里有谈话的地方，通常都是先写'某人说'，再接写某人所说的话。但是你们一定已经看到过有许多文章里面，却像第一例那样写法的，把'某人说'写在某人所说的话的后面。那样的写法，原也未尝不可，尤其在对话的时候，更能逼真实际的情形。不过到了须用急写法时，如果所说的话并不能显出紧急的情形，就不应该放在前面。再看第六例，因为正如钱文华所说其中'啊呀'的呼声很重要，所以要放在前面了。总之，是'某人说'应放在前面，还是某人说的话应放在前面，这件事和文句内容的缓急大有关系，这是要请大家注意的。"

读后作业

一、找寻别的书里缓写法文句和急写法文句的例子。

二、自己想一件性质紧急的事情，先用缓写法写，再用急写法写，写了以后互相比较。

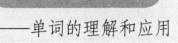

五 疳积糖[1]

——单词的理解和应用

"听说今天晚上，'读写研究会'又要开会了。"

"怎么，今天晚上又要开会？会章上不是规定每半月开大会一次吗？那么这个月岂不是开三次了？"

"不错，可是我刚才看到的布告是这么说的，今天晚上是例外的会，由梁先生召集，他要对我们演说呢！"

"呵呵！原来是梁先生演说，那么今晚非到会不可！"

"是呀，我今晚本来想跟爸爸去看戏，现在我也决定不去看戏了呢。"

晚上，会场静悄悄地坐着四五十人。

"呀"的一声，会场的右首角门开了，笑容满面的梁先生立刻就现在大家的眼前，大家站起来向梁先生致敬。

"请坐，"梁先生说，"我今晚请大家来，要请大家吃一块糖，当作这学期给你们的第一件赠品。"

大家瞪住了两只眼睛，喉咙里忍不住咽了一口口水。

"请大家不要误会，"梁先生又接着说下去，"说是梁先生惯会哄人，我真的要请大家吃糖——这块糖叫作疳积糖。

"我想你们一定有许多人吃过这种疳积糖，疳积糖的滋味不是很甜么？但是疳积糖的好处，还不仅是甜，它还有一个大功用，这功

---

[1] 疳积糖：是一种中医药物，可健胃消食，去积驱虫。用于小儿疳积，消瘦，烦躁，食欲不振，夜睡不宁，腹胀呕吐。

用就是能治小孩子的病。

"小孩子最喜欢吃闲食，闲食吃多了，就难为肚子——胖胖的，硬硬的，像一个大西瓜。这样的肚子，当然是出了毛病啦！这个毛病就叫疳积病。有疳积病的小孩子，都是面黄肌瘦、爱哭、不讨人欢喜。要医治这个病就要吃疳积糖。

"诸位小朋友也许会说，梁先生要给我们吃疳积糖，难道我们个个都生了疳积病吗？不，你们的肚子里是不是个个都生疳积病我不知道，这件事我们改日请校医周先生来检查。我现在要说的是，你们有几个人的脑筋里都生了疳积病。

"自从你们组织了'读写研究会'以后，你们对于看书这件事真是起劲，但是你们有几个人太性急了，把书像闲食那样的拼命乱吃，不管文章里的词究竟是什么意思，就囫囵吞下，以致吞进了没有消化，生了疳积病。

"他们生疳积病我怎样知道的呢？你们不是要奇怪吗？告诉你们，我是从他们最近所写的文章里看出来的。"

梁先生说着，从刚才拿来的一叠作文簿里抽出一本，提高了嗓子读着：

"这天竹贤到我家里来旅途，对于久别的老朋友，相见时大家都无限的感激，这怨恨牵了于韶华的快走了。我们的不知不觉究竟过了数多年了，这多年中彼此都被他太恶的危机，社会的生命，付尽了前程，头上都受了雪白的鬓毛生满了。"

梁先生把这节文章读得很慢，读了一遍，恐怕我们听不懂，又把它很快地抄在黑板上。

"这一节文章，大家看得懂吗？它的意思，据我推测起来，大概是说两个朋友久别重逢，彼此从谈话中说起各人别后在社会上奋斗的经过。这些意思，原来可以用明白的文句写出来的。这位小朋友因为要'掉文'，而所掉的文却都是在脑里没有消化过的东西。结果弄得读这篇文章的人莫名其妙。

"当然啰，这位小朋友是生了疳积病了。我看了他这文章，就可以决定他读书一定很起劲，否则他是不会掉那些莫名其妙的文句的。可惜他读书的时候太不仔细咀嚼每个词的意思，生吞活剥地装了一脑袋，到了写文章的时候，就又把它搬到自己文章上。

"在他笔下所运用的词，都是连他自己也不明了的，或者甚至于说他完全不懂，也无不可。既然是连自己也不懂的词，怎么可以随便拿来应用呢？若说这样做出来的文章就是好文章，那么做文章真是太容易的事了！"

八九十双的眼睛瞅着梁先生的面孔，大家似乎觉得梁先生有些生气的样子，忽然梁先生笑了一笑，接下去向大家说：

"在这位小朋友的文章上，满纸都是不消化的词的堆积，看了的确使我生气。但是过后我却不生气了，因为我去看看另外几个小朋友的文章，也都和他一样。不用说，这疳积病是你们普遍的病症，我哪里可以独怪他一个人呢？我现在非但不怪他，并且对于他们读书的努力，也着实佩服。现在他们的病，不过是一时的现象，假使经过我一次提醒和指导，预料一定会像吃了一块疳积糖一般，可以立刻痊愈的。并且，你们中间虽然也有不患这种病的，但也有患这种病的可能。因此我要请大家都吃这块疳积糖。

"这块疳积糖，就是这样一句话：'作文时所用的词，必须要自己彻底了解，如果自己不了解宁可不用。'这句话你们听到了吗？"

"听到了!"全场的会员回答着。

"好,"梁先生点点头,又说下去,"现在我们再回过来看刚才那位小朋友的一节文章。在他这一节文章里,他用了'旅途''感激''危机''生命''前程''牵''数''付''受'等等的词,而这许多的词他自己因为没有懂得,所以用得极不适当。此外,'雪白的鬓毛'一句太不近人情;'韶华'可以改光阴,也是不必要的做作;而'这怨恨牵了于韶华的快走了'这句话根本是不通。你们想,我们平时在说话的时候,会说出这样的句子来吗?其实说话的时候,颠颠倒倒地说还不要紧,因为别人可以当面问他一个明白。唯有作文却更须比说话小心,因为在别人看不懂他的文章时,要想问他,他也许不在要问的人的身边啊!"

读后作业

回答下列的问题:

(1)为什么书上读过的词,自己没有彻底明白,在作文的时候不能用?

(2)既然自己没有彻底明了的词不能用在自己的文章里,我们是否就永远不用它?还是应该设法彻底明了它,用它?(说出你的理由。)

(3)我们不明了的词,是否就是自己脑里根本没有这个词所具有的意思?

(4)说出文章和说话在性质上的异同。

——读单词的理解和应用

　　"读写研究会"的会务，由于各会员的努力，梁先生的随时指导，近来有了更惊人的发展。会员的数目，也已从四五十人突增至七八十人，差不多五六两年级的同学，全体都成了"读写研究会"的会员。

　　本来，"读写研究会"的组织是很简单的，现在会员数这样增多，使原有少数的负责人（觉明和学文等）感到：如果不把这个组织扩大一下，恐怕会务的发展将与实际的成绩不能并进。因此，觉明他们便决意召集了一个临时大会，来解决这个问题。

　　临时大会开会的结果，"读写研究会"就正式宣布扩大了组织。在大会里，全体投票选出了五个执行委员：周学文、朱觉明、六年级的女生林文英和五年级的徐宽、钱文华。又通过了新订的会章，规定除每半月开例会一次外，每两月出会刊一期，以便各会员用文字发表研究的心得。此外，又规定各会员每星期须填写读写研究报告表一张，交给执行委员，由执行委员汇集送交梁先生和五年级的主任胡先生批阅。

　　这几个执行委员，办事真是热心！他们第一件努力进行的事，就是筹备出版第一期的会刊。五个人分工合作，有的征稿，有的集稿请梁、胡二先生改稿，有的把稿誊写在蜡纸上，有的油印，有的折订成册，不到一星期，便把第一期会刊出版了。

　　这一期会刊，除了一篇短短的发刊词外，第二篇就是觉明的一

段日记，上面写着：

自从那天晚上梁先生给我们吃了瘕积糖之后，我就觉得读书和作文，真是一件不容易的事。可是，正因为它的不容易，我却对它发生了更大的兴趣。

梁先生的谈话，引起我一种新的感触：这感触就是读书要想能体会它的真正意义，作文要想能表达真正的思想和感情，对于"词"的性质，非透彻明了不可。

我平时对于每个词只求明白就算了，它的性质，谈不到有透彻的明了。今天想想，觉得这件事非常要紧。假使不能把它们透彻明了，那么写出来的文章就决不会好，岂不又要吃梁先生的瘕积糖？

现在不妨把我认识的词，举几个出来，并附举几个相似的词，来做一个比较，看我对于它们了解的程度究竟有多少：

用途——和"用处"的意思差不多，与"用法"便不同了。"用途"是说某种东西在哪方面用得着。"用法"是说某种东西的使用方法。例如毛笔的"用途"有写字、描图等，它的"用法"是右手手指分别夹住笔杆，运用手腕的力使笔尖在纸上移动。

现象——是说表现在外部的样子，与"景象"不同。"现象"是动的，"景象"是静的；与"气象"也不同，"气象"似乎比现象更含有动的意味。

实验——是说实地试验。与"实施""实行"不同，与"测验""试验"也不同。"实施""实行"是说一件事或一种计划的进行，没有"验"字的意义。"测验""试验"是说对于一件事情的推测和尝试，"实"字的意义不很浓重。

检查——是对于某事物的检点调查，比单说"调查"切实。与"检举"不同，"检举"是指检点而后选出，检查并不选出什么。

要想把一个词的性质透彻明白，实在不是一件容易的事。"词"像"人"一样，我们认识它，犹之乎和别人做朋友，必须了解朋友的性情，这件事是多么难呵！但是仔细想来，却又不难。我们在一朝一夕之中要明了它，固然不容易，但是日子久，接触一多，自然能逐渐明白。譬如交朋友，和这位朋友相处久了，难道还会不知道他的性情和脾气吗？

可是，这样说又似乎太容易了。假使对于一个词，在每次读到它，用到它的时候，都不加思索，不加体会，不加推敲，让它过去，那么这个词的性质，恐怕一辈子也不会明了的。我们每次和它接触的时候，必须一看再看，又必须把它与别的相似的词一比再比，然后对于它的了解才能够深入。

所谓一看再看，包括"体会""思索"和"推敲"三项，这三项工夫，都着重在词的内容、意义上。至于词的外形，词的写法，固然应该注意，但在这里可以不必说起。

譬如我于"黄昏"这一个词，我起初在字典上查到的解释，大概只是说"日落的时候"这个解释，固然不能算错，但是到现在为止，我对这个词的印象，却并不这样简单。当我一看到这个词的时候，立刻会联想到映在窗外的灯光和映在灯光里人体的黑影，似乎这些黑影是一个家族，他们在灯光下有的做着女红，有的温习功课，有的在围炉谈笑，说不定还有一个最小的弟弟伏在他妈妈的膝上瞌睡着呢！这种印象，我也不知道是从哪里得来的，大概说来总不外"体会""思索"和"推敲"吧。自然我不敢因此就说对于"黄昏"一

词有深入的了解，但是我自信比以前是了解得深入些了。

不过有许多词，单就它的本身去体会、思索、推敲还是不能深入了解的。要深入了解，就必须像前面所说那样，把它与别的相似的词一比再比，比较这一个词与别一个词在意义上有什么出入。这样的例子我在上面已经说过，这里不必再举。有人主张这种工夫是不必要的，但是我却以为非常要紧。因为不把词的意义彻底明白，无论在阅读上、写作上都很不利。在阅读的时候不能真切地体会到文章的意义，在写作上，尤容易发生许多错误。例如：

"爸爸！请你放心，你儿子这一生没报答你的伟大慈爱，现在所能安慰你的，唯有努力学习求取进步！"

如果把上句中的词换上几个相似的词，成为下面的样子：

"爸爸！请你放心，你儿子这一生没报复你的伟大慈爱，现在所能快慰你的，唯有努力研究求取进步！"

于是，又要吃痞积糖了。后一句的话与前一句也无非只差几个词，而且相差也似乎极微，可是糟就糟在这"像似极微"的地方。因为"报复"之与"报答"，"安慰"之与"快慰"，"学习"之与"研究"不但意义差得很多，用法也截然不同。"报答"对"慈爱"而言，爸爸对儿子"慈爱"，儿子怎能向他"报复"。"报答"是对帮助过我们，爱护过我们的人说的；"报复"是对欺侮过我们，害过我们的人说的。至于"安慰"尤其不能用"快慰"来代替，"快慰你"，不成一句话。因为"快慰"是自己心里觉得快慰，而"安慰"是安慰别人。说到"学习"与"研究"，用错的人更多。"学习"可以泛指一般的求知活动，不必一定说出学习什么；"研究"多半要把研究的对象说出来，而且在意思上比"学习"更进一步，大都指对某一事物或某种科学作深入的探讨，不仅是接受知识。

读后作业

下列各句的_____处，从句末的括号内选一个适当的词填进去：

（1）一个使人_____的春天。（快慰）（快感）（快乐）

（2）图书馆应该_____在交通便利的地方。（建筑）（建设）

（3）这件事我并不_____这样办。（主张）（主义）（主意）

（4）他的衣服虽然是破的，可是很_____。（清楚）（清洁）

（5）你听她的歌声多_____啊！（美妙）（美丽）

（6）乱吃东西的人_____是害胃肠病的。（大概）（大都）

（7）文华很努力，这学期在学习方面_____得很好。（表明）（表现）（表示）

（8）我们决心_____祖国，谁敢来侵略，我们就打击谁。（保护）（保卫）（保持）

（9）缺乏_____的人，到了失败的时候，一定十分悲伤。（信用）（信仰）（信心）（信条）

（10）他常常想出各种_____去害别人。（计策）（计划）

七　矛盾和隔膜

——再续单词的理解和应用

在第一期的《读写研究会会刊》上，接着觉明的一页日记而登载的，是一段对话。这一段对话的来历是这样的：

那一天，觉明的日记簿放在书桌上，被学文看见了，学文读了那一段《一看再看和一比再比》的文章，觉得很有道理，就呆呆地想了一会儿去找觉明。

他在运动场的一隅找到了觉明，觉明这时候正坐在大树下看小说，看见学文来了，两个人就互打了招呼，谈了起来。

当他们两个笑着互相招呼的时候，却被操场另一隅的徐宽看到了，他当初以为他们两个谈的是秘密话，就悄悄地蹑脚过去，隐身在大树背后，偷听着。谁知学文和觉明谈的是关于读写方面的事，这时候，他真佩服学文和觉明的研究精神，就改变了自己的态度，从袋里摸出一个笔记本，一面听他们的谈话，一面就记了下来。后来学文向他去征稿，他就把那篇谈话交给学文，倒使学文吃了一惊。从此以后，徐宽就得了一个"福尔摩斯"的绰号。那篇谈话是这么刊载着：

学文：昨天在你的日记里不是写着一篇对于词的见解吗？

觉明：是呀，你看了我的日记，有什么意见？

学文：你的意见我很佩服！"一看再看，一比再比"，对于词的认识，除了用这样的方法，恐怕再没有别的好方法了。

觉明：你说得太客气哩！我想我这个方法，虽然是从实际上体会得来，但不见得就是最好的方法吧！

学文：也许还有别的好方法，但我可不知道——不过，我看了你的日记之后，心里却另有一点意思，现在可以把我的意思和你讨论一下吗？

觉明：好极了，你有什么好主张，请你就说出来吧。

学文：说是当然会说出来的，可是，唔，我现在可不是和你开玩笑，请你不要误会。

觉明：我知道你平时虽然爱说笑话，但遇到正经的事，你的态度就会改成正经的。

学文：那么得啦！——我的意思，以为在写作的时候除了明白词的意义之外，还要注意到一件事。

觉明：唔，还要注意到一件事！什么事呢？

学文：就是注意在一句的文章里面，不要用两个性质互相矛盾的词。

觉明：这样的事，不是不会有的吗？

学文：不会有？我刚才还读到一句呢，叫作"一面做事，一面休息"。

觉明：哈哈！你又说笑话了！不过这样的文句，的确有误写的可能的。

学文：我哪里是说笑话。这种矛盾的句子的确随处可以遇到。就是我们自己在写作的时候，一不留心，也会犯同样的毛病。

觉明：你的话确是实在情形。像"一面做事，一面休息"这样矛盾的句子，是由于它的本身好笑。现在我也想到了些矛盾的句子，譬如说"汹涌的波涛里，帆船很快地向前行驶着"，仔细想来不是也矛盾得好笑吗？

学文：是呀，还有哩！什么"皎洁的明月衬着璀璨的星光"，什么"在黑暗中看见了一块石头"，不都是矛盾的文句吗？

觉明：假使我们把它们分起类来，那么像"一面做事，一面休息"可以说是时间的矛盾，"汹涌的波涛里，帆船很快地向前行驶着"是空间的矛盾，"皎洁的明月衬着璀璨的星光"和"在黑暗中看见了一块石头"是自然现象的矛盾，同时也可说是空间的矛盾，其他矛盾的文句不知道还有多少哩！

学文：不过，有一种文句看去好像是矛盾的，实际另有它的作用，我们却不能把它一概看待的。例如"高高的矮凳""长长的短祷"之类，因为前者是极写矮凳的高，后者是极写短祷的长，都是不能算矛盾的。

觉明：是的，这句话也有理。我们不妨把这一类的句子当作例外。因为如"凄凉的微笑""不禁又悲又喜"都另有它的作用，自有存在的价值，我们不能混在一起说的。

学文：而且我还想到一点，就是在一句文句里，只要在写作时稍稍留心，矛盾倒还容易避免。有时候在一节文章里，不知不觉地前后起了矛盾，这才不易发觉呢。

觉明：在一节里，怎么也会有矛盾呢？哦——

学文：怎么没有？在一节里前面的意义在说春天，后面的意思却在说秋天，不就是起了矛盾吗？这样的例，记着麻烦，所以我一时举不出来。

觉明：是的，你的话不错。这样的矛盾的确也有，既然它不易发

觉，我们在写作的时候不是更要留心吗？

学文：不但是一节里面有矛盾，一段一整篇的文章前后起矛盾的，恐怕也不会没有吧？

觉明：唔，那也是可能的，譬如说题目是少年时代，开头写的固然是关于少年时代的话，但是写了一会，笔头一滑，写到老年时代上去了，这样一来不是就起了矛盾吗？

学文：哈哈，那么岂止是文章本身会起矛盾，就是题目也会发生矛盾哩。

觉明：题目本身的矛盾，不就是文句的矛盾吗？

学文：不，我现在才要说个笑话给你听，我说的题目本身的矛盾，和你的意思略有差异，我要说的是题外的话。我曾经在一本杂志上看到过，说是有一位教师教小学三年级作文，他出了一个题目，叫作《我的儿童时代的回忆》。你想，这不是题目本身的矛盾吗？

觉明：哈哈，要这样年幼的人回忆儿童时代，这才好笑啊！

学文：在文章里写了矛盾的文句，一整篇的文章都糟了。

觉明：是的，我们在写文章的时候，的确要十分留意矛盾的文句。不过除了矛盾的文句，我现在却想到另一种文句，虽然在意义上并不矛盾，但是也同样的要不得。

学文：这是哪一类的文句呢？

觉明：譬如说"寂寞的快乐"，寂寞和快乐虽然并不矛盾，但把它们连在一起完全是牛头不对马嘴，快乐有什么寂寞不寂寞呢？

学文：你这个例举得的确有趣，我也想到一句类似的句子，叫作什么"无聊的悲伤"，是最近在一篇文章里读到的。它的性质不是和你说的那句很相近吗？

觉明：对呀，这一类文句，你说它矛盾，它却并不矛盾，你说它对，却又令人摸不着头绪，我们可以叫它做"隔膜的文句"。因为在这样的文句里，前语后语的意义是隔膜的，不是吗？

学文：不错，说它是"隔膜的文句"，真是再确切也没有了。

觉明：我想不论是矛盾的文句也好，隔膜的文句也好，它们之所以会造成这样莫名其妙的文句，最主要的原因是不懂词的意义。因为不懂词的意义，而又随便胡乱凑在一起，于是就闹出这个笑话来了。

读后作业

重读《疳积糖》一节，把梁先生的谈话和本节的谈话互相印证。

八 大脑便便

——语汇的吸收

下面是"读写研究会"刊载的第三篇文章，是学文日记的一段：

今天和觉明的谈话，觉得很有兴趣。对呀，一个文句里用了互相矛盾的两个词，固然要不得，就是用了两个互相隔膜的词，也就不能表现文句的意义，我们在作文的时候，这两点确是最该注意的！

但是这两个毛病要避免却也不容易。譬如我要写一句文句，想说明某人的谈话是很滑稽的，但是他说的话又并不下流，如果我写出来是这样的一句：

"他说的话正经而滑稽。"

这样，一定会弄得看的人莫名其妙吧？既然正经，就不能滑稽；既然滑稽，就不能正经。大家总是这样想，我若把这两个词放在一起，就不免犯了矛盾的毛病。其实我心里要说的，原也并不和所写的字面一样，不过我的意思，却只能用这两个词来表示，结果才闹了笑话。今天下午我把这个文句拿去给梁先生看，并且说明我的意思，梁先生笑着对我说：

"你的意思用这两个词来表示，果然不很妥当，我想还是改作这样好，'他说的话很幽默'或者说'他说的话富有诙谐的风趣'。"

我快乐得跳了起来！因为梁先生的改法，和我心里的意思恰恰相合！

当时，我恍然大悟，知道我犯矛盾的毛病，它的原因是在自己脑里"词"的贮藏太贫乏。假如我早知道"幽默"或"诙谐的风趣"这些词，岂不就能自造好的文句吗？

仔细一想，不单是矛盾的文句如此，就是隔膜的文句，它的原因也在于脑里"词"的贮藏太贫乏呀！

我想要避免这两个毛病，唯一的方法是使自己的脑里充实起来，平时在读书的时候尽量把词吸收进去，那么，到了作文的时候就不至于吃苦了。

梁先生说："我们说商人的肚子很大，是大腹便便，这句话正可以换一个字，变成'大脑便便'，来说作文作得好的人。因为他们大脑便便，所以造句用词不愁贫乏，有什么意思，写什么词，从脑里拣出最适切的词来写。从前福罗贝尔①对他的学生莫泊桑说：'某种情景只有某个词是最适切的，你要拣最适切的词来造你的文句。'那么，假使是一个小头小脑的人，平时贮藏的词非常的少，他哪里能够办得到呢？"

梁先生这几句话，真不错！我们要作文作得好，非先使自己"大脑便便"不可！

不过，我写到这里，又想起梁先生以前给我们吃的疳积糖了。我们要想作文作得好，非使自己"大脑便便"不可，这句话固然不错，但当我们在努力充实自己脑袋的时候，还应该把脑袋里吸取进去的词彻底明了。要不然就岂非患了疳积病！

---

① 福罗贝尔：今译"福楼拜"，他是19世纪中叶法国著名作家。

读后作业

一、尽量写出你所彻底明了的关于情感方面的词（如"快乐""悲哀"等），再把这些词组织成句。

二、想想看：你有哪些思想、感情不能用你已知的词来表现的？

九 姐姐的恶作剧

——结尾语的用法比较

过了几天，又到了"读写研究会"开会的日子，这一次因为会员数目骤然增加，原来六年级教学室的会场不够容纳，改在礼堂里举行。

铃声响了，七八十个会员争先恐后地走到礼堂里去。

"听说这一次演说的是你？"

"是呀，这是执行委员会决定的呢。我很担心，因为我的能力实在太小了。"

"不用谦虚，林文英，我知道你一定已有相当的准备。"

"准备是有的，可是只有一些儿。而且这一些儿的意思，我还没有想出应该用哪几句适当的话来开端呢。"

林文英进了会场，和刚才谈话的秦莲香坐在一起。这时候，林文英皱眉，似乎在想什么心事。

许多会员都陆续进来了，主席在讲台上拭净了黑板，走下来找林文英。

"林文英，你讲的是什么题目，让我把你的题目先写到黑板上去，因为有许多人急着要知道呢。"

"我还没有想定当——"林文英的态度似乎很犹豫。忽然，她的脸上露了笑容："哦，有了！写作《姐姐的恶作剧》吧！"

主席已在黑板上写好了"林文英讲《姐姐的恶作剧》"几个字，整个的会场顿时静了下来。这当儿梁先生恰好出现在会场的一隅。

主席宣布了演说开始之后，林文英就上了台。

"今天我的讲题是《姐姐的恶作剧》。前几天，我的旧鞋破了，就换上了一双新鞋子，哪里知道这双新鞋子做得太小了，穿在脚上，觉得很痛。我的鞋子一向是姐姐做的，姐姐平常对于我鞋子会穿破这件事，本来很不高兴，她常说：'像你这样的姑娘，只有鞋匠才娶得起！'（全体大笑）可见她对于我的两只脚是怎样的深恶痛绝了。这一次她故意做了一双很小的鞋子给我穿，不用说是一种恶作剧。

"想不到姐姐的恶作剧，却意外地给我一个写作上的启发。当时我想：我穿了那双新鞋子，走起路来一拐一拐的，无非是那双新鞋子的大小和我的脚不合适，从这一点上我不禁联想到，通常在情感激发的文句里，我们常用一类表示情感激发的词放在文句的后面，真像我们人穿鞋子一样，那文句也要穿鞋子的。譬如说：'他做的鬼脸真可怕啊！'这句话的末后就加了一'啊'字，这不是文句也穿了鞋子吗？

"而且，文句的鞋子也不能随便乱穿，穿了不合适的鞋子，整个文句就要像我的大脚穿小鞋子那样，拐起来的。"

林文英一面说，一面走到黑板旁边去，拿起粉笔写着：

（一）他做的鬼脸真可怕（啊）！

（二）爸爸在发怒了，你快去（呀）！去（呀）！

（三）原来是你，我起先还以为是他（呢）！

（四）大家都说是你干的，你还要赖（吗）？

（五）这么容易的事，不到一小时，早已做完（哩）！

（六）这样的事要这样做才好（哪）！

（七）草也绿（啦）！花也红（啦）！春天已经来（啦）！

"像第一句，"林文英接着说，"他做的鬼脸真可怕（啊）！我们若把'啊'字的鞋子换了，给穿上一个'吗'，变成：他做的鬼脸真可怕（吗）？这还成什么话？又如第二句：爸爸在发怒了，你快去（呀）！去（呀）！把'呀'字换去，换入'哩'字，变成：爸爸在发怒了，你快去（哩）！去（哩）！这样的文句也成什么话？（听众大笑）

"不过这一种错穿鞋子，固然是很不合适，此外不合适的程度比较差一些的，也有。然而不合适还是不合适。例如第一句'啊'字换去，换入'呢'字，变成：他做的鬼脸真可怕（呢）！在单独的一个文句里，似乎看不出它的毛病，但在整段的文章里，这毛病就难以遮掩。"

林文英说到这里，拿起粉笔又写：

正是黄昏的时候，小英走到客厅里，不提防他的哥哥正做着鬼脸等她来瞧，小英见了，大叫一声，没命地逃到房里去。妈妈问她："你怎么这样大惊小怪的？"小英拍拍自己的胸说："他做的鬼脸真可怕啊！"

林文英写完了又说："这里的'啊'字，如果换了'呢'字，说话的人好像并不十分怕那个鬼脸，和整段的文章就不相称了。"

"我的话说到这里，已经完了。不知道大家的意见如何？"

说到这里，林文英向大家鞠了一躬，下了台。台下一阵拍掌声。

> **读后作业**
>
> 用"呢""呀""吗""啊""哩""哪""啦"造文句，每一字造一句。

十 哼哈二将

——接头语的用法比较

礼堂里坐满了人，在举行第五次"读写研究会"。

这一次演讲的，是秦莲香，她和钱文华、徐宽是同级生。大家的视线都聚集在她一个人身上，见她穿着一套淡蓝色的制服，头发上戴着一朵白绒花。她的脸蛋儿从天真里显出不苟且的神气，态度也很温文。只听得她说：

"诸位大概早已知道'哼哈二将'是谁吧？可是我，却还是最近才知道的。原来我的祖父于上月里死了，最近我的父亲，因为祖母的催迫，到东门永明寺里去放焰口①拜忏②。父亲对于这件事本来不愿办，后来祖母恼了，只得依了她。我呢，也幸亏祖母那一恼，才有缘到永明寺里去玩了一次。

"哪里知道我一跨进永明寺的头山门，就把我吓了一大跳，原来山门两旁，各站着一尊狰狞可怕的神像。那两尊神像非但形貌可怕，而且大得异乎寻常。我当时几乎吓得要喊救命，幸得妈妈在身边，对我说：'怕什么，他们是泥塑木雕的菩萨呀！'

"妈妈这句话真有力量，她把那两尊神像的弱点一语道破，我也就毫不畏惧了。这时候我们已跑了许多路，就在'头山门'坐了下来休息。

---

① 焰口：是指地狱里的饿鬼，体形枯瘦，咽细如针，口吐火焰。放焰口，是对饿鬼施水施食、救其饥渴之苦的一种佛教仪式。

② 拜忏：忏悔。

"'妈妈，这两尊菩萨怎么塑得这样怕人？'

"'他们一个叫"哼"，一个叫"哈"，是封神榜上的两个巨神。'

"于是，妈妈就告诉我'哼哈二将'的故事。这个故事想来大家都已知道，我也不再说了。

"现在我要说的，是'哼哈二将'的名字。诸位想，他们的名字不是很奇特吗？'哼哈'这两个字本来表示着谈话时两种不同的态度，'哼'字表示一个人着恼的态度，'哈'字表示一个人快乐的态度，却不料竟做了这两个巨神的名字！

"上次'读写研究会'开会的时候，是林文英讲穿新鞋的事，她说文句是要穿鞋子的。我这一次想来讲'哼''哈'这一类的词，可说是文句戴帽子了。文句不穿鞋子，文句的本身仍能独立。同样有'哼''哈'这一类词的文句，如果除去它所戴的帽子，文句的本身也可以独立的。不过戴上了帽子，文句的气势格外加强了。好像我们人戴了帽子神气更足，是一样的道理。"

秦莲香说到这里，就在黑板上举了两个例：

（一）（哼）！不给你一些苦吃，你怎会知道我的厉害！

（二）（哈）！想不到你喊我来是请我吃糖！

"文句的帽子当然不只'哼''哈'两顶。据我所知道，还有以下各种各样的帽子。"

秦莲香一面说，一面又在黑板上举了不少的例：

（三）（哦）！原来如此。

（四）（喂）！怎么啦？

（五）（哎哟）！痛死啦！

（六）（哎呀）！想不到你也来了！

（七）（嘻）！你看他跌了这么一跤！

（八）（嗯）！我的命实在太苦了！

"此外，也许还有许多帽子，可是我还不曾见到。这里，我们应该注意一件事，就是文句的帽子和文句的鞋子一样，不可随便乱戴。例如把第二例的帽子'哈'戴到第八例上，变成了'哈！我的命实在太苦了！'这句话不是太滑稽了吗？"

热烈的掌声把秦莲香拥下了讲台，同时又送上了梁先生。

"在上次林文英演说之后，我本想把文句的帽子提出来和大家谈谈。当时我转念一想，既然已有人研究到文句要穿鞋子，那么文句要戴帽子，一定也会有人注意到的。因此我就把谈话的念头打消了。果然！今天秦莲香就谈到这件事，真是使我高兴！

"回想你们自组织'读写研究会'以来，到现在已有两个半月的时间。在这一段时间里，你们对于文句和词的研究，的确有了惊人的进步。现在据我的意见，以为你们今后的研究已可以摆脱'文句'和'词'这两方面，另外再寻新的对象。因为'读书'和'作文'这两件事的范围，并不仅止于'文句'和'词'，你们纵然对于'文句'和'词'有了深入的研究，若此外一无研究的心得，你们的读书能力和写作能力，仍不会有什么增加的。这是我贡献给大家的意见，希望大家都能接受！"

读和写

　　用"哼""哈""哦""喂""哎哟""哎呀""嘻""嗯"造文句，每一词造一句。

十一　开端和结束

——文章的开端和结束之写法研究

时光真快，眨眨眼又是半个月过去了。"读写研究会"不觉已到了第六次集会的时间。

这一次，站在讲台上演说的是徐宽，大家听他说道：

"在上一次的'读写研究会'里，梁先生曾经对我们说过：我们研究的对象再不要专门抓住了'文句'和'词'不放手，应该另辟研究的途径。前几天执行委员会里决定推我来演讲，真使我急得要命。因为我非但新途径没有找到，就连大家已经研究得极有成绩的'文句'和'词'，在我也还茫无头绪。我急得无法可想，只好写信到县立初级中学的哥哥处去求救。幸亏我的哥哥昨天来了回信，告诉了我一个讲题，并且指示了几个研究的问题。昨天晚上，我总算费半夜的工夫，把这个讲题里所包含的问题一一解答出来了。此刻我所讲的，就是昨晚所预备的……"

说到这里，他用手指着黑板上写着的"开端和结束"五个字。

"诸位！我们知道一篇文章，必定有一个开端，并且也有一个结束的。这'开端'和'结束'两件事，实在很值得我们来研究一下。现在，且先来说'开端'。

"关于作文的开端，常有人说是一件极困难的事，并且我还曾听说有人因为作文开端困难，竟至于不敢动手作文。

"作文的开端，果真是一件极困难的事吗？据我仔细思考的结果，以为这句话可以说是对的，也可以说是错的。怎么说是错的呢？因为无论哪个题目，若要'随随便便'的开端，是极容易的事，譬如题目是'桃花'，若随便开端，就可以写成……"

徐宽一面说，一面在黑板上写：

（一）桃花是一种植物……

（二）桃花很好看……

（三）桃花是在春天里开的……

（四）我们校园里的桃花开了……

"真是信手拈来，毫不费力。但是这一种开端和从前读书人的'桃花者，植物之一种也……'等都同样的是一种滥调，当然是不足取的。好的开端，绝不是这样随随便便的文句。

"所以说'开端困难'这句话，如果不是指这一类的滥调，也就不能算是错的了。

"本来，文章是思想和情感的表现。要做一篇文章，先要有思想或情感，才做得成，若让别人胡乱出了一个题目，要做出一篇好文章，实在比登天还难，想要有一个好的开端，当然也极困难。梁先生平时教我们作文的时候，总要我们自己出题，也许就是要想解决这个困难。因为我们自己出的题，总比别人出的容易下笔。

"但是自己出题，有时候开端也很不容易。因为上面说过，作文先要有思想或情感，假如我们思想不集中于自己出的题目，或对自己出的题目没有情感的时候，虽然这个题是自己出的，也同别人出的一样。

"思想和情感，每人都有，但每人在特定的时间内，未必都有集中的思想和值得发表的情感。这两样东西在我们的心里时生时灭，捉摸不定。因此文章不能在特定的时间内做，梁先生要我们每星期交两篇作文，时间不限，也许就是要补救这个缺点。

"总之，作文要随自己高兴。自己高兴作的时候，也就是思想集中，情感激发的时候。这时候拿起笔来，自然'思如潮涌'，'情不自禁'会写出好文章来。什么开端困难不困难，早已不成问题了。等到写好一看，一个很好的开端已在不知不觉中被我们写出了。反过来说，如果心里不高兴，或者在心烦意乱的时候，要勉强作文，犹如强迫一个笨汉学刺绣，无论如何是不讨好的。

"现在我们且撇开'开端'不谈，接着来谈'结束'吧。关于一篇文章的'结束'，我从不曾听到过哪一位同学说有什么困难，好像这是一件极容易的事。诚然，在我们中国决没有一个人不会结束他所做的任何事务的。即使有不能结束的时候，好在有一句口头禅，叫作'不了了之'，就是把事务中断，也可以当作一种结束。我们中国人只承认开端难，不承认结束难，差不多已成了普遍的见解，因此无论做什么事都是有始无终，就算是有始有终，这'终'也终得极勉强，极马虎，我们作文也是如此。

"这一点我们必须十分留心。好的文章，它的结束绝不是勉强的，也绝不是马虎的，请看下面的例……"

徐宽说着又提起粉笔来写：

（一）鸡告诉我们天地的觉醒，但它所告诉的并不一定是光明，鸡的第一次开声，是在夜里最黑暗的时候。

鸡是在最黑暗的时候叫的，鸡是在最黑暗的时候叫的！

（二）我在半夜里醒来了，窗外有虫声叫着，低低地颤动地叫着。仔细一听，原来就是每夜叫的那个虫。

我不知在什么时候哭了，低低地颤动地哭了，忽而知道这哭的不是我，仍是那个虫。

"请大家细细地玩味上面两例中结束的文句。它们的结束多么有力啊！

"所以我以为大家不应该轻视结束，一篇文章结束得好，不但文章的本身十分完整，而且使人读了回味无穷，像上面的两个例子都是最好的结束法。

"文章结束得好，它的好处还不止这一点。有时候文章的全部并不怎样出色，可是因为结束有力，全篇的文章都会被结束振作起来的，请看下面的例……"

徐宽说着又写：

我正坐在楼上读书，忽然一个蚊子来到我的脚下，被它一刺，吃了一惊，觉得很难忍，急去拍时，已经飞去了。过了一会儿，它仍旧飞近我的身边来，嗡嗡地叫。我静静地等它回到原处，低头看去，只见它伸直了脚，用口管刺进我的皮肤，两翼向上，好像在那里用着全副精神似的。我拍死了它。那手上黏湿了的血液，使我感到一种复仇的愉快。

"上面这个例子，除去结束那句'那手上黏湿了的血液，使我感到一种复仇的愉快'的话外，差不多全是沉闷的叙述。假使没有这句结束，这样的文章，就应该放到字纸篓中去，但是这句结束实在有力，幸亏有这句结束，才将这篇文章挽回过来，不但挽回过来，并且因为结束得好，似乎这些沉闷的叙述也变成必要的了。

"我记得，我以前所作的文章，结束常用'后来怎样怎样了'一类的文句，几乎成了一种公式。现在，我觉得这一类的结束法，应该努力设法避免，另外创造新的结束法。

"所谓新的结束法，就是有'力'的结束法。至于怎样才算有'力'，这要看全篇的文章如何来决定，只好由自己临时斟酌下笔，不能由旁人告诉的。因为旁人若可以告诉，那么告诉的句法早已成了滥调，不堪应用的了。"

徐宽演说完了，有一个身材矮小的会员跳到讲台上去，大家一看，原来是六年级的李若愚。只听他说：

"今天徐宽君的演说，听了真使我又感激，又佩服，因为他所说的，正是我平时解决不了的难题。虽然他并没有具体而微地告诉我作文的开端该怎样写，结束该怎样写（因为这原没有一定的公式），但是他已经说出了解决这两个难题的途径。尤其是作文的开端，他指出所以发生困难的原因是对于题目没有思想或感情所致，是很确切的。因为我过去常犯这样的毛病：当我在对题目胡思乱想，不得要领的时候，也就是对这篇文章的开端发生困难的时候。要解决这种困难，徐宽君以为作文要随自己'高兴'，这句话也是经验之谈，因为自己高兴的时候，的确常是思想集中，感情激发的时候，虽然有时也有自己高兴要作文而发生开端困难的事，但究竟是少有的。但我因此又发生了一个疑问，这疑问就是：既然作文要随自己'高兴'，为什么我们的老师有时总要强迫我们在特定的时间里（上课时）做规

定了的题目呢？这样作文我想大家决不会都'高兴'的，不知道我们的老师究竟有什么用意？"

李若愚说完了，大家都静默着不作声。这时候，梁先生走上了讲台。

"今天徐宽讲得很不错。讲的题材是新的，所发表的意见也很对，我没有批评。现在想把李若愚提出的疑问，来对大家解释一下：强制作文的办法，的确是不对的，但是做教师的有时总不免要采用这个办法，自然有它的理由。第一，各人随自己高兴而作的文章，因为题目不同，文体各异，要比较各人相互间的好坏，往往很不容易，于是不得不采用强制作文的办法，使大家都做同样的题目。第二，随各人高兴作文，往往每个人做惯了一种文体，不愿自动换别种文体来练习，结果有的人只会写游记，不会记故事；有的人只会记故事，却不会作论文。如果教师不安排各种文体的题目强制你们逐个练习，你们的作文能力，就有各种文体不能平均发展的缺点。第三，教师出的题目，不见得都是束缚你们思想，压抑你们感情的。不但如此，有时候反能启发你们的思想，激起你们的感情。譬如说我从未见你们作过一篇《长衣与制服的比较》的论文，我就出了这个题目要你们作，就可使你们从这方面去思想；又如我见你们从不曾作过一篇《母亲》的抒情文，我出了这个题目强制你们作，就可使你们激起对于母亲的感情。从这些原因说起来，强制作文实在也有它独具的优点，我们也不能凭一时的感情去抹杀它。不过强制作文，教师应该出多数人都可以作的题目，不要闹出像第一期《读写研究会会刊》上登着的学文和觉明对话中的笑话（见前）。有时候一个题目不够，还要多出几个题目，让你们有选择的机会。就拿《母亲》

一题来说，虽然是大家都能够作的题目，但是也许有一个三四岁时就死了母亲的孩子，这样的题目对于他当然不会激起什么感情来的，所以不得不出别的题目给他做。总而言之，强制作文是教师的责任，并不是教师故意使你们为难，你们不要误会才好啊！"

读后作业

一、从已经读过的文章里举出开端很好的文句的例两三个。

二、从已经读过的文章里举出结束很好的文句的例两三个。

十二 梦和现实

——文章的题材

　　春，这个风和日丽、万紫千红的春，实在是一年中最美妙的季节。可是正因为它的美妙，在人类的感觉上，也似乎以它的消逝为最快。学文他们自从组织了"读写研究会"之后，在课余的时候，就都埋头研究着"读"与"写"两件事，对于时序的推移，自然界的变动，竟忘记得一干二净。

　　有一天，学文和觉明很早就到校里。他们进了教学室，一看壁上的钟还只指着七时零五分，别的同学一个也没有到，于是两个人放下书包，坐到靠窗的两个位置上去，各自从书包里拿出读写研究报告表来，逐项填写着。

　　教学室的窗外是一个大花坛，植在那里的一株桃树，正烂漫地开遍了所有的花朵。偶然一阵微风拂过，桃枝上的花瓣像红雨似的飘落到地上。

　　"啊呀，春深了！"觉明忽然惊叫起来，手里的笔骨碌碌地从书桌上滚到地上。

　　坐在觉明旁边的学文，被觉明的叫声吓了一跳。他定神向觉明的桌上看去，只见在觉明的一张读写研究报告表上，贴着一片桃瓣。

　　"哈哈，原来……"

　　学文还没有说完，窗外又有两三片桃瓣飘进来了。

　　"怎么好？春天回头就快完了。学文，我想约我们的'读写研究会'全体会员去做一次野宴，你以为怎样？"

"好的，我很赞成。这个时候去做野宴，实在是再好没有的了；我们不但可以玩一次春天的郊野，而且还可以作几篇文章哩！"

三天以后，恰好是星期日，"读写研究会"全体会员，就于那一天的上午，聚集在红叶镇的小山上举行野宴。在七八十个的孩子队里，还有一个身材特别高大的"大孩子"，那是梁先生。

春日的郊野，真是好玩！蔚蓝色的晴空下面，几朵白云轻得像在飞。山上的草地刚被太阳吸去了露珠，碧油油的，大家蹲坐在上面，感到一种痒痒的舒服。

他们起先是唱歌，唱歌完了，接着是说笑话、谈天，随后是各人在草地上表演"打虎跳"一类的游戏；末了就是吃各人带来的糖果糕饼。

野宴的节目快要完了，大家看看时候还很早，就一致要求梁先生说故事。

梁先生把最后一块鸡蛋糕送进嘴里，向大家摆摆手，站起身来，大家立刻停止了喧哗，把各人的两道视线集中在梁先生一鼓一鼓的嘴上。

"今天大家已说了许多故事，我的故事还不及你们说得有趣，想不说了……"

大家的脸上露出失望的神色，只见梁先生又把嘴鼓了一鼓，接下去说：

"我现在想要对你们说的，是读写方面的事，不知道你们要不要听？"

大家都拍手，有一部分的人还从袋里掏出笔记簿来，预备记录。

"那么，请大家再坐下来吧。上次在'读写研究会'里，李若愚曾提出作文为什么要由教师出题的问题，当时徐宽的演说，也主张作文的题目不应该教师出，应该由各人自己出。他们的主张都是很对的。可是我因此记起从前在某小学教书的时候，那里的同学却恰好和你们相反。有一次上课的时候，我要他们自己出题作一篇文章，想不到把他们全体都难倒了。

"'先生，题目还是请你出吧！'当时他们一致地说。

"'为什么一定要我出呢？'

"'因为我们自己不会想题目。'

"他们这样的回答，你们当然是很觉好笑的。但是，在你们这一群里，说不定也会有和他们一样的人。"梁先生的声音忽然庄严起来，把两道锐利的目光扫过草地上谛听着的会员，所以，这个问题我们还得仔细地来加以研究——

"题目是什么？它不是文章内容的一个总说明吗？譬如说《春雨》这个题目，我们作起文章来，内容就不外是春天的雨。春天的雨谁都看到过，听到过，而且和它发生过许多关系。假使我要你们每个人说一些，你们每个人准会说出许多关于春雨的话来。这就是说，文章的内容你们各人都有。那么，大家既然都有文章的内容，为什么对于内容的总说明（题目）却会想不到呢？俗话说，羊毛出在羊身上，题目是出在内容上的，有了羊就有羊毛。同样的，有了内容也就有了题目。

"有许多文章作得很好的人，他们并不先出题目，然后动笔，他们却先动笔写文章，等到文章写完之后，才照文章的内容再加上题目。这样的事，在不会自己出题的人想来，不是很奇怪吗？其实，这是不值得奇怪的，比如我们画图，常是先拿起笔来在纸上随意地

画，等到画成以后，看画的像什么，就给它题上一个什么名称。他们之所以能够先作文章，后出题目，也和图画的道理一样。

"所以与其说题目不容易出，还不如说文章内容不能决定，比较切实一些。因为在每个人的脑中，文章的内容是很多的，但到了要作文章的时候，也许是因为它太多了的缘故，反弄得手忙脚乱，不能决定写哪一方面，内容既不能决定，题目自然也想不出了。"

"梁先生，你说我们的脑里有许多文章的内容，这句话恐怕靠不住。"吃着花生米的钱文华，忽然插上了一句。

"靠不住？"梁先生吃惊地说，"那么，如果我出了一个《春雨》的题目，你不能作一篇文章吗？"

"不，我会作，如果你有题目给我，我就能照题目去作。"

"哈！既然如此，那不是我的话靠不住，是你自己的话靠不住了。原来你脑里本有许多文章的内容，是你自己不知采择，才以为自己的脑里缺乏文章的内容。不然的话，为什么别人出了题目，你能写，你写的是什么呀？

"所以，文章的内容大家都有，不过有的人不会采择而已。这是因为作惯了别人出题的文章，已经成了一种恶习之故。可是，大家应该知道，把采择文章内容的一步工作让给别人，和把自己的国土送给别人是一样的。请大家想想：为什么自己的国土不会自己治理？为什么自己脑里文章的内容自己不会采择？

"在自己脑里的文章内容，当然应该自己采择，换句话说，作文的题目当然应该自己来出。"

梁先生说到这里，从林文英的手中拿过一杯开水，咕嘟一声地喝干了，又接着说下去：

"现在我要说一说大家脑里的文章内容。在每个人的脑里，文章的内容可以分成两部分：一部分是梦，一部分是现实。梦就是梦想，就是幻想，也就是不着边际毫无根据的想头。譬如说自己希望背上生两个翅膀，飞到月宫里去，这一类的念头在少年人的脑里很多。还有一部分呢，性质完全相反，它是有根据的，靠得住的，都是自己亲自经历过来的事件，这一类的念头少年人虽然不多，但以后会随着年龄和知识的增进逐渐多起来的。等长到像我一样大，脑里的念头就反是现实的多，梦想的少了。

"文章的内容，不论是梦想的或现实的——都好。梦想只要梦想得有意义，虽然是荒唐的东西，也并不是毫无价值的。不过到底因为它荒唐，总不如现实的内容富有社会价值。

"我说的现实，并不是专指社会上切实表现着的事，假使社会上还没有表现过，而有表现的可能的，也是现实的内容。譬如说，有两个人在一条没有栏杆的小桥上相打，结果相打的人常不免跌到桥下去，不一定要待我们目睹他们跌下去之后，才说这是现实。"

太阳已经升得很高了，梁先生和孩子们的背上，都被晒得起暖烘烘的感觉。这时候放在草地上的一只徐宽带来的闹钟丁零零地响了，原来已到了野宴结束的时候。因此，梁先生就把以下的话截住了。

读后作业

一、试写一篇先写内容后加题目的文章。

二、梦想的文章内容要怎样才有意义？请仔细思索这个问题，作一篇短文来回答。

——文章的题目与内容的关系

"哎呀，你哪里来的这许多稿子？"秦莲香看见六年级的林文英抱了一大堆的稿子，走进她的教学室里来，不觉怔住了问。

"是《读写研究会会刊》的稿子。"

"这一期会刊的内容准比第一期丰富一倍！"跟在林文英背后的徐宽，也抱着一大堆的稿子走了进来。

"岂止一倍！十倍也说不定！"教学室窗外又有一个人这么说。这个人也抱着一大堆稿子进来了，秦莲香一看是朱觉明。

这时候，窗外又来了一阵急促的脚步声，随后又是两个人各抱着许多稿子走进五年级的教学室里来，把秦莲香惊得呆住了。

"觉明，你和学文拿来的稿子也已经请梁先生看过了吗？趁现在还是自修的时间，我们快些把所有的稿子整理好了再说。"林文英兴奋地说。

"我们先把稿子分成落选的与入选的两部分。文华，你专管落选的稿子，我们把那些稿子都交给你罢。"学文说。

五个执行委员一阵敏捷的手法，在短时间内就把入选的与落选的稿子分了开来。钱文华又把落选的稿子用麻线捆在一起，预备等一会去发还投稿的会员。

"梁先生说，这一次入选的稿子，他已经逐一批上了发表的先后顺序。有谁找到了第一篇的稿子没有？"学文向其余三个人问。

"我这里已经找到了第三篇，是你和觉明合作的《题材的选择和剪裁》。"钱文华说。

"第二篇在我这里，是林文英和秦莲香合作的，叫作《花朵和蚯蚓》。"徐宽说。

"第一篇在我这里！——哎呀，是柳无忌作的，题目是《饼干和文章》。想不到无忌的文章竟进步得可以排在第一篇了。在一月之前，大家不是知道他的文章因为常要越出题目的范围，曾受过梁先生一顿严厉的训斥吗？"林文英像是不胜感慨地说。

四个执行委员都立刻跑到林文英的身边来，大家以一种钦敬的神色去默读那篇《饼干和文章》的稿子：

饼干和文章

柳无忌

假使把一篇文章譬喻作一箱饼干，那么文章的内容就等于箱里饼干的性质，文章的题目就等于箱表面的字，如"苏打饼干""什锦饼干"之类。

在箱表面写着"什锦饼干"的，箱子里的饼干就不待我们去开箱验看，可以断定它都是些什锦饼干。我们平时读到的文章也是如此。假使有一篇文章，它的题目是写着《游泰山记》，那么这篇文章的内容就不待我们细看，可以断定它是些关于游泰山的话。

箱表面的"某某饼干"决定了箱里面饼干的性质，文章题目决定了文章的内容。

万一箱里面饼干的性质与箱表面"某某饼干"不符，那当然是饼干制造厂里工人的错误，使本来要买"××饼干"的客人，得了不要买的货色，很不快乐。同样的，万一我们写了一篇文章，它的内容与题目不符，那当然是文章写作者的错误，使别人读了引起与买饼干的人同样的不快乐。

说是不快乐，那还是客气的说法呢。不客气地说，是饼干工人欺骗了买饼干的，文章的写作者欺骗了读者！

亲爱的读者——各位会员！你们在写作的时候，曾犯过那样的欺骗罪吗？我是曾一再犯过那样的罪来的，我在这里忏悔我自己。

记得有一次，爸爸从城里回家，他带来了许多玩具和许多好吃的东西。其中有一箱饼干，因为箱子的表面漆画着美丽的彩图，很引起一家人的注意。祖母的老花眼看不清那只箱子是什么，就问：

"你们抢着瞧的是什么呀？"

"是一箱饼干！"大家异口同声地回答她。

"哦，饼干。无忌，那么你快开了这箱子，拿几片苏打饼干来给我吃。"

我听了祖母的吩咐，就兴冲冲地找来了一把剪刀，用刀尖挑开了箱盖。只见满箱子都是各式各样的小饼干，竟找不出一块祖母所要的。

"祖母，箱子里都不是苏打饼干！"

我一头说，一头又仔细把箱子查看，果然在箱子的一面，发见了四个字——"什锦饼干"。

过了几天，我写了一篇文章，题目是《游西湖记》，我在开始动笔的时候，因为以前曾被教师训斥过，说是我的文章常要越出题目的范围，因此那一次就格外小心，把题目意思紧紧地记在心里。

这样写着写着，起初我的笔尖确不曾越出题目的范围。可是写到后来，因为写得兴起，竟又把题目忘了，将当时游西湖以后顺道

游绍兴东湖的事写了进去——写了长长的一段。

这篇文章的结果，依然遭了和以前同样的失败，这是不待说的事。当时教师在我文章后面又批了一句："我不知你的脑筋是怎样生着的！"这句话却给予我一个很大的刺激。

是的，教师一再告诫，而我竟一再犯同样的毛病，难怪教师要批出这么挖苦的话来了。"我的脑筋是怎样生着的呢？"

事情真是凑巧，那一天我的作文簿，又被我的爸爸看到了。爸爸看了我历次所写的文章，就提醒我：

"喂，孩子！你的文章不是恰和前几天开饼干箱的事情成一个巧妙的对照吗？什锦饼干的箱子里，找不到苏打饼干，而在你《游西湖记》的文章里，却可以找到游东湖的记载，我倒很佩服你的糊涂！"

当天我受了教师和爸爸的两重刺激，觉得自己实在糊涂得不配做人。"羞愧"这两个字实在不足以描摹我当时的心境！

可是到了现在，我总算已从教师和爸爸的两重训斥下改正过来了。以后每写一篇文章，我总是时时刻刻提心吊胆地不让我的笔尖越出题目范围以外去。等到全篇写完，我还要从头至尾地细看一遍，检点我的文章里有没有越出题目范围的地方。假使有，我就把它涂去。

到了最近，我的毛病已经完全医好了。起初是时时刻刻提心吊胆地写，还不免有旧病复发的地方，要等到复看全稿，才能发觉。可是最近，即使我不提心吊胆，也不会再犯以前同样的错误。原来我已经养成一种写作上的新能力了。

读后作业

一、想：自己在写作的时候，有没有和过去柳无忌同样的毛病？

二、有没有读到过"文不对题"的文章？如有，检出它毛病的所在。

三、当你写完了一篇文章以后，有没有把全文复读一次的习惯？想想看，这种习惯有什么好处？

四、想：假使在写文章的时候，提心吊胆地注意自己的文章不要越出文题以外去，这件事对于写作本身有没有什么妨碍？

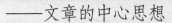

十四　花朵和蚯蚓

——文章的中心思想

"无忌的文章果然进步了不少！"学文第一个读完柳无忌的文章，忍不住喊了出来。

"可不是，尤其是前面几段，真写得精彩！我想假使给我的祖父看到了，一定会戴起老花眼镜，提起朱笔一面摇头摆脑，一面密密地加上红圈呢！"

觉明说着，同时还装出他祖父读文章的态度，大家看了都笑起来。

这时候，学文又走近徐宽的身边，去读林文英和秦莲香合作的文章。钱文华和朱觉明也跟了过去。

"我们作得不好，你们不要取笑！"林文英走过去说，秦莲香却害羞跑了。

"不要来抢！"四个人一面读着她们的文章，一面拒绝林文英跑近去，恐怕她去抢夺。

花朵和蚯蚓

林文英　秦莲香

通常，一篇文章的题目，往往就是这篇文章所表达的中心思想。譬如就《参加本学期第一次读写研究会记》的题目来说，我们在握笔作文的时候，就以这个题目的意义作为中心。文章作成以后，当别人拿起我们的文章来看时，只要先看了题目，也就立刻明白这篇文章的中心思想在哪里，如果我们在文章里所说的并不是参加这次集会的事，就犯了"文不对题"的毛病。那样的文章当然是不成其为文章的。

要明白一篇文章的中心思想是怎样重要，最好用花来做比喻，花是有花芯的，雄蕊和雌蕊都生在花芯里，所以花的生命完全寄托在花芯上面。但是一朵花当然不只是一颗花芯，在花芯外面，还有密密层层的花瓣。这些花瓣的功用，一半是保护花芯；一半是烘托这朵花，使它能显出美丽姿态。文章也是如此，中心思想好比是花芯，没有中心思想也就失却了文章的生命。

文章有没有花瓣呢？当然也有。如果只是一个中心思想就可以成为一篇文章，那么，每篇文章就只要一个题目就够了，因为在上面已经说过，文章的题目就是全篇文章的中心思想。但单是一个中心思想，是不能算一篇文章的，还要许多花瓣似的文句把中心思想烘托出来，才能算一篇文章。

文章既然像一朵花，中心思想是花芯，许多的文句是花瓣，那么，文章的一节一段，又是花的什么呢？

一节一段，原来也是文句，所以也可以说是花瓣。不过我们应该注意，文章本来是整个的一篇，在一篇之中是无所谓节或段的。后来因为整篇的文章不便一口气读下，而且在一个中心思想之中，还可以分成许多小思想，于是就照小思想来分了段。例如，我们读过的《国语教科书》第二课，题目是《春风的使命》，也就是这篇课文（即文章）的中心思想，但在"春风的使命"这个中心思想之中，还可以分作：对于花的使命，对于草的使命，对于蜜蜂的使命，对于蝴蝶的使命和对于游人的使命。以这五个小思想作为中心，又把全文分成五节或五段。我们若把这篇课文画起表来，就是如此：

$$
春风的使命
\begin{cases}
对于花的使命 \\
对于草的使命 \\
对于蜜蜂的使命 \\
对于蝴蝶的使命 \\
对于游人的使命
\end{cases}
$$

其实这篇文章，还可以这样来分段：

$$
春风的使命
\begin{cases}
对于植物（包括花草）的使命 \\
对于小动物（包括蜜蜂和蝴蝶）的使命 \\
对于游人的使命
\end{cases}
$$

我们看了这个表，就可以明白：这篇文章的整个中心思想是"春风的使命"，在这个中心思想中，又分为春风对于植物、小动物、游人的使命三个小中心思想，各有一段文章（这课书原有五段，也可归纳成三段，就是把花草归纳成一段，蜂和蝶归纳成一段，游人另成一段），把三段文章组合起来，就成了整个的一篇。我们在读书的时候要有这种解剖文章的眼光，在自己作文的时候也要有这种组合文章的能力。

而且我们更要知道，因为文章的每一节包含着一个小中心思想，所以每节也都是有生命的。打个比方，文章又好比是蚯蚓，若把蚯蚓一段一段割断，它每一段都有生命，不会死，合起来却又成了一条大蚯蚓。文章的一段或一节，也是这样的。

读后作业

任选一篇读过的文章，加以解剖。说明它的中心思想和小中心思想是什么。

"现在，索性让我们把第三篇的文章也读了吧！"徐宽说着，跑到钱文华的身边去。

这时候，林文英也跟了过去，而窗外的秦莲香也已经改变了害羞的态度，笑着跑进来了。

"我们虽然是共作的，可是文章却并不好。"学文说。

"不用客气！这是梁先生故意把你们的大作挤到后面去的。"林文英像老于世故的样子。

"不用客气！我的文章大概还在你们的末后呢！"钱文华也说。
"不用客气！我的文章连录取与否还在'不可知之数啊'！"徐宽也跟了一句。于是大家又展开了题材的选择和剪裁：

题材的选择和剪裁

周学文　朱觉明

"文章的题材，不外梦和现实二者"，这是梁先生以前在野宴时告诉过我们的。但是这两种题材，不见得都是文章的好题材。就梦来说，有的梦很有意思，有的却是莫名其妙的。譬如你在有一次梦里，起先是在旷野中追一只恶狗，追到后，前面是一条大河，恶狗跳下河去，泅水逃了。你一时性急，也跳下河里去追，却忘了自己是不会泅水的，心里一急，身子已扑在河里。于是你就大哭起来，同时，梦也就醒来了。这样的梦，是我们常常要做的，但并不是文章的好题材。为什么，因为梦的经过是无意义的。把无意义的梦写在纸上等于胡说八道地写了一篇梦呓。

梦是如此，现实也是这样。许多现实的题材，也都是无意义的，把它写了出来，徒然白费心力，白费纸笔。

那么，哪样的题材才算有意义的呢？这是随各人鉴别能力的强弱而被决定的。能力强的人，鉴别的标准就高，能力弱的人，鉴别的标准就低。一个鉴别能力低的人以为很好的题材，在鉴别能力高的人看来，也许以为并不算好。

若希望有较强的鉴别能力，最有效的办法是多读书。多读书上的好文章，鉴别能力自然会强起来的。这好比是看惯了真钞票的商人，一沓钞票中的一张假钞票总逃不过他锐利的目光一样。但是这种鉴别能力当然不能在一朝一夕中养成。我们要慢慢地来，不用着急。

这样说来，我们现在在提笔作文以前，对于题材的抉择，不是依然莫知所从吗？现在有一个消极的方法，可以用来判别题材的好坏而把坏的丢弃。原来在许多题材之中好的也有，坏的也有，只要丢弃了不好的，剩下来自然是好的了。

大概说来，不好的题材约有下列两种：

（一）出于想象以外的题材——例如：溪水倒流上山。

（二）平凡的题材——例如：看叫花子吃冷饭。

这两种题材都不宜采取。也许有人要问："那么，像梦里自己生了翅膀飞上天，是不是好题材呢？"我们的回答是："好题材。"因为这样的事，虽然事实上不可能，但它的想象却是以事实做根据的。因为在事实上，蜜蜂生了翅膀会飞，小鸟生了翅膀也会飞，蜻蜓生了翅膀也会飞，那么，人若长了翅膀，当然也有飞的可能。但如果人身上不生翅膀就希望会飞，这就失却了事实的根据，变成了像溪水倒流上山一样，是出乎想象以外的了。

至于平凡的题材，换句话说，就是没有意义的题材之一种。例如上面说过的追恶狗的梦，也是平凡的题材，和"看叫花子吃冷饭"一样。但是聪明的人有时也能运用他的智慧，把平凡的题材改变过来，使其成为不平凡的题材。譬如就"看叫花子吃冷饭"来说，这件事本身虽然平凡，但是写作的人，若能运用自己的智慧，把这件事和有钱人家的人吃大菜写在一起，做一个鲜明的对照，就把平凡的题材变成不平凡的题材了。譬如，他先写某处桥上一个叫花子饿得怎样可怜，怎样把一碗冷饭分成对半，怎样把一半吃得津津有味，眉开眼笑，怎样把剩下的一半用破布包起来，揣在怀里，当作宝贝一样。接着说桥堍①的富人家怎样兴高采烈，怎样喝大盅的酒，怎样吃大块的肉，大条的鱼，雪白的香喷喷的饭，又说一个酒醉饭饱的大肚皮富翁，怎样把吃进去的又呕吐了出来，狼藉了一地……这样的对照，不是很有意义吗？不是很不平凡吗？如果他再聪明一些，把那个叫花子用笔尖一钩，使他走下桥来，站在那个富人家的门前，让他看了呕吐出来的饭菜叹息，使他向富人恳求一些残羹冷炙，使这个呕吐的富人发怒，大骂"滚出去"……这样的写法不是更有意义吗？不是更不平凡吗？从前有人做一首诗，说："昨日入城市，归来泪满巾，遍身罗绮者，不是养蚕人。"他的写法也一样的是用对照的写法。

总之，在选择文章题材的时候，若能注意避免出于想象以外的题材和平凡的题材，剩下来的也就差不多是好的题材了。

---

① 堍（tù）：意思是桥两头靠近平地的地方。

有了好的题材之后，还不能提起笔来马上就写，正像一方块的布，不能就照方块的样子缝成衣服一样。在写作之前须要像裁衣那样，把题材加上一番剪裁的功夫。不经过这一番功夫呢，原也可以，不过写出来绝不会是好文章，试看下面的例：

妈妈的归来

今天上午，妈妈到亲戚家去。她在动身之前，复了一封朋友的信，叫我去寄。妈妈走了之后，我很寂寞，弟弟也吵着寻妈妈，哄他他不管，骗他他不信，真把我烦恼煞了。

上面这一节的文章，也许所写的都是实情，但其中妈妈写复信给朋友的事，大可省略。如果不把它省去就显出文章的松弛，不能成为一篇好文章。要避免这个毛病，就全靠事前的剪裁。

那么，题材要怎样剪裁呢？在初次做这件事的时候，最好先把整个的题材先列成几个简单而扼要的项目。例如"看马戏记"，题材的项目有下列几点：

（一）校门外空场上来了一个马戏班，在场上扎起几个篷帐。

（二）马戏班里的人把出演的节目准备起来。

（三）马戏班里的人敲锣，使许多看客闻声跑来，在篷帐外买票进去看马戏。

（四）看客有小学生、女人、不做事的大人。

（五）有一个人在买票时和马戏班里的人起冲突，竟至于相打。

（六）马戏开场演了许多节目，每个节目都演得很好。

（七）有一个演马戏的小孩子在表演时不留神跌坏了腿。

（八）节目演完，看马戏的人都走散了。

（九）马戏班里的人收拾一切。

（十）马戏班里的人那天晚上宿在一个庙里。

列好了像上面那样的项目之后，接着应该仔细审察，哪几个项目可以丢弃不写。审察的结果，因为第（二）（五）（九）（十）等都不重要，就把它一一省去。裁剪的工作就完了。

这时候，就可以握起笔来，照剩下的几个项目去写。

对于题材的剪裁，固然不一定要在动笔作文之前，即使是已经写成了的一篇文章，如果自己写了不满意，要把它再加剪裁一下也未尝不可，这就是所谓"删改"。不过与其在写成全文之后删改，不如在未写之前先把文章的题材剪裁为省力，因为某一节既然应该丢弃，那么，动手就不去写它，不是比写了再删除要省不少心力的时间吗？

其实"剪裁"这一步功夫，在写惯文章的人，决不会像我们上面所说的那样先列了项目再做的。他们有了题材，就动手写，在写的时候，一面就想某项应丢弃，一面也就丢弃不写了。

所谓剪裁，当然不只是把应该丢弃的项目丢弃了就算，此外对于应该留存项目的写法，也要注意。例如某项应该详细地写，某项只要说个大概等。假使我们还能做到这一步，那么，写出来的文章就不需要多大修改了。

读后作业

一、想：题材不经过一番剪裁，写出来的文章有什么缺点？

二、想：梦想的题材为什么也可写成文章？

三、照上面所说的题材剪裁法，自己作一篇文章。

四、想：徐宽所举的例，是怎样的一种题材？

十六　从"嬉笑怒骂皆成文章"说起

——抒情文的写法

"读写研究会"的会员们，自从野宴之后，接着又做了两件事：一件是出版第二期的会刊，还有一件是举行读书比赛。

比赛的办法是这样的：在规定的一星期里，谁向图书馆借阅书籍最多（已经借阅过的当然不许再借），而且阅后都填了报告表，可以任人指问读过的书的内容，谁就得胜。

比赛的结果出乎一般人的意料之外：第一名是六年级的李月娥，得到赵校长所赠的照相机一只，大家都很惊奇，而且都很羡慕；第二名是周学文，得到梁先生所赠的自来水笔一支，他也很觉高兴；第三名有两个，是朱觉明和钱文华，他们合得的奖品是五年级主任胡先生所赠的一套乒乓，他们也真开心！

李月娥得了第一名，引起大家注意的，照相机倒在其次，主要的还在她最近读书能力的突进。因为她以前在"读写研究会"里，是一向不被人注意的，无论读书或写作，都不见得有出色的地方，这次她竟一鸣惊人，得了第一，难怪大家都觉得稀奇了。

明媚的春光逝去了，跟着来的是软绵绵、暖洋洋的初夏。"读写研究会"的第七次例会，会期又逼近了。几个执行委员就议决这次大会请李月娥登台演说。

李月娥今年十三岁，身材矮小，是一个非常活泼的女孩。到了开会的那一天，她向大家演说道：

"今天我讲的题目是《从'嬉笑怒骂皆成文章'说起》，不过在未

从这句话说起以前，我还有一点意思要向大家声明：

"文章有各种性质：有的是说理的，有的是叙事的，有的是说明某件物件的，有的是发抒感情的，想大家多已知道了。我们平常所写的文章，以末一种为最多，这也许是因为我们少年人最富于感情的缘故。现在我要说的，也就是这一种文章的写作方法。"

初夏的风吹拂着李月娥额前的发丝，微微地在飘动。李月娥用手指把那些吹乱了的发丝掠了一下，就说下去：

"俗语说，'嬉笑怒骂皆成文章'，其实这一类的文章，并不仅是'嬉笑'和'怒骂'两项，除了这两项之外，凡是从内心发出来的各种感情都可以写成文章，而且都属于这一类文章的。

"人类的感情很是复杂，什么'喜怒哀乐'以及像上面说过的'嬉笑怒骂'等，不过只说着一部分罢了。但是，这些感情虽然复杂得很，只要我们能把它真实地写了出来，除了呆子，无论谁看了都会感动。决没有一个人看了我们的文章，说是'咦，奇怪！这篇文章里说的那种感情，我从来不曾有过'的。要不然，就是我们的文章'不近人情'。

"譬如说，有一个人看见他妈妈哭了，自己也莫名其妙地哭起来，这在少年人是常有的事。但是他究竟为什么哭，连他自己也不知道。假使有人去问他，他也只能这样回答：'因为妈妈哭了，我不知怎么一阵难过，因此忍不住也哭了。'

"可见那个人的哭虽然没来由，却并不是矫揉造作。像这一类的事情，如果能把它真实地写了出来，就能感动读者，就是一篇好文章。因为当读者读到那段文章的时候，他的记忆被文章唤起了，记起他自己以前也曾莫名其妙地跟着妈妈哭过，于是那段文章引起了读者的共鸣，忍不住点起头来，或甚至拍案叫起'好'来。

"反之，假使另外有一段文章，说是一个孩子看见他妈妈哭了，就拍手大笑，这就'不近人情'。因为这样的事，是走遍世界也找不到的，而写作的人竟这样写了，当然得不到共鸣的读者。

"不过在写这类文章的时候，仅仅注意到题材的内容要'合乎人情'，还不一定能够产生好文章。除此以外，对于这一类的题材，更需要真实地描写。

"所谓真实地描写，就是要把这种感情真实地从笔尖下流露出来，既不要掩饰，也不要浮面地写个大概。现在我有两个例背给大家听，请大家仔细地比较比较。"

（一）阿秀看见弟弟跌倒了，就慌忙奔过去扶，这时候，恰好妈妈衔了香烟走出房来，看了那种情景，就一口咬定弟弟是阿秀推倒的，把阿秀狠狠地打了一顿。阿秀真伤心极了。想起自从爸爸娶了后母以来，自己差不多每天遭后母虐待，就哭了许多时候。

（二）阿秀看见弟弟跌倒了，就慌忙奔过去扶。这时候，恰好妈妈衔了香烟出来，看了那种情景，就一口咬定弟弟是阿秀推倒的，把阿秀狠狠地打了一顿。

阿秀真伤心极了，独个儿躲在房里呆呆地想。她想自从爸爸娶了后母以来，她就差不多每天遭后母的虐待，吃不饱，穿不暖，那倒还在其次哩，最难对付的是后母所生的弟弟。弟弟性格倔强，刚会摇摇摆摆地学步，就不许别人去扶着走。等到腿儿一软，跌倒了，却又放声大哭，惊动了妈妈。昨天她因为没有去扶，被妈妈打了一顿，饿了一餐饭，说是不该欺她亲生的儿子，任他倒在地上。今天去扶了，又说弟弟是她推倒的，又遭了一顿打。不扶既不是，扶了也不是，这不是活活的要折磨死人么？想起她亲生妈妈在世的时候，也曾被当作宝贝那样疼过的，谁知到了如今，竟连一个陌生的路人也不如！假使亲生的妈妈还在人世，见了女儿那样受苦，不知将怎样的心痛……

　　阿秀越想越悲伤，实在忍不住要哭了。可是她并不放声哭出来（因为怕后母听到了，又要遭打），只能幽幽啜泣，可是内心充满了愤恨。

　　"这两个例，前者的描写不及后者的详细，因此，读者在读后所得的印象，前者也不及后者深刻。所谓'真实的描写'，虽然不一定需要冗长的叙述，但是有许多必不可省的地方。如第二例描写阿秀思前想后的一节，以及阿秀抽抽咽咽地哭的情景，作者也不可吝啬他的精神，仅仅写个大概或竟略去不写。不然，要想用文章去感动人，是万万办不到的。

　　"诸位大概都听到过'说书'吧。说书的人，为要感动在座的听众，在说到书中角色感情激发的时候，就会花费许多时间，用他的一张嘴，把当时书中角色的情景描摹得极其细腻委婉，淋漓尽致。使在座的听众听了，不但不嫌他说得太长，反而觉得书中角色似乎就在他们的面前，听得津津有味。说书的人之所以能得到听众的赞美，就全靠他那张嘴能'真实地描写'啊！

　　"试举最简单的'哭与笑'两个字来做例：假使说，'他哭'，人家看了，就只得了一个'他哭'的印象，这样的印象不用说是很浮浅的；假使说，'他两肩抽动着哭'，读去就仿佛看见一个人在两肩抽动着哭,所得的印象当然深刻了不少。同样的,如果只说'他笑',读者所得的印象当然也很浮浅,但如果说'他笑得合不拢嘴',读者所得的印象当然也比'他笑'深刻得多。原来像'哭'与'笑'一类的单字,在平时看惯了的读者,早不会使他有什么感动。假使作者要使他感动,非有更深刻的描写,是决不能成功的。

"说到这里,我不禁回忆起开学时梁先生对我们说的那个《宽紧带》的故事,在那个故事里虽然说的是关于长句的读法和写法,但也牵涉到我上面所说的话题。请大家也来把那个故事回忆一下,并且和我上面所说的对照一下,看是如何?"

读后作业

一、试补充李月娥末段的演说,说明长句和真实描写的关系。

二、真实的描写,是否必需长句和长文?发表你的意见。

三、用李月娥演说的方法写一篇抒情文(发抒感情的文章)。

十七　茶拨翻了

——叙事文的写法

第七次"读写研究会"以后，许多会员因为想起上次的读书比赛很有趣味，就向几个执行委员要求再举行一次。执行委员接受了大众的要求，就召集执行委员来讨论这件事。讨论的结果，都以为与其再举行一次读书比赛，还不如举行一次写作比赛。因此，他们就这样议决了。

这么一来，几个执行委员可就忙啦：有的写布告，把议决的案子告诉大家；有的向教师们征求奖品；有的计划这次比赛应该用哪种方式来举行。

大家看了布告，不待说都很高兴。每个会员都向负责人报了名，准备参加比赛。

这一次征求到的奖品，也比上一次多了不少。有赵校长的矿石无线电收音机一具和《新少年丛书》一部；梁先生的国光牌口琴一只和表一只；胡先生的水彩画颜料一匣；曾先生的活动铅笔一支；吕先生的运动鞋一双。因为征得的奖品比上一次多了不少，因此录取的名额也增加到五名。这么一来，大家就更兴奋了。

比赛举行以后的第三天，在五、六年级教室附近的布告板上，湿漉漉地贴着一大张纸，上面写着红笔加圈的黑字，许多"读写研究会"的会员都围在那里瞧。只见上面写着：

"读写研究会写作比赛"揭晓

第一名　周学文（得收音机一具、颜料一匣）

第二名　林文英（得《新少年丛书》一部、活动铅笔一支）

第三名　朱觉明（得表一只）

第四名　谢安石（得口琴一只）

第五名　张定国（得运动鞋一双）

　　大家想不到从这次写作比赛中，又会发现两个新人才，都是非常高兴，尤其是几个执行委员，正苦恼着以后每半月一次的例会没人演说，现在有了这两位新人才，当然也不愁没有人了。

　　时光不容情地过去，不久就到了"读写研究会"第八次集会的日期。

　　那一天集会，演说的是谢安石。他是五年级生，身材颀长，面部黑而带红，是一个酷好运动的孩子。身上穿的是一件白色翻领衬衫，下面一条黄色短裤，看去很是英武。他说：

　　"诸位会员：我今天要说的题目是《茶拨翻了》，这个题目，大家是不是以为很古怪呢？把茶拨翻，是常见的事，并且这样的事似乎跟'读写'也没有什么关系。现在请大家不要心急，听我慢慢道来。

　　"上一次李月娥在她的演说里，曾说过文章有各种性质，其中有一种文章是叙事的。现在我要说的，也就是这种叙事文的写法。

　　"叙事文是记述一件事情的经过的文章。大凡一件事情，从开始到终结，都可用文字记述出来的。譬如写一篇《第八次读写研究会记》，把今天集会的经过，从头至尾地记述出来，就是一篇叙事文。

　　"这样的文章，粗粗一想，似乎极容易写，因为文章的题材是现成的，只要对于那件事是亲自经历过来的人，无论张三、李四都能够写，比不得需要作者自己构思的文章，非先经过一番题材的安排，不能动笔。

"不过在实际上，这件事却并不像我们所想象的那么简便。叙事文的题材虽然是现成的，但要写成一篇良好的叙事文，却还有两件难事：

"第一件，就是要把现成的题材加以一番剪裁的功夫。这件事在最近出版的会刊里，已经有学文和觉明共作的一篇文章，说得很详细，我们现在姑且丢开不谈。

"第二件是什么呢？就是叙述上的困难。原来一件事实发生经过的本身往往是很芜杂的。作者把这些芜杂的题材加以剪裁之后，一方面固然去芜存精，是有利于文章的。他方面却因为这些去芜存精的题材，已经被剪裁成一片一段，不复是一贯串的事实了，因此，作者就不得不像一个缝衣匠，须设法把这些一片一段的事实用笔尖贯串起来，使读者得到了那篇文章，像一件精美的衣服，不是一件七拼八凑不堪穿着的破袄。这件事，可并不是容易的事呢！

"有一次我的舅母带了三个表姊妹到我家来玩。两个表妹很是顽皮，一见我的妈妈端茶出来，就毛手毛脚地去接。不想茶是开水冲的，非常热，把两个表妹的手烫起了水泡。其中有一个因为忍不住烫，一失手，就把满盅的茶拨翻了。

"恰巧我家的那张桌子又不争气，两脚高，两脚底，桌面是斜的。拨翻的茶滴到桌上，就像一块鹅卵石从山坡上滚下来一样，急速地往低的一面流开去。这时候我的祖母正坐在低的那一面，身子靠着桌边，在和舅母谈天，并不注意到桌上的水立刻就要流到她的身上了。

"这时候，拨翻茶的表妹眼见水要流到祖母身上去，吓得手足无措，脸色铁青！我在旁边，看到了这么千钧一发的情形，也很替表妹着急。桌上既没有揩布，又没有可以当作堤坝的东西，眼见那条

水非流到祖母身上不可。心里一急，忽然被我急出了一个办法：慌忙伸出我的手去拦截。

"谁知那股水流，却故意要和表妹为难似的，在我的手边绕了个弯，又对准祖母流去。

"我的方法当然是失败了，同时不自觉地红了脸。暗想本来是要在表妹面前献献殷勤，表现一下自己的聪明，谁知反而出了丑。

"这当儿，水流和祖母只隔半寸距离了！在座的表姊，这时也已发觉了我们着急的情形，慌忙走了过来。一看到桌上的水，就马上用她右手的食指，蘸着那股水流，引往另一个方向。那水流也真奇怪，到了表姊手里，竟像玩魔术一样，表姊的手指在桌上一曲一折，水流也跟着手指一曲一折，终于，把它引到别的地方。

"差不多将要哭出来的表妹，这时候已经转哭为笑。我呢，觉得表姊的聪明真是令人拜服！

"表姊妹和舅母告辞了之后，我还是独个儿站在那张桌子的旁边，呆呆地想着刚才那幕喜剧。想着，想着，偶然又从表姊用手指引水的办法想到写作上去。

"我当时想，写叙事文的时候，与表姊用手指引水的情景，委实有些相似。不是吗？当我们读到一篇良好的叙事文时，看它曲折写来，一气贯串，真像表姊手指下的水流。可是一篇不好的记叙文，就并不如此。它不能把经过剪裁的事实一气贯串，这边写一段，那边写一段，使人读了，不免起支离破碎之感。

"说到这里，我们需要举几个实例来比较。但因为这种实例不能只引一节一段，必须把文章的全文录下来，才能比较，这在临时举起来是很不便的。因此，我已请执行委员会另外油印了讲义，分发给诸位。"

这时候，听众早已从几个执行委员的手里得到了讲义。大家把讲义展了开来，只见上面写着：

参加儿童节纪念会

时光如箭，去年的儿童节仿佛还在昨日，转瞬又到了今年的儿童节。

（那一天），天空刚有一线曙光，我就起了床，把早上应做的事都做完了。等到八点钟左右，赶忙跑到公共体育场去。

（这时候），一路上前往公共体育场上的人很多，我混在人潮中，觉得自己像一群游鱼中的小鱼。（不久），到了公共体育场，只见大门上扎着一个花匾，上面写着："儿童节纪念大会。"

我（就）跟着一批一批的人朝会场里塞，到一个看台的最上层，展眼一望：哈！人数有数千数万！

（一会儿），音乐声响了，开会了，主席站在场中讲台上，开始演说。但是我连一句也没有听到，因为我的耳朵，那时候已被全场的嘈杂声、喊叫声蒙住了。（不久）表演各种游艺节目，一幕一幕，如电影般的过去，（终于）闭会了。在路上，每个人的小手中，都拿着一袋糖果和几本《我的画报》！

"诸位！那篇文章是我从一本杂志里选来的，它的好坏，我们现在无暇作批评。"谢安石接下去说，"此刻我们要研究的，就是那篇文章里各处加括号的地方。我们试看：假使那篇文章里把有括号的部分都去掉，就觉得全文有断断续续、支离破碎之感，前后各句各段，都各自独立，没有互相呼应。但如果把括号里的部分都加了进去，我

们读后的感觉便不同了。全文'一气呵成'，前后各句各段，都有呼应。换句话说，全文像从几个无机的零件组成了一个有机体。这是什么缘故呢？缘故当然是在括号里的文字上。

"这几处括号里的文字，本是我们所常见的，在粗心的人看来，似乎并不值得注意。现在我们既明白了它的作用，它的重要当然也会同时承认下来的。其中尤其如'不久''一会儿'等，它们对于前后文章的呼应有显著的作用。不但是呼应而已，而且有了它们，前后文章之间的闲文（就是题材剪裁后被淘汰的部分），也就省略得毫无痕迹，使全文看来'天衣无缝'非常完美。

"不过我们在这里应该留意一件事，就是像'一会儿''不久'等的文字在文章里不宜用得太多，而且在用的时候要有变化，不要老是'一会儿''一会儿'，也不要老是'不久''不久'。犯了后者的毛病，就变成以前周学文说的'三个求婚的少年'，如犯了前者的毛病，则一篇文章都可以'不久'了之。例如那篇《参加儿童节纪念会》就可以写成：

"儿童节那天我去参加儿童节纪念会，到了会场里，听演说，看表演游戏，'不久'就散会了。

"这样一来，岂不是根本不用写文章吗？"

大家听了谢安石末了的结束说得很滑稽，忍不住哄堂大笑。

读后作业

一、叙事文应该怎么写法？（把谢安石上部分演说的大意作一简单叙述）

二、列举像"不久""一会儿"等性质相同的词，比较它们的用法。

十八 上下左右东西南北

——说明文的写法

天气一天比一天热了，好动的启智小学的孩子们，早已耐不住夹衣的束缚，换上了轻薄的单衫。这就是说：孩子们是更活泼了！

两星期的时光又在孩子们不知不觉之中溜了去，"读写研究会"的第九次集会的通告，又像以前各次通告那样的，唤起了每个会员的兴奋。

这次演说的人早经执行委员会约定，是上一次获得写作比赛第五名的六年级生张定国。

"听说这一次张定国演说的题目是《上下左右东西南北》，真是一个有趣的题目！"

"你猜这个题目是什么意思？"

"我不知道。你呢？"

"我也不知道。这个题目真奇怪呀！"

会场里有两个人这么对话着。

过了一会儿，会员全都到齐了。主席走上台去，照例说了几句对听众的应酬话，向听众介绍了演说人，就请张定国上去演说。

"刚才我在会场里，听到两位会员谈及我今天的讲题，说是很有趣，也很奇怪。我恐怕大家此刻都有着同样的感觉，且先把题目来解说一下。"张定国说到这里，暂时顿了一顿，同时把两道锐利的目光向整个的会场横扫了一下。

"好厉害！"全会场会员的肚里都这样想，立刻正襟危坐起来，

像听赵校长的训话时一样。

大家在张定国炯炯的两目之下，屏住了声息，静待演说的"下文"。

"这八个字，"张定国向大家指着黑板上写着的题目说，"都是说明事物的位置和方向的，每个字的意义，极明白，极简单，用不到我来说明。

"那么，为什么我要用这八个字来作题目呢？原来这八个字，足可以代表我今天所说的那种文章的特质。这种文章，与上次谢安石君所说的叙事文很相像，但在实际上，两者却绝对不同。叙事文叙述的是某件事情，我现在说的那种文章，它所叙述的是某种物件。叙事文说的是某件事物的经过，而它说的是物件的存在状况。前者是动的叙述，后者却是静的叙述。关于后者，就是我现在所说的那种文章，姑且定名为说明文。

"说明文所说明的'物件'范围很大：一只轻巧的手表，固然是一个对象；但一个庞大的星球，当我们要用笔把它写出来的时候，也可以当作一个物件来看待。大概在空间占有位置的，不论它的大小，都可说是物件。因此我们又可知道，说明文是有空间性的；反之，叙事文却是有时间性的。

"上一次谢安石君的演说，说到在写叙事文的时候须适当利用'不久''一会儿'等的词，这一类的词，可说是叙事文的特质。在说明文里，当然不会有'不久''一会儿'等具有时间性的特质的词；反之，它所利用的是具有空间上特质的词。也就是说明某种物件的位置和方向的词，举例来说，即如'上、下、左、右、东、西、南、北'等。

"现在，请大家看主席所发的讲义罢。讲义上所印的两段文章，一段说明对象的位置，一段说明物件的方向，请大家来看一遍。"

听众展开刚才分得的讲义，只见上面印着：

（一）案头中间放着一只大鼎，（左）边紫檀架上是一个大磁盘，盘里盛着十来个娇黄色的佛手；（右）边洋漆架上摆着一个比目磬，旁边挂着小槌。

（二）西湖在浙江杭州的（西）面，是我国的名胜。湖径横约十几里，一面滨市，三面是山。山峰连续有葛巅、孤山、南屏等，其中最高的是北高峰。原有雷峰和保俶两塔对峙，雷峰早已倒塌，只剩下一个塔基。保俶塔却还巍然地矗立于（北）面。

"这两个例，"张定国过了一会儿说，"第一个有叙述到物件位置的地方，第二个有叙述到物件方向的地方，都加着括号。但在这两个例里所用到的，只有'左、右'和'西、北'。我们如果在平时读书的时候，对于说明文稍一留心，当然也不难把用'上、下''东、西'的文句找到。而且除了'上、下、左、右、东、西、南、北'之外，还有用'前、后'来说明一种物件的位置的，我们也不可不注意。

"大凡对于占空间位置较小的物件，在叙述的时候，只要说明它的'上、下、左、右'就够，如讲义上所举的第一例。对于占空间位置较大的物件，却须说明它的'东、西、南、北'。至于'前、后'，不论物件的大小，都可以用。例如'（前）有青山，（后）有绿水'是说明青山和绿水的，这两种物件在空间所占的位置，当然是相当的大；至于说'那幅写生画里，（前）面画的是一架闹钟，（后）面画的

是一支钢笔和一只墨水瓶',其中所说明的闹钟、钢笔和墨水瓶,在空间所占的位置当然远较青山、绿水为小。

"在这里我们应该注意的是:'上、下''左、右''东、西''南、北'都是相对的说法。就是至少要有两种以上的东西,放在一起,才有'上、下''左、右''东、西''南、北'。假使只有一种东西,就无从说明它的位置或方向。因为有了'上'才有'下',有了'左'才有'右','东、西、南、北'也是如此。

"我们在握笔作文的时候,要叙述当前许多物件的位置或方向,最好先固定其中之一件作为中心点,然后再从这个中心点出发,来说明其余各物。讲义上的第一例,就是以大鼎作为叙述的中心点的,以下说的'左边''右边',都是就大鼎而说。假使没有大鼎作中心点,那么'左边'究竟是指什么的左边,'右边'究竟是指什么的右边,就要令读者摸不着头绪了。

"在说明物件方向的时候,中心点的固定,也是必不可省,讲义上第二例的第一句,说西湖在浙江杭州的西面,这'西面'就是以杭州为中心点而说的。

"一篇良好的说明文,它所说明的各种物件位置和方向都有一定。假使照文章所叙述的来画一幅图,也可以办得到,所谓'文章明白如画'就是这个意思。但是叙述不清楚的文章,这一层就办不到。例如说'左边有花瓶',同时却并不说明中心点,读者就不知道那只花瓶在什么东西的左边,当然,画也无从画起。

"记得我自己在一年以前,曾写过一篇文章,题目是《我的家》。那时候我丝毫不懂说明文在写作的时候,须注意说明物件的位置或方向,满篇是'转了一个弯,就到客堂''再转一个弯,就到厨房'一类的句子，被胡先生批了一句‘不知所云’。可是当时我还是莫名其妙，自己想：‘转了一个弯，就到客堂’，‘再转一个弯，就到厨房’，分明一点也没有说错，为什么胡先生说我‘不知所云’呢？诸位，你们当然知道其中的缘故，我也不多说了。”

听众听张定国说到这里，觉得“转一个弯”的说法，委实含糊得好笑，都忍不住笑起来，同时张定国也就下了台。

这时候，坐在会场最前排的秦莲香，觉得自己也有一些意思要发表，就走上台去。

“我前后听了谢安石和张定国两位同学的演说，实在很佩服他们研究的精细。不过我还有一些意思要补充：原来在普通的文章里，叙事文和说明文并没有截然的界限，在叙述某件动的事情时，也可以兼叙静的物件。举例来说，一篇题名《书画展览会参观记》的文章，关于参观的经过，即动的叙述，固然必不可省，但是那个展览会的会场布置，即静的叙述，也是必需的。”

读后作业

　　一、写一篇兼有动静两方面叙述的文章。
　　二、任选一段写景的文章，照它里面所说的画一幅图。

十九 真理只有一个

——议论文的写法

"学文，你来看，一篇有趣的文章！"觉明向站在黑板面前的学文喊。

学文正拿着粉笔在演算钱币兑换的算式，这时候恰巧算得了正确的答数。听觉明喊得那样起劲，就放下了粉笔，转身跑到觉明的身边去。

学文从觉明手中接过一本《现代儿童》，只见上面印着一篇文章，题目是《公说公有理，婆说婆有理》。

学文看了一遍，想了半天说："我知道这样说法不对，可是不知道不对在什么地方，我们抄下来去请梁先生批评。"两人就动手抄写下来：

公说公有理，婆说婆有理

天下的事，没有绝对的真理。只要你会说，白的可以说成黑的；只要你会写，错的可以写成对的。

会做议论文的人，只要尽量搜集自己一方面的理由，把搜集拢来的理由，整理一下，逐一写出来，到了末了，又把各个理由归纳成几句简要的文句，说明自己主张的理由是对的，就是一篇好文章。

所谓"持之有故，言之成理"，所谓"言之振振有词"。

战国时代有两个人，一个叫苏秦，一个叫张仪。他们对当时战国的燕、赵、齐、楚诸国，提出两个不同的意见。苏秦叫各国联合起来反抗当时的秦国，便提出种种理由来说，各国一定要抗秦才能生存，而且一定要联合起来，大家共同抵御秦国，才有力量。张仪却说，各国要和平，就要同秦国联络，维持友好关系，否则兵连祸结，各国终要自取灭亡。这两个人的意见，完全相反，可是两个人全能说得头头是道。

北宋有一个王安石，被当时的人骂得体无完肤，称为拗相公。南宋的秦桧，主张向金投降讲和，后来的人都说他是汉奸。可是有人做翻案文章，王安石变成大政治家，秦桧变成大外交家。

所以，议论的文章，最容易做，不管是什么样的事，都可以说得入情入理。而且要使自己的文章做得出人头地，最好是别人说过的不要说，专拣别人没有想到的去说。愈是没有理的愈能说成有理，文章也便愈好。

主要是不落入前人的窠臼，不要太老实。因为天下原没有真理，随便什么话都可以说成真理。不是有句俗话说"公说公有理，婆说婆有理"吗？这就是做议论文的要诀。

这一篇短文章抄完了，觉明和学文就去找梁先生。

"这篇文章的说法，是错误的。"梁先生看了一下，脸色显得极严肃。

"我们为什么要学写文章呢？

"是为了表达我们自己的思想感情。把我们的思想感情正确地表达出来，是我们主要的目的。如果原来没有这样的思想，没有这样的感情，我们却假装有这样的思想感情，甚至歪曲自己的思想感情来凑文章，便成了无病呻吟，成了没有真正生命的东西。要是硬写出来自欺欺人，也绝不会是好文章。

"像《公说公有理，婆说婆有理》这篇文章所说的道理，正是我们要反对的。

"所以我常说，做文章有两件事要注意：一件是不说我们不知道的事，还有一件更重要的，是站稳正确的立场。

"如果你没有到过泰山，却作一篇《泰山游记》，尽管你将亭台、楼阁、花、木、虫、鱼都写了进去，却和泰山全不相关，不要说不能妥帖适当，连道路树木都写错了地方，看的人不要笑掉了牙齿吗？

"如果你讨论问题的时候，不是站在祖国人民的立场，或是被不正确的理论所蒙蔽，没看清真理，却也洋洋洒洒写了一大篇文章来叫人家去相信，那会产生些什么结果呢？不是成了骗人害人，成了替敌人宣传的文章了吗？

"要知道，天下的真理只有一个。

"要知道我们分不清是非，看不出好坏，是因为我们没有认真观察研究，没有学习检讨，所以才觉得糊里糊涂。或者就是我们被偏见所蒙蔽，还没有能够发现真理。决不能因为我们分不出看不清，就说没有真理。至于白的说成黑的，错的写成对的，更是胡说。本来是白的，你写成黑的，一定歪曲了事实，一定有漏洞，一定不妥帖。本来是错的，你写成对的，一定是故意掩饰，强词夺理，在明眼人看来，更是一文不值。

"苏秦、张仪是各有各的立场，对王安石、秦桧的批评，要先问什么是批判的标准。如果立场一致，标准相同，怎么会得出不同的结论呢？

"因此我们首先要知道，所谓议论文便是说理文，便是要把你相信的真理，清楚明白地写出来，要大家和你一样相信。

"要写好一篇议论文：第一，要你自己确知你所说的真理。第二，要给你相信的真理研究一下，怎样分出层次，什么是你着重的地方，哪些是不容易说得透彻的地方，然后缜密组织起来，写了出来使人家看了便能明白，便能相信。第三，要看对什么人写，你写的道理看的人能不能懂，再加以进一步的修整润饰。

"要说没有内容，没有意义的东西，只要组织好，就是好文章，实在是错误的。"

梁先生一口气说了一大篇话，脸色始终都是很严肃。停了一下，才显出微笑对觉明说："所以，我认为大家要先知道这些道理才写议论文章。在我看来，你们还年轻，许多事情还没有透彻知道，最好暂时不要写这类文章。"

"可是我们也想学得写写。"

"那就拣你们知道的写。譬如说，地球为什么是圆的，你们已经听赵校长说过了，就不妨写写，看怎样才能写得妥帖适当。又譬如说，我们为什么要爱国，也可以写写，因为我们大家都相信祖国伟大可爱是真理。"

"这样说来，我有些明白了，要是文章都要写成翻案的，那么大家都相信祖国可爱是真理，我却写一篇不要爱国的文章不是成了叛徒了么？"学文很恳切地说。

"我也懂了，"觉明接着说，"大家虽都知道爱国的重要，但有些意义还有许多人不很清楚，我向那些不清楚的人解释这些意义，也可做一篇文章。"

梁先生不由点了点头，接着又说了一句："真理只有一个，议论文要阐扬真理。"

　　走出梁先生的房门的时候，觉明向学文伸了伸舌头说："我从来没有看见梁先生这样严肃的样子！"

　　一、试写一篇我们为什么要热爱祖国的论文。

　　二、你以为写论文最难的是在哪一点？应该怎样解决？

　　三、写一些理由，说明作文章要用严肃的态度。

二十　一本账簿

——日记的写法

　　运动场上，东一堆西一群的，都是孩子。他们已经做完了一天的功课，于放学以前夕阳将坠的一小时中，尽在那里纵情嬉戏，借以恢复一天来的疲惫。

　　学文和觉明，这时候也整理好了各人的书包，互相携着手儿，向运动场走来，一面还唧唧哝哝地不知谈些什么。

　　他们一面走，一面说，刚走近运动场的门口，只听得"砰"的一声，把他们吓了一跳。抬头一看，见胡先生正立在左首横廊上第五教学室的门前，脸上露出懊恼的神色，他的左臂弯里夹着三四十册作文簿，右手又拿着另外的一本。

　　"喂，老胡，你关门怎么关得这样响？"

　　这时候，梁先生从横廊的后段走了过来，喊着胡先生。学文和觉明也不自觉地放了手立定了。

　　胡先生回过头去，可是并不答话。

　　"你那双手拿着的是什么？"梁先生又问。

　　"一本账簿！"胡先生把右手的一本作文簿递给梁先生。

　　"哦，原来又是王才德的文章惹了你！"梁先生看了作文簿上的姓名，说，"怎么又说它是一本账簿呢？"

　　"你看了它的内容自会明白。"胡先生苦笑着。

　　梁先生打开了王才德的作文簿，学文和觉明也走了过去。

　　"原来是王才德的日记簿！"觉明暗暗地捏了一下学文的手。

"他每天的日记都是记账式的，我不知说过他多少次了，可是他总不听我的话。"胡先生说。

梁先生暂时不说话，翻到了昨天的日记，只见上面写着：

五月二十一日　天晴　温度78°①

早上起来，帮爸爸到田里去浇水。浇好了水，又跟爸爸剥了两大篮蓍莛。共重十七斤半。据爸爸说，十七斤半的蓍莛可以卖五角多钱。早饭后，上学校。上午的功课是国语、算术和社会，国语课读《南京路上的血迹》，算术课学习分数乘法，地理课学习画浙江省的地图。下午的功课是音乐、自然、劳作和体育。音乐课唱《五卅纪念歌》，自然课研究蚊和蝇，劳作课描五卅惨案的想象图，体育课做番薯赛跑。

梁先生看完了王才德昨天的日记，又翻看了一下前几天的，掩了卷说："怪不得你说他是一本账簿！"

"可不是吗？"胡先生说，"我几次对他说，叫他不要专记每天照例做的事，要记一天中值得有记述价值的偶发事项，可是他老是不肯改。"

"是的，你对他说的确是极重要的一点，这样账簿式的记述，实在太无意义了。"

"而且我为了他们（指五年级的同学）不知道记日记的方法，曾花过两节国语课的时间对他们详细地说过的呢。说过以后，别人都有了显著的进步，可是他……"

---

① 此处为华氏度，转换成摄氏度大约为 26 度。

"你怎么对他们详细地说的？请再复述一遍，如何？"梁先生笑着，一面指着学文和觉明说："你看这两个孩子倒正预备听你的话。"

学文和觉明被梁先生这么一说，倒觉得有点不好意思起来，各人一看自己，才知道和二位先生站得太近了，几乎挤在一起，就慌忙退后了一步。

"唉，假使王才德能够像你这两个学生这样用心，我也可省下不少精力了！"胡先生说着，又转身向着学文和觉明，"你们真是好孩子，怪不得梁先生常在我面前谈起你们，向我表示骄傲。日记的记法，你们当然已很明白，还要等我来告诉你们吗？"

"不，"梁先生说，"他们也并不记得怎样好，请你不吝赐教！"

胡先生听了这句话，才开了笑脸，兴奋地说："日记这东西，其实是各种文体的缩影，在日记里面，叙事固然是最主要的，但抒情也不可省，此外对于事物的说明，以及对于某件事项的意见等，也都可在日记里发表，所以，日记是包罗各种文体的。不过，它虽然包罗各种文体，却并不是长篇大论，这一点是它的特色。"

胡先生说到这里，从左臂弯里一叠作文簿中，拣出一本书来，书名是《日记选择》。他用右手敏捷地翻开那本书，指着书中的一段日记，向学文和觉明说："你们跑拢来看！"

两个孩子跑近胡先生的身边，梁先生早把那段文字读了出来：

"下了好几天的雨，今晚才见到一弯眉月，在云端里徘徊。谁知就寝之后，又是一阵猛雨，不久雨势稍杀。枕上读《爱的教育》数页，就掩卷睡去。梦中，忽闻雨声又急，间以雷鸣，急起往视各处，已有好几处滴着漏水。约一小时后，雷雨方止，天也快亮了，遥想好友洁如所搭的火车，这时候大概也将抵沪了。"

"晚上的雨,也有这许多好写,而且写得这样逼真!"学文忍不住赞扬起来。

"像这段日记里,就是叙事夹着抒情的。抒情的地方,只有末了的一句。这一句表面上看去似在叙事,其实是对于友人别离后的怀念。"

"你们在没有写惯日记之前,常感到日记的取材不容易——固然像王才德那样的记法,也不愁没有可写——可是一天二十四小时,如果在提笔将写的时候,稍稍回忆一下自己,在二十四小时中活动的经过,绝没有无可取材之理的,有的人实在是因为懒惰,连不费气力的回忆也不肯做,于是就说无材可取。还有许多人虽然并不回忆,却也不愁无材可取,原来他会扯谎,在日记簿里扯几句谎话就了事。谎话根本不该扯,而日记因为以纪实为第一个条件,所以尤其不容扯谎,这一点你们也要注意。

"时候已经不早,将放学了,你们记住了这几句话,能够依照着切实做去,日记的能事也可说是尽了。"

读后作业

一、把胡先生的谈话归纳出几个要点,写一篇《日记的记法》的文章。

二、试写日记一篇,检查自己的日记犯了什么毛病没有。

二十一 父亲大人入目

——书信的写法

　　五卅纪念以后的一天，是"读写研究会"第十次集会的会期。到了开会的时候，虽然钟声响了，许多会员都还不知道这次演说的人究竟是谁，大家怀着满肚子的疑惑，进了会场。

　　过了一会，主席走上台来，向大家报告说：

　　"我们'读写研究会'的每次集会，都有一个会员来演说，这些会员都是在开会以前预先约定的。可是到了最近，就我们知道的能够演说的会员，差不多都已经演说过了。这次的集会，直到我现在说话的时候为止，还找不到演说的人。可是我们几个执行委员，也曾这样想过：在七八十个会员之中，能够演说的人决不仅止于以前演说过的九个。怕是因为我们不十分详细知道大家的能力，以致有许多能够演说的会员没有给我们发现。因此，今天的集会，想请大家自动地上台来演说。万一这个办法失败了，我们就只能去聘请先生。现在，我们先来试一试第一个办法。有谁愿意来演说的，请不要客气，也不要畏缩，先举起手来！"

　　主席说完了这句话，就巡视全场的会员，希望有人会自告奋勇地举手。忽然，主席现出了笑容，摆手向会场后方的三个人说：

　　"请把手放下！"

　　许多人立刻回转了脸向后方看去，可是已经瞧不到所举的手，只听得主席接下去向大家说：

　　"刚才已经有陈福元、潘明和魏志澄三位会员举了手，现在请三

位中无论哪一位上来演说吧。"

三个人略略推让了一会，大家就见五年级的潘明走上台来。

"我今天所讲的题目，叫作《父亲大人入目》。谈起这个题目的来历，倒还是一个笑话。

"原来从前的人在写信的时候，长辈和幼辈的界限，是分得很严的，因此父亲写信给儿子，开头就呼唤一声'某某吾儿'或'某某小儿'，而做儿子的复信给父亲，就得尊称一声'父亲大人'。不但是'父亲大人'而已，有时为表示更尊敬的态度起见，还在'父亲大人'的下面加上'膝下''敬禀者'一类的词。而做父亲的，有时也就在'某某小儿'之下，添上'入目'一类的词，以增高自己的地位。

"有一次，有一个做儿子的接到他父亲一封信，在复信的时候，除写了'父亲大人'之外，不知道怎样才能表示自己更尊敬的态度。一看他父亲的来信称呼的下面有'入目'两个字，就胡乱地把这两个字移用到'父亲大人'的下面去，写成了'父亲大人入目'，等到把全信写毕，就毫不迟疑地把信寄出了。

"他的父亲接到了那封信，不禁勃然大怒，连骂他的儿子'小畜生'不止。（听众大笑）

"他的父亲为什么要勃然大怒呢？那自然是因为'入目'两个字出了毛病。本来，'入目'的意义，原为'看'，对于父亲也谈不到什么侮辱。可是因为这两个字一向被长辈的人用惯了，无形之中，渗入了轻蔑的意味，因此才使做父亲的生了气，做儿子的受了屈。

"从这个笑话里，我们知道从前人对于写信是看作一件如何重大的事，同时又是一件如何不容易的事。如果一不小心，出了岔子，被骂还是小事呢！不过，这是从前的人写文言信的故事。说到目前，大家都已经用语体来写，那种形式上尊卑的界限愈早已打破，这样的笑话，自然也不致再闹了。

"话虽是这样说，写信这件事究竟是不可胡作的。如一味胡写，虽然是语体文的信，也未尝没有闹笑话的可能，记得我家的邻居应先生，前天接到他儿子从汉口寄来的一封信，信内自称'弟在汉口平安，请勿挂念'，岂不也是一个大大的笑话？（听众大笑）

"语体文的信，固然形式上尊卑的界限是废止了，但也有一定的格式。现在我们就来谈谈这种格式，怕不是无意义的事吧。

"通常在一封信里，开头的称呼总是要的，如果没有称呼，那封信究竟写给谁看，人家就莫名其妙。固然，这信封上也有收信人的姓名，但是为习惯上大家都这样做，如果有一封信没有称呼，收信人看了就会起不自然的感觉的。

"称呼之后，接下去就写正文。正文是和文章一样的，发信人要想向对方说什么话，都写在这一部分。不过在格式上写到正文的时候，最好是按照意见分段写出，而每一段话分一行较低一格写，为的是看上去醒目。至于正文内说到对方的时候，也最好空一格写或转行写。

"现在，我们为求明了起见，且来举一个例。"

潘明说到这里，就走到黑板面前去，拿起粉笔来写。可是他的身材太矮小了，踮起了脚跟，还不够半黑板高。主席看见了，慌忙端了一条长凳，请他站上去写：

大哥：

我自从离家以后，转瞬已一月了，一月来住在姊夫家里，生活很好，请你和妈妈不必挂念。

近来因为闲着没事做，很想看看杂志或报纸，不知道你那里有没有新出版的书报？假使有，请寄一些给我。

"我的例举得很不好，只不过借此把上面所说的要点做个对照罢了，请大家不要见笑。"潘明暂时顿了一顿，又说：

"等到正文写完了，就需要写一句问候的文句，借此做个结束。问候句中说到对方的部分，也要转行写，并且为使全封信的形式美观起见，最好把这一部分写得和称呼一样齐。问候完了，再在较低的地方写上发信人的姓名，更在姓名的一旁注上写那封信的月日。"

潘明又爬到长凳上去，把刚才写的那几行后面，另行接下去写：

匆忙，不多写。

祝你快乐，并祝妈妈安康！

志远　五月三十一日

"这封信，因为是弟弟写给他哥哥的，大家都是同姓，所以具名的时候，用不到再加姓，如果对方是亲戚或朋友，那么姓就不能略去。

"信的内容说到这里已经完了，现在接下去谈信封的格式。信封上所写的，可以分作三部分：第一是收信人的地址，应写在信封的上面靠左侧；第二是收信人的姓名，应写在信封的中央，这一部分除了收信人的姓名之外，通常又在姓名的下面加写'先生收'或'女士收'等字样；第三是发信人的姓名和发信的日期，在必要的时候（例如寄挂号信或对方不知发信人的地址时），还要填写发信人的地址。"

潘明说到这里，又回转身体要爬上长凳去举例，只见梁先生已经立在黑板旁边，在替他写了：

□□□□□□

　　上海南市光启路十号

　　　　俞志清　先生　收

　　　　　　宁波育寄　五月三十一日

"我替你写得不错吗？"梁先生转过身来，问潘明。

潘明点点头，全场的会员都拍手笑了。

读后作业

一、写一封给父亲的信。

二、信的内容，最重要的是哪一部分？

三、信封上最重要的是哪两部分？

二十二 呆子和音乐家
——诗的写法

"觉明，我听梁先生说，我们六年级不久将举行毕业考试哩！"

"那是当然的，无忌，"觉明回答说，"要毕业总得受一次毕业考试。"

"不……"柳无忌刚要接上去说，忽然他们的话题引起了同级的学文、李若愚、李月娥、张定国等的注意，都跑了过来。

"毕业考试究竟在哪一天开始？"

"毕业考试究竟是怎样考试的？"

"……"

大家七嘴八舌地说。无忌因为他的话被大家打断了，张大了两只眼睛，像在那里生气。

"你们不要这么急，"觉明说，"天气热得很，请大家站开些，先让无忌把话说完了。"

"我说的可并不着重在毕业考试。不过因为毕业考试的日期逼近了，我们的'读写研究会'还有两次集会不曾举行，将来一面要考试，一面又要开会，岂不是要忙不过来？"

"哦，正是，我们倒忘了，幸亏无忌提醒了我们。"觉明说。

"听说五年级的同学，他们虽然没有毕业考试，不久也要受学期测验了。"学文说。

"那么，我看还有两次'读写研究会'不要开了吧。"

大家回头去看说话的人，原来是李若愚。

"不，这样办，我不赞成，做事总得有始有终！"林文英本来坐在远处看书，忽然把书放下了，扬着手在那里高声反对。

"这样我也不赞成！"许多人都异口同声地说。

"我想还是这样吧：把末了两次的'读写研究会'提早举行，那么无论在'读写研究会'方面，无论在考试方面，都不会有什么妨碍了。不过这件事最好开一次执行委员会来讨论一下。"学文这样提议。

大家都赞成学文的主见。

执行委员会开过了，议决的办法是：第十一、十二两次的集会，提前于六月五日、十日陆续举行。

到了五日那一天，大礼堂里照例是拥挤得水泄不通。主席等会员都到齐了，就分给每人一张纸，只见上面印着三首诗：

天上的街市

郭沫若

远远的街灯明了（liao），

好像闪着无数（wú shù）的明星（míng xīng）。

天上的明星现了，

好像点着无数的街灯（dēng）？

我想那缥缈（piāo miǎo）的空中（kōng zhōng），

定然有美丽的街市。

街上陈列的一些物品，

定然是世上没有的珍奇。

你看那浅浅（qiǎn qiǎn）的天河，

定然是不甚宽广（guǎng）。

那隔着河的牛郎织女，

定能够骑着牛儿来往（wǎng）。

我想他们此刻，

定然在天街闲游（yóu）。

不信，请看那朵流星，

是他们提着灯笼（dēng long）在走。

贩鱼郎

臧克家

鱼在残阳中闪着金光，

大家的眼亮在鱼身上（shēn shang），

秤杆在他手的一上一下（xià），

他的脸是一句苦话（huà）。

人们（rén men）提着鱼散了阵（zhèn），

把他丢给了黄昏（huáng hūn），

一双筐子朝他看（kàn），

像两只空虚的眼（yǎn）。

"天大的情面借来的本钱（qián），

末了挣回来不够一半（bàn），

早起晚眠那不敢抱怨（yuàn），

本想在苦碗底捞顿饱饭（fàn）。"

暗中潮起一阵腥气（qì），

银圆讥笑在他的手里（lǐ），

双手（shuāng shǒu）拾起了空筐，当他想到：

家中挨着饿的希望。

温静的绿情

应修人

也是染着温静的绿情的，

那绿树（lǜ shù）浓荫里流出来的鸟歌声。

鸟儿树里曼吟，

鸭儿水塘边徘徊（pái huái），

狗儿在门口摸眼睛，

小猫儿窗门口打瞌睡。

人呢？——

还是去锄早田了，

还是在炊早饭呢？

蒲花架上绿叶里一闪一闪的，

原来是来偷露水吃的，

红红（hóng hóng）的小蜻蜓（qīng tíng）！

大家还没有把三首诗读完，就听到台上已有人在演说了，抬起头来一看，原来是陈福元。

"今天我的讲题，是《呆子和音乐家》，"他说，"我把呆子和音乐家连在一起来说，大家也许会感到一种不愉快。因为通常我们对于呆子的印象是很坏的，甚至常有人用'呆子'两个字来骂人，而对于音乐家呢，我们的印象却又特别的好。

"其实就呆子而论，未尝没有几处可取的地方。我曾在一本书上，看到著作者颂赞过呆子。他说，在一个虚伪百出的社会上，只有呆子才会说几句真实的话。不是吗？那些所谓'久经世故''老成练达'的人们，对人从来不肯用坦白率真的态度，一味'口是心非'向人敷衍。假使社会都是这样的人，没有一个呆子，来说几句真实的话，揭破虚伪者的假面具，社会不知要黑暗到何等地步！呆子的恶名，本来是自称聪明人的虚伪者加上去的，因为他们厌恶揭破他们假面具的人！

"不过我现在要赞美呆子的，倒并不在于他能揭破世人的假面具，却在于他的丰富的想象能力。这个在后面我还要详说。

"我究竟为什么把呆子和音乐家连在一起呢？原来我们在写某种文章的时候，自己必须是一个呆子，而又是一个音乐家，所谓'某种文章'，不瞒大家说，就是'诗'。

"大家一定都已读过诗，诗是怎样的一种文章，大家差不多都知道了，不过对于诗，仅仅是表面的认识，是不够的。而且除了认识，还要自己会写。要想对诗有进一层的认识，要想自己能够写诗，就非明白诗的特质不可。

"诗的特质是什么呢？就是呆子的特质加音乐家的特质（这里所说呆子的特质就是指他丰富的想象能力）。把这两种人的特质合起来，就等于诗的特质。换句话说，具有这两种特质的人，才可以认识诗，才可以写诗。

"现在，请大家读一遍刚才主席所发的三首诗。"

陈福元说到这里，暂时顿住了，一面走到黑板边去，画了一个表：

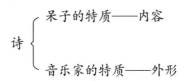

等了一会儿，大家都把三首诗读完了，等待陈福元接下去说。

"诗的呆子的特质即丰富的想象能力，是属于诗的内容的；而音乐家的特质是属于外形的。先就内容的特质来说，如第一首《天上的街市》，就充分地证明了这一种特质。天上有没有街市，谁也不知道，聪明人为保持他一向聪明的信誉起见，对于这样的事情尤不敢胡说乱道，他只会说'今天的天气真热啊，苍蝇和蚊子真可恶呵！'（听众大笑）一类的话。可是呆子呢，却有的是一副呆头呆脑，他不顾一切，不打诳语，只要是他自己所想到的，无论是真是假，是是非非，都忍不住要说出来。在这首诗的第一节里，用了两个'好像'，后面一个'好像'就是呆子对于明星的猜想。起初他是这样猜想，可是猜想到后来，他就毅然决然地把天上有街市的事肯定了，因此在第二、三节里和第四节的前两句里，接连地用了不少'定然'。到末了，还恐怕别人'不信'，再加上一句强而有力的证明。使不信的人，也不由得相信起来。

"从那首诗里，我们看到呆子想象力的丰富，真是无与伦比！

"不过，我在上面说了许多'呆子'，应该加上一个声明，会做诗的呆子和普通的呆子是不同的。不同的地方是：会作诗的呆子是暂时的，作完了诗他就不是呆子了，不像普通的呆子，常是那样呆着；会作诗的呆子只有呆子的长处——有丰富的想象力，没有普通呆子的短处——普通的呆子连自己的行为也是呆的。所以请大家不要误会，以为这首诗的作者真的是一个普通的呆子（听众大笑），因为普通的呆子决不能写出那样有条理的诗来的。

　　"这一种呆子所特有的丰富的想象能力，实在是每一个作诗的人所不可缺少的。我们就其余两首诗来说，也可以见到同样的情形，如《贩鱼郎》一首的'把他丢给了黄昏''一双筐子朝他看，像两只空虚的眼''银圆讥笑在他的手里'，《温静的绿情》一首的第二节和第四节的'蒲花架上绿叶里一闪一闪的，原来是来偷露水吃的红红的小蜻蜓！'等都是。这些诗句绝不是普通人所能随便想象得到的，可是诗的好处，诗的精神，诗的生命，却都寄托在这一类想象力丰富的文句上。

　　"在诗里，音乐的特质就是押韵。不押韵的诗固然也有，但总不如押韵的诗，读起来能令人发生音乐的美感。押韵的意思就是一个诗句的末一个字和另一个诗句的末一个字同韵，例如《天上的街市》一首：第一节第一句末一字的'了'和第三句末一字的'了'是同韵，韵母是'ɑo'；第二句末一字的'星'和第四句末一字的'灯'也是同韵，韵母是'eng'，第三节的'广'和'往'，押的是'ɑng'韵；第四节的'游'和'走'，押的是'ou'韵。在《贩鱼郎》一首诗里，也有押的地方，请大家自己去找。

　　"在诗里还有在同一句里用叠韵字的方法，它的性质和效用也和押韵一样。例如《天上的街市》一首的'远远''无数''明星''缥

125

绡''浅浅'和'灯笼';《贩鱼郎》一首的'大家'和'人们';《温静的绿情》一首的'绿树''徘徊''红红'和'蜻蜓'。

"除了上面两种同韵字的用法之外，此外更有一种'双声'字同韵的字，它们的末一个韵母是相同的'双声'的字，恰好和它们相反，是两个第一个声母相同的字。例如《贩鱼郎》一首里的'身上'，'身'字的第一个声母是'sh'，'上'字的第一个声母也是'sh'；又如'黄昏'，'黄'字的第一个声母是'h'，'昏'字的第一个声母也是'h'，至于上面说过的'远远''浅浅'和'红红'，因为本是一个字的叠用，所以也可说是'双声'。这种双声的字，我们在读的时候或听的时候，也一样能引起音乐的美感，所以在诗里所占的地位也很重要。

"这一种音韵和谐的文字，一方面固然是属于外形的特质，但有时候若韵的性质选配得好，还能助长内容的气势。例如一首义勇军杀敌的诗，若韵的性质能和内容慷慨激昂的情调相应，铿锵如刀枪相激而发的声音（如'ang'韵，'ong'韵，'eng'韵），那么这首诗读起来一定更易感动人了。

"诸位会员！你们会写诗吗？——我希望大家来试试看！"

读后作业

一、呆子的特质一节中，其中有说到与活的文句写法有关系的地方，试参看《菩萨和活佛》一节，加以比较。

二、试写一首送别毕业同学的诗。

三、指出《贩鱼郎》一首诗里还没有举出的两个双声字。

过了五天，不觉又到了"读写研究会"第十二次集会的日期。

天在降着梅雨。大礼堂中比平时潮湿了许多，可是尽管潮湿，到会的会员还是和上一次集会时同样的拥挤。

"可惜只有这么一次的集会了！"每个会员的心里，都在这样叹息着。大家都不作声，默默地瞧着讲台上的动静。

主席上来了，他向大家说的第一句话，就是："可惜，只有这末一次的集会了！"

他说出了每个会员心里的感慨以后，接着又说了一套"读写研究会"结束的话。大家听了，不由得更发起急来，但是虽然发急，大家还依旧是默默地瞧着讲台上的动静。

这时候主席已经完了话，走到黑板的旁边去，写了几个字：

魏志澄讲《下雨天留客天留我不留》。

魏志澄也是六年级生，身材颀长，脸色很黑。大家都知道他的父亲是一个贫农，家境是非常困苦的。每天傍晚，魏志澄放学回家总替他父亲去放牛割草，所以他的脸色就晒得十分黑了。这时，大家见他从会场的最末一排走上台去。

"明朝的时候，有一个著名的滑稽家，他的姓名是徐文长。"魏志澄说，"这个人，据说是很有学问的，不过他的行为——却并不和当时一本正经的读书人一样——非常滑稽。因此他有许多滑稽的故事，一直流传到现在。他的故事知道的人一定很多，我此刻所要说的一个，或许大家也已经知道了的。不过我现在要说这个故事，无非借它来做个话题，大家也不妨再听一遍。如果大家还不知道这个故事，那当然是更好了。

"有一次，徐文长到他的朋友家里去，一住就是好几天。那时候正是黄梅时节，天天下雨。徐文长托故天雨不能行路，尽赖在朋友家里，吃吃睡睡，谈谈笑笑，像在自己家里一样。他的朋友，因为徐文长住得久了，就讨厌起来。暗想徐文长是一个最难对付的人，如果天一味下雨，说不定他会一味住下去，就想出了一个办法：写了一张字条贴在客堂里，让徐文长瞧到了，自知没趣，不再居住下去。那张字条上写着'下雨天留客天留我不留'十个字。意思是说，天虽然每天下雨留住你（指徐文长），但这里的主人可不曾留过。

"徐文长看到了那张字条，默读了一遍'下雨天留客天留我不留'，就明白主人是在讨厌他。可是他觉得主人这种办法实在太使他难堪了，不由得恼羞成怒，想出了一个妙法，把那张字条上所写的话不改一字，高声朗读道：'下雨天，留客天，留我不？留！'接着还大笑说：'呵呵！主人这样盛情，真使我却之不恭，本来我想今天告辞，既然这样，我再住几天罢。'（听众大笑）

"原来从前的人，无论写什么，都往往不注意文句的标点，因此那张字条上的文句，可以有两种意义绝对相反的读法，聪明的徐文长就捉住了主人不注意文句标点的弱点，故意和主人为难。

"从这个故事里，我们得到了一个教训，这教训就是文句写好之后，必须要加上标点。不但短短的几个文句是这样，就是长长的一篇文章，标点也绝对不可省略。否则，在文章里自己所发表的意思，就有被读者误解的危险。

"现在我们就来研究一下标点符号，标点符号一共有十二种。我已请执行委员会把它们的名称、符号、用法、举例油印成一张表，分发给诸位，请诸位仔细地看一遍。"

台下几个执行委员这时正各自拿了一叠讲义在向大家分发。魏志澄暂时停止了说话，等每个人的讲义都到了手，才接下去说：

"第一种是句号：符号的形状是一个小圆圈，用在文句末了的地方。例如：'他哭了。'的'。'。

"第二种是逗号和顿号：逗号的形状像一只小蝌蚪，顿号的形状像一粒芝麻。逗号用在长句中语气中止的地方，顿号用在文句中许多运用的同类词中间。例如：'大家应该努力，使自己的品行、学问、身体都好起来。'的'，'和'、'。

"第三种是分号：形状是逗号的上面加一个小黑点，用在一句中几个很长而并列的分句中间。例如：'天气热了，固然热得令人难受；冷了，也会冷得令人受不住。'的'；'。

"第四种是冒号：形状是两个小黑点一上一下，用在总起下文或总结上文的地方，例如：'他的玩具很多，有：小狗、木马、洋囡囡、喇叭、铜鼓、小汽车和泥菩萨。'又如：'忽听得一片呼救声、哭呼声、搬物声、狗吠声，杂然并作：原来是起火了。'中间的两处'：'。

"第五种是问号：形状像一只耳朵，用在疑问句的末后。例如：'他怎么啦？'的'？'。

"第六种是惊叹号：形状是小黑点的上面加上一竖，用在各种感情激发的文句末后。例如：'真想不到他这次竟得了第一

名！’的‘！’。

　　“第七种是括号：形状是上下对称的两条弧线，用在文句中夹注的地方。凡是夹注的部分，都括在括号里。例如：‘对于他（善于说谎的他），你不要十分信托。’的‘（）’。

　　“第八种是引号，分两种：一种是单引号形状，是上下两个反方向的直角，都用单线画出①；另一种是复引号，形状和单引号相同，但都用双线画出。单引号用在称述言语的前后，复引号用在称述言语中的言语的前后。例如：明儿的姊姊说：“我听爸爸说过：‘明天我们一家要到上海去了，所以我现在很快乐。’”

　　“第九种是破折号：形状是一条直线，用在文句中语气转变的时候，例如：‘炎热的夏天来啦——那也不用烦恼，一等过了夏天，就是凉爽的秋天了呢。’的‘——’。

　　“第十种是省略号：形状是一条直的虚线（六点），用在文句被省略的时候。例如：‘花园里的花可真不少，有：月季花、桃花、杏花、李花……万紫千红，把整个的花园装点得非常热闹。’的‘……’。

　　“第十一种是私名号②：形状和破折号相同，但破折号是用在文句中间的，私名号却用在文句中私有名词的旁边。例如：‘中华民国的国父是孙中山先生。’的‘＿＿＿＿＿’。

　　“第十二种是书名号：用在文句中书名的旁边。例如：‘我爱读的书有《新少年》《小朋友》《儿童世界》《儿童杂志》等。’的‘《》’。

---

①　民国时文字竖写，单引号和双引号的写法分别是“﹁”“﹂”“﹁”“﹂”，现在的写法改成‘’、“”。
②　私名号：现称“专名号”，有“＿＿＿”和“﹏﹏﹏”两种形式，加在文字下面。竖排文字用直竖线，标在专名的左侧。

"我们平时在写文章的时候，都应该照上面十二种标点符号的使用法，加上标点。假使不加标点，万一遇到了第二个徐文长，我们的文章就要遭殃了。"

读后作业

照上面十二种标点的使用法，标点下面的文章。

（1）燕子去了有再来的时候杨柳枯了有再青的时候桃花谢了有再开的时候但是请你告诉我我们的日子为什么一去不复返呢是有人偷了它们罢那是谁又藏在何处呢是它们自己逃走了罢现在又到了哪里呢

（2）一九二〇年八月二十四日夜游后湖就是玄武湖主人王伯秋要我作诗我竟作不出来只好写一时所见作了一首小诗

（3）学文打开纸包一看大喊道许多好看的新书他一面喊一面一本本地翻看小说有宝岛水浒传故事有伊索寓言印度故事童话有安徒生童话集日本童话

——读书的方法

　　六年级的毕业考试和五年级的学期测验都已陆续举行过了，启智小学校园里的石榴花像火样的红，五、六年级的孩子们的心情也和石榴花一样。

　　举行毕业礼的前三天，五年级生谢安石，发起一个五年级同学欢送六年级同学的茶话会。

　　茶话会仍在礼堂里举行，参加的同学，也仍旧和举行"读写研究会"的时候一样多。不过这一次的集会形式，却改变了：他们把礼堂里的许多椅子排成一圈一圈的圆形，圆的正中放着一张小圆桌，桌上是一只大花瓶，瓶里插着红得发了狂的石榴花。

　　参加这一次集会的，除了五、六年级全体同学，还有三位先生，是赵校长、梁先生和胡先生。

　　"开会了！"会场里一片欢乐的笑声。大家纵情地谈，纵情地笑，任意地吃，任意地喝。"你们谁有特长的本领，现在不妨来表演一下，让大家瞧瞧。"赵校长说。

　　"我会装猫叫。"谢安石说。

　　"我会变戏法。"钱文华说。

　　"我会唱昆曲。"林文英说。

　　"我会演独角戏。"周学文说。

　　还有许多人在举着手，要表演各自的特技。

　　"现在请大家一个一个来表演，"主席说，"待我先把圆桌扛过了。"

这时候，朱觉明就过去帮主席扛过了会场中央的小圆桌。接着就是各人的表演。表演完了，大家的兴趣还很高，就要求三位先生表演。

赵校长会打拳，先表演了一套"燕青拳"，大家都拍手。随后是胡先生唱了一段京戏，叫作《行路训子》，大家倾听得几乎神往了。

"梁先生！现在轮到你了。"主席说。

梁先生站了起来，向大家点点头，说："我是最没用的，什么特技也没有。但我也不愿使大家扫兴，还是随便地向大家谈谈罢。"

"欢迎！欢迎！"

王才德大声地说，引得大家都笑了。

"其实，我说话的能力也真坏，既不会讲笑语，也不会说故事。此刻想到要说的，依旧是关于读书方面的事。

"读书是一件终身的工作。我们从开始识字的一天起，直到现在已经有五六个年头了。可是我们回头来看看，究竟一共读过几本书？假使有一个统计，那末统计所得的数字，如果与社会上出版书籍的总数比较起来，一定要小得使人不能相信。因为社会上出版的书籍极多极多，不要说我们读了五年、六年读不完。就是读了一辈子也是读不完的。所以读书这件事实在是永远做不完的。

"那么，这件事可以放弃不做吗？却又不可。因为读书是求知识，知识是每个人生活在社会里所必不可少的，没有知识就不配做人。所以倒过来说，要做人就要求知识；那么既做学生，就得读书。

"书既然必须读，而要读的书又这么多，怎么办呢？除了努力地读，就没有第二个办法。我们只有尽自己的能力，可以读多少就读多少，纵然不能把社会上出版的书都读完，也应该以自己的能力，使自己读到不可再多的限度。因为这样办，究竟比不读书强了许多。

"读书有两种读法：第一种读法像吃蟹，第二种读法像吃馒头。

"大家当然都吃过蟹。蟹肉的滋味是很鲜美的，所以大家都很爱吃。可是，蟹肉不比猪肉，不能够大块地吞，大块地嚼。它的肉都藏在蟹壳里面，而蟹壳却又组织得非常复杂。据老吃蟹的人说：'蟹之所以好吃，正因为它不能大吞大嚼。如果吃起来像吃猪肉那样容易，它的滋味一定要减低不少。'这句话的确是经验之谈。

"有许多书也和蟹一样，滋味是无穷的，我们应该细细地读。读了一遍不够再读第二遍，第二遍读了还不能充分了解它的内容，要再读第三遍、第四遍以至十多遍。因为若不是那样读，就等于把整只的蟹放进嘴里去乱嚼一阵一样，是得不到什么好处的。

"这样说来，岂不是我们愈不能多读书了吗？不，我们不用着急。因为各种出版的书，并不都像蟹一样的，有许多书，不像蟹而像馒头，我们吃馒头可以大吞大嚼，读那种书也是一样。那种书的内容并不是发掘不尽的宝藏，我们只要大略翻看了一遍，就能完全了解，那又何必多费自己的精神和时间，一辈子捧着不放手？

"所以读书有两种方法：一种是精读法，就是前面所说的第一种读法；还有一种是略读法，就是第二种读法。精读法像吃蟹，略读法像吃馒头。应该精读的书要一读再读，要做摘记，要仔细体会书中的内容；应该略读的书，只要明白了它的大意，走马看花就可了事。

"那么，哪种书应该精读，哪种书应该略读呢？这本来读书的人看了就会明白的，正像每个人见了蟹就知道仔细剥吃，见了馒头就知可以狼吞虎咽一样。一般地说，凡是内容简单，一看就能明白的，文字很平淡而又缺乏研究价值的，都是可以略读的书。反之，如果

是内容复杂，文字精美的，就是应该精读的书。

"末了，我们除了应该读有字的书之外，还应该读没字的书，没字的书就是指社会上许多没有用文字记载在书本上的知识。这许多知识，虽然并不记载在书本上，但和记载在书本上的，却是同样的重要。不过这种没字的书，是无形的，在社会上随时发生又随时失去，我们既然知道了它的重要，就应该随时留心，随时注意，把它——记在心里来充实我们自己！"

📖 读后作业

　　一、想：社会上有许多人没有读过有字的书，为什么也能做人？

　　二、想：没字的书可以写成有字的书吗？说出理由。

附录：

女儿的名字

　　结婚还只一年，女儿却随着来了。因为自己的能力薄弱得异常可怜的缘故，本来一个老婆的生活就负担得有些吃力，这次在肩膀上又要加上一个，思想起来，真要不寒而栗。但是不寒而栗，何补于事？女儿还依然日夜地在摇篮里啼着，没有办法。

　　什么"弄瓦之喜"，什么"弥月之庆"，当然是压根儿谈不到。偶然想起她既是自己的女儿，长大来也跟别人一样，是个圆颅方趾的"人"，就得替她取个名儿。

　　女儿的姓，是不成问题的，自己姓"沐"，她在未嫁以前，自然也姓"沐"，将来找到了丈夫，只要在原姓上再加一个丈夫的姓字就得。倒是她的名字，颇费踌躇。依照我们中国南方人的习惯，往往把自己女儿出世的那一月的花名当作名字。譬如她是十月里生的，"十月芙蓉赛牡丹"，就叫什么"蓉仙""蓉英"吧。或者跟大哥的两个女儿的名字秀丽、秀慧连在一起，叫她"秀芙"或"秀蓉"吧。转念一想，以女子比花不免有些侮辱女性的嫌疑，就把这个想头丢了。接着想到的，是一般人用过去女子的美德做名字那方法，如"淑贞""淑静"之类。可是这种命名的方法应该是让道貌岸然的君子来干的，自己虽然做了父亲，却还是一个血气未定的青年。如果也来了那么一套，未免不够资格。

　　除此之外，什么"翠玉""宝珠"，什么"云仙""霞仙"，也是应有尽有。但"翠玉""宝珠"，是把自己的女儿作玩物，"云仙""霞

仙"是把自己的女儿当天仙，前者不用说，后者似乎也未尝不可，但这种盲目的夸大，我认为是太危险，只要女儿将来出一次天花，小手在脸上抓了几把，这样的名儿就无异是刻薄的讽刺。

忽然想到我第二个侄子三握。"三握"这个名儿是我二哥取的，他把他儿子姓名的意义连在一起，真是个好名儿。"沐三握"，不是取着周公一沐三握发的故事么？虽然这种方法，也有夸大之嫌，但比较"云仙""霞仙"已经隐藏得多，况所谓一沐三握发者，原是礼贤下士之意，换个说法，就是爱结朋友。爱结朋友，就不见得十分夸大。而这个名儿的特色，尤在把姓名的意义连贯，真是巧妙之至。现社会里，如江上峰、庄则敬、胡适之等，都够味儿，但是我想来想去，要替她取这样一个名儿，抓了半天头皮，还是想不出。因此，这个方法，不得已只好放弃。

"还是小狗、小猫的乱呼一阵吧。"我有些烦躁起来，就这样说。

"这种办法最不好，将来孩子大了叫惯了小狗、小猫，还成什么样儿。"妻说着，面部还含着几丝讥讽我没有才学素养的笑容。

"那么，就和侄子的名儿连在一起，叫她三隅罢！希望她将来聪明，也是要紧的。"

当其时，我的思想又突然地来了一个转折，以为把女儿的名儿用这些"好字眼"来命名，是一件极不安当的事。就以我自己来说，父亲取我的名儿本是"赓祚"。赓，续也，是连绵不绝的意思；祚，福也。合起来说，赓祚是连续的幸福。然而回顾我的毕生却是连绵不绝的坎坷失意，只有艰苦备尝，何曾享受过一丝一毫的福！又如过去我在学校里教书的时候，有一个名叫董才德的，是个资质极愚笨，行为极恶劣的学生。有一次，一个年幼的学生被推倒地，跌得头破血流，那个推他的学生，却哈哈地笑着跑了，这件事恰巧被我瞥见，追过去把笑着的学生拉来一看，原来正是那个董才德，几乎把我气死。我说："你的名儿是'才'跟'德'，但按诸你的实际，说到'才'，留级已经四年，说到'德'，每天犯过失，快回去请你的父亲把这个名儿换了。"

想了半天，女儿的名儿始终是不得要领。像西洋式的什么"玛丽"，东洋（专指日本）式的什么"芳子"，如果模仿着给她取了，又是不合国情，想得火冒起来，就对妻说："让她去罢，本来姓名是个起号，什么都得。你不信，就只要一想我国人的姓，什么'牛'啦，'马'啦，'龙'啦，'鹿'啦，都还遗留着古代图腾社会的痕迹，这种事情，犯不着殚精竭虑的去想它。"

给孩子的语文三书

夏丏尊 —— 著

文章讲话

清华大学出版社

北京

内 容 简 介

　　《文章讲话》是一本深入剖析文章阅读与写作的经典之作。在这本书中，夏丏尊先生以名家名篇为例，解答了关于文章写作的诸多问题。作者对于文章的剖析不是仅停留在表面，而是深入到文章的精神内涵及作者的写作心境。通过这本书，读者不仅能够学习到丰富的写作技巧，提升写作水平，还能够学会剖析文章背后的深层次含义，提高阅读能力。

图书在版编目（CIP）数据

文章讲话 / 夏丏尊著. -- 北京 : 清华大学出版社, 2025. 2.
(给孩子的语文三书). -- ISBN 978-7-302-68201-1

Ⅰ. G634.343

中国国家版本馆 CIP 数据核字第 20250RC717 号

责任编辑：刘　洋
封面设计：徐　超
版式设计：张　姿
责任校对：王荣静
责任印制：杨　艳

出版发行：清华大学出版社
　　　　　网　　　址：https://www.tup.com.cn，https://www.wqxuetang.com
　　　　　地　　　址：北京清华大学学研大厦 A 座　　邮　编：100084
　　　　　社 总 机：010-83470000　　　　　邮　购：010-62786544
　　　　　投稿与读者服务：010-62776969, c-service@tup.tsinghua.edu.cn
　　　　　质 量 反 馈：010-62772015, zhiliang@tup.tsinghua.edu.cn
印 装 者：河北鹏润印刷有限公司
经　　销：全国新华书店
开　　本：148mm×210mm　　印　张：15.25　字　数：346 千字
版　　次：2025 年 4 月第 1 版　　印　次：2025 年 4 月第 1 次印刷
定　　价：99.00 元（全三册）

产品编号：099563-01

总 序
PREFACE

　　我们出版这套"给孩子的语文三书"，有一个总的目的，就是试图让中小学生读者了解语文学习的基本知识，掌握学习语文的基本方法，提高读写能力和语文水平。这套小书一共三本，分别是《文章作法》《读和写》和《文章讲话》。这三本书都诞生于民国时期，作者都是当时语文教学领域的大家。虽然已经过去了八九十年的光阴，这几部作品我们今天读来依然倍感亲切，而且生动有趣，丝毫没有过气的味道，已然成为现代语文教育的经典读物。

　　《文章作法》是夏丏尊先生关于文章写作的讲义稿，后来由刘薰宇先生多次修订成书。夏丏尊是我国现代著名的文学家、语文教育家、出版家和翻译家，主要著作有《文章作法》《阅读与写作》《文心》等，他还翻译了著名的儿童文学经典《爱的教育》一书，其著作对当时的语文教育有着广泛的影响。刘薰宇先生则是我国现代著名的数学教育家、出版家，新中国成立后曾担任过人民教育出版社副总编辑，审定过我国的中小学数学教材，他的《马先生谈算学》《数学趣味》《数学的园地》等书影响了无数的读者（现已整理成"给孩子的数学三书"出版）。夏丏尊先生曾在湖南第一师范学校和浙江上虞白马湖的春晖中学任语文教师，《文章作法》正是他在这两所学校任教时的讲义稿。书中从作者应有的态度讲起，针对不同文体的特点，为学生

逐步讲解了叙事文、说明文、议论文、小品文等不同文体的写作方法和技巧，其中既有理论也有实践，语言通俗易懂，对学生写作能力的提高有着非常强的指导作用。本书同时还特别收录了夏丏尊《关于国文的学习》和刘薰宇《读书三部曲》两篇文章，对于学生的语文阅读和学习均有很好的启发和指导意义。

《读和写》的作者沐绍良是夏丏尊先生的学生，他有数年的语文教学经验，对学生在读写上的困难多有了解。1933年9月，他受邀到上海开明书店工作。在开明书店任职期间，他在《中国儿童时报》上连载发表了系列文章《读写故事》，受到广大读者的热烈欢迎。后来，这些文章由开明书店整理，以《读和写》为名出版，著名教育家叶圣陶先生为之作序，曾多次重版。《读和写》旨在解决学生的语文读写困难，全书以二十四个读书要点为大纲，配以生动有趣的例子，用故事的形式呈现给读者。书中涉及的内容非常全面，小到词语的积累与运用、句子的读写、文章的开头与结尾、标点的应用等读写基础，大到各种文体的阅读与写作，学生在阅读与写作中的方方面面书中都有涉及。重要的是，作者以故事体来写作，浅显易懂，引人入胜，很容易抓住学生的阅读兴趣，让他们产生自主学习的动力。而且，书中列举的习作例子，作者都作了生动有趣的指导说明，学生一读便懂，很有借鉴意义。

夏丏尊的《文章讲话》是一本深入剖析文章阅读与写作的经典之作。全书分为多个小节，每个小节都围绕一个核心问题进行论述，语言浅近通俗，言简意赅，引人深思。在这本书中，夏丏尊先生以名家名篇为例，解答了文章写作的各方面问题。他详细地解答了如何安排文章中的对话、如何通过文章表情达意、如何写文章才有气

势、如何用文字表现动态和静态，以及阅读什么、怎么阅读等青少年写作过程中都会遇见的问题。对于这些问题的解答不仅仅是写作技巧上的指导，更是对文章深层次内涵的挖掘和理解。夏丏尊先生对于文章的剖析不仅停留在表面形式，更深入到文章的精神内涵和作者的创作心境。这使得读者在阅读过程中，不仅能够学习到写作技巧，更能够领略到文章背后的深层次含义。

这三本小书涉及语文学习中的各种问题，历经时间的检验，已成为语文学习中的经典读物。不管是教师还是学生，或者是语文爱好者，相信都能从中有所启发和借鉴。我们这次将这三本小书整理为"给孩子的语文三书"出版，在整理过程中，我们尽量保持原作的风貌，只对个别文字和标点依据现代阅读习惯以及汉语规范做了修订。希望这套"给孩子的语文三书"能够得到广大读者朋友的喜欢。

编者

推荐序
PREFACE

自从去年夏天从南方回来，又得时常和丏尊先生会面谈天。丏尊先生非常关心中等学生的语文教育，我们谈的自然仍旧多是这方面的事，但他这时的神情已和往时大不相同，往往有一种难言的抑郁流露在语里言间。这抑郁的根源，我是明白的，并不在语文教育的本身，但我只能劝他致力语文教育的工作来排解。结果他就整理旧稿编成了这一部书。

他在这书里面很用过一些心。在几个问题上，如《文章的静境》《文章的动态》《句子的安排》《句读和段落》，都有他独特的见解，（圣陶先生的一篇《开头和结尾》也是如此。）在其余的几个问题上，也都说得非常深入而浅出。虽然只有短短的十篇，说到的问题并不多，也不愧为语文教育上一种郑重其事的工作，我相信对于中等语文教育上一定有相当的贡献。

语文的教育上现在还有许多问题等候大家解决。例如读文的层次问题就是一个相当严重的。现在一篇归有光的《项脊轩志》，会选给初中学生读，也会选给高中学生读，有时也会选给大学初年级的学生读。虽然读法尽可以不相同，在读法的标准未定之前总不能不使人有漫无层次之感，而读法现在又似乎还没有确定的标准。这样漫无标准的选读，不但容易犯重复，也很容易犯深浅倒置的毛病。

要去这种毛病，据我个人的意思，必须在内容和形式两方面都能够找出些条件来做层次先后的标准。在内容方面，或者可以从（1）背景的亲近不亲近，（2）需要的迫切不迫切，（3）头绪的简单不简单，这几个方面来划分先后的层次。将内容的背景比较亲近的，需要比较迫切的，头绪比较简单的列在前。在形式方面，或者可以从（1）需要的迫切不迫切，（2）结构的普通不普通，（3）规律的简单不简单，这几个方面来划分先后层次。也将需要比较迫切的，结构比较普通的，规律比较简单的列在前面，循次递进。这内容、形式两方面究竟应该有几个条件，以及应该有哪几个条件，尽可以由大家商酌决定，但必有条件才会有标准，才可以使层次与方法相当的确定。又这种条件具体地应用起来，也许很可以发生错综纠结不易解决的问题，但总比漫无标准随意安排好些。至于选读注意选文内容的背景和不注意背景，注意选文形式的规律和不注意规律，我以为简直是划分新教育和旧教育的一条鸿沟，为现今的语文教学者所不可不注意的。注意背景，语文才是历史的教授，读一篇文知道一篇文不过是一时一地的需要的反映，不见得真的可以百世以俟圣人而不惑。如果真有百世以俟圣人而不惑的东西存在，那一定不是篇中的每一字、每一句，而是这些字句和那背景的关系。注意背景的读法，不妨说是立体的读法。读文能够立体的，这才没有一文没有作用，没有正作用，也一定有反作用，而正作用和反作用之间也不愁其有冲突。这立体的读法，实际也可以应用在形式方面。形式也是历史的。不过形式方面因袭性比较的重，可以用类推法的地方也比较的多。所以形式方面的教学，比较的重在使知类推，但又不能推出了界。要使人能够闻一知二，却又不致混二为一，才算合乎理想。这只有用科学的教授法将形式上所含的规律一一指出，而说明其所以同、所以异，才能做到这个地步。用过去与耳谋与口谋的方法，难保不会从"未之能行"类推出"卒之不踣"来的。我因为怀着这样的见解，故颇切望有不堕入形式主义的阐明语文规律之学术书陆续出现，使语文教育上严重的问题能够有一个可能解决的学术基础。

像丏尊先生和圣陶先生的这部书，不但处处说得很具体，而且还能在几个问题上披露出自己的独特的见解来的，便是我所希望陆续出现的书之一。

陈望道

一九三八年一月

自 序
PREFACE

前回我和圣陶因一时的兴趣合写《文心》，在《中学生》上连续登载，意外地得到好评。《文心》完结以后，就有许多读者写信来要求再续下去，来一个《文心续编》。《文心》已无兴趣再续了，读者们的要求信却老是不绝地来。为想不叫他们过于失望，于是在《中学生》里辟了《文章偶话》一栏，就文章的各方面随时写些讲话式的东西登载。我们自己约定，每年各写若干篇，每期不必全有，决勿苟且塞责，敷衍读者。

《中学生》登载《文章偶话》自一九三五年九月第五十七期开始，到一九三七年六月第七十六期止，共只登过七篇稿子，平均起来，要每三期才见一次。所以如此难产，一半固然是因为我们生活忙乱，一半也是因为想不苟且，太矜持了些的缘故。圣陶忙于别种写作，写得更少，只有一篇就是《开头和结尾》。

一九三七年暑假，《中学生》照例停刊两个月，我略得闲暇，就鼓起兴头赶写了三篇，打算从九月号的《中学生》起，连载几期，弥补过去的缺憾。不料"八·一三"事变突然发生，一切变了个样子，《中学生》九月号在排印中付诸劫火，截至现在还复刊无望。这新写的几篇稿子，不知在哪一天才能叫读者读到。于是将旧稿七篇和新写的几篇合起来先行出版，改称《文章讲话》。

本书所收共止十篇讲话，当然不能说尽文章的各方面。圣陶带了一家从苏州逃难，辗转入川。读他来信，壮怀犹昔，毫不颓丧，最近且在巴蜀中学担任国文教师，关于中学国文教学，当有更切实的新收获。我虽垂老，饱经忧患，也还勉强活着，愿以余年继续文章学究的工作。只待局面好转了，《中学生》复刊了，本书一定还会有续编的，敢在这儿向读者先做下一个预约。

夏丏尊

一九三八年二月

目 录
CONTENTS

句读和段落

从前的人写文章不加句读，不分段落。假如所写的文章有一万个字，就老老实实把一万个字连写在一起，看去好像黑漆一团。加句读，分段落，都是读者的工作。因此，古来的书有许多很不容易读，并且因了读者的见解，一句句子可以有好几种读法，结果意义大不相同。例如《论语》里的"民可使由之，不可使知之"，可以读作"民可，使由之；不可，使知之"（据梁启超说）。《老子》里的"故常无欲以观其妙，常有欲以观其徼"可以读作"故常无，欲以观其妙，常有，欲以观其徼"（据释德清说）。因为作者自己不加句读，所以发生歧义，这情形和普通所说的笑话，"今年真好，晦气全无，财帛进门""今年真好晦气，全无财帛进门"，没有两样。

近来的文章已流行加句读、分段落了，不但自己写的文章要加句读、分段落，并且把前人所写的文章也加了句读、分了段落来重新印行。这不能不说是一种进步。

句读和分段的法则，普通文法书上都讲到，只要是中学程度的青年，大概都已知道了的。不过加句读、分段落，在法则上虽然说来很简单，实际运用的时候颇不容易。如果文章有技巧的话，句读法和分段法也是技巧的一部分，值得好好注意的。

先讲句读。

句读用"、""，""；""。"":"等几个记号表出，古来所用的只"、""。"两个，近来喜欢简单的也只用"，""。"两个。这

些记号看似没有什么，用在文章中就成了文章的一部分，竟是有生命的会起作用的东西。为说明简单计，姑就最简单的句读记号",""。"来说。","是表示读的，"。"是表示句的。一句完整的句子，"。"只用一个，地位是有一定的；","的地位和数目，往往可以不一定。例如朱自清的《背影》，开端一句，就可有几种不同的句读法：

我与父亲不相见已二年余了，我最不能忘记的是他的背影。(甲)

我与父亲，不相见已二年余了，我最不能忘记的，是他的背影。(乙)

我与父亲不相见，已二年余了，我最不能忘记的是他的背影。(丙)

我与父亲不相见已二年余了，我最不能忘记的是，他的背影。(丁)

这里面(甲)是依照《背影》原书的，大概是作者朱自清先生的原来的句读样子吧。(乙)以下三式是我试加的句读。这四种句读法都有人用，不过文章的意味在各部分的强弱颇不一样。

依我的经验看来，一句句子做一气读的时候，断落的部分意味比别部分强。做两口气读的时候，有两个断落的部分，就有两部分意味加强了。现在用简单的句子来做例：

仁者人也。

仁者，人也。

第一例"仁者人也"做一口气读,"人也"部分较强。第二例"仁者,人也"做两口气读,"仁者"和"人也"两部分意味都强。因为,原来是"仁者人也"四字合成一个单位,分断以后是"仁者"为一个单位,"人也"为一个单位了。凡是断落的地方,意味都会增强,一句句子,断落的地方越多,意味增强的地方也越多。这差不多可以说是一个原则。

根据了这理由,让我们再来吟味上面所举的《背影》的文句。先就上半截说,得三式如下:

我与父亲不相见已二年余了,(一)

我与父亲,不相见已二年余了,(二)

我与父亲不相见,已二年余了,(三)

(一)式只做一口气读,(二)(三)两式都做两口气读。(二)式中的"我与父亲""不相见"因为分断了的缘故,读起来意味都比(一)式中的强。(三)式中的"不相见""已二年余了",读起来意味也比(一)(二)两式中的强。

再就下半截说,也可得三式:

我最不能忘记的是他的背影。(一)

我最不能忘记的,是他的背影。(二)

我最不能忘记的是,他的背影。(三)

(一)式只做一口气读,(二)(三)两式都做两口气读。(二)式

中的"不能忘记的""是"二部分读起来比（一）式中的意味强。（三）式中的"是"字意味特别强，"他的背影"也比（一）（二）两式中的都要强。

就一般文法上的规定说，上面所举的《背影》文句的各种句读法，以第一种（甲）为最适当，最合论理，可是习惯上却也容许有别的句读法，（乙）以下诸式，有时也不妨使用。自古以来，颇有许多句读法不甚合论理的。例如曹孟德的诗句：

月明星稀，乌鹊南飞。

普通皆用这句读法，如依照文法上、理论上说来，应该做"月明，星稀，乌鹊南飞"才对。因为句子中包含着"月明""星稀""乌鹊南飞"三部分的缘故。从来的断作四个字一节，实因它是四言诗的一部分而已。又如苏东坡《念奴娇·赤壁怀古》词句：

乱石穿空，惊涛拍岸，卷起千堆雪。

向来都把"乱石穿空，惊涛拍岸"两节作为对偶，把"卷起千堆雪"作为结句。如果依文法和论理来说，"乱石穿空"与"卷起千堆雪"没大关系，和"卷起千堆雪"有关系的只是"惊涛拍岸"四字，句读应该如下：

乱石穿空惊涛拍岸，卷起千堆雪。

可是因为它是词的一部分，有一定的句式，所以即使句读法和文法论理稍有不合，也就大家不以为怪了。

归结起来说，句读法尽可变化活用，不死守文法上、理论上的规矩。但变化活用要有目的，要合乎情境。我们自己写作的时候不妨依照自己的意思、情感的重点决定文章的句读。平日在谈话上也可应用这法则把语言加以顿挫，传出自己的心情来。

以上只是就"，""。"两个句读符号说的，此外还有许多符号也都值得注意。符号的使用，在规则以外尚有技巧。这技巧要对于文章有敏感的人才能体会得到。

次讲段落。

段落和句读性质相同，都是把文章来分割的一种方法。句读是对于一句的分割，段落是对于整篇的分割。把整篇的文章分成相当的几个部分，各部分另行分写，这叫做分段。

从前人写文章只分几卷或几章，其他的小部分要读者自己用笔加斜横线或折钩来隔开。在我们父兄所读过的旧书里尚可看见许多这种笔迹。现在的作者大概都自己分好段落了。

分段的规则，最普通的是依照文章的内容。例如一篇文章，如果有一部分是总说，那么总说就成一段；一部分是分说，假如分三项，那么每项各成一段，就成三段；最后如果还有总结，那么也成一段。这样，这篇文章就该有五个段落，应该分五段来写了。这种分段法最合乎论理，为向来所采用，现在还大部分沿用着。

分段的规则说来虽不过如此，在实际运用上也和句读法一样，可有种种的变化。有些时候，因了分段的不同，文章的意味和情调也会不同起来。现在试以归有光的《项脊轩志》为例，说明一二。这

篇文章在《归震川集》里本不分段，收在普通中学国文课本里已分了段了。我所见到的一本国文课本，《项脊轩志》的分段样式如下：

项脊轩志（甲）

项脊轩，旧南阁子也。室仅方丈，可容一人居。百年老屋，尘泥渗漉，雨泽下注。每移案，顾视无可置者。又北向，不能得日，日过午已昏。余稍为修葺，使不上漏。前辟四窗，垣墙周庭，以当南日，日影反照，室始洞然。又杂植兰桂竹木于庭，旧时栏楯，亦遂增胜。借书满架，偃仰啸歌，冥然兀坐，万籁有声；而庭阶寂寂，小鸟时来啄食，人至不去。三五之夜，明月半墙，桂影斑驳，风移影动，珊珊可爱。然余居于此，多可喜，亦多可悲。

先是庭中通南北为一。迨诸父异爨，内外多置小门墙，往往而是。东犬西吠，客逾庖而宴，鸡栖于厅。庭中始为篱，已为墙。凡再变矣。家有老妪，尝居于此。妪，先大母婢也，乳二世，先妣抚之甚厚。室西连于中闺，先妣尝一至。妪每谓余曰："某所，而母立于兹。"妪又曰："汝姊在吾怀，呱呱而泣。娘以指叩门扉曰：'儿寒乎？欲食乎？'吾从板外相为应答。"语未毕，余泣，妪亦泣。

余自束发读书轩中。一日，大母过余曰："吾儿，久不见若影，何竟日默默在此，大类女郎也？"比去，以手阖门，自语曰："吾家读书久不效，儿之成，则可待乎！"顷之，持一象笏至，曰："此吾祖太常公宣德间执此以朝，他日汝当用之！"瞻顾遗迹，如在昨日，令人长号不自禁。

轩东故尝为厨，人往，从轩前过。余扃牖而居，久之，能以足音辨人。轩凡四遭火，得不焚，殆有神护者。

项脊生曰："蜀清守丹穴,利甲天下,其后秦皇帝筑女怀清台。刘玄德与曹操争天下,诸葛孔明起陇中。方二人之昧昧于一隅也,世何足以知之?余区区处败屋中,方扬眉瞬目,谓有奇景。人知之者,其谓与坎井之蛙何异?"

余既为此志,后五年,吾妻来归,时至轩中,从余问古事,或凭几学书。吾妻归宁,述诸小妹语曰:"闻姊家有阁子,且何谓阁子也?"其后六年,吾妻死,室坏不修。其后二年,余久卧病无聊,乃使人复葺南阁子,其制稍异于前。然自后余多在外,不常居。庭有枇杷树,吾妻死之年所手植也,今已亭亭如盖矣。

这分段法照一般的规则看来,原也可以通得过,可是如果细加推敲,还可有别的分段法如下:

项脊轩志(乙)

项脊轩,旧南阁子也。室仅方丈,可容一人居。百年老屋,尘泥渗漉,雨泽下注。每移案,顾视无可置者。又北向,不能得日,日过午已昏。余稍为修葺,使不上漏。前辟四窗,垣墙周庭,以当南日,日影反照,室始洞然。又杂植兰桂竹木于庭,旧时栏楯,亦遂增胜。借书满架,偃仰啸歌,冥然兀坐,万籁有声;而庭阶寂寂,小鸟时来啄食,人至不去。三五之夜,明月半墙,桂影斑驳,风移影动,珊珊可爱。

然余居于此,多可喜,亦多可悲。

先是庭中通南北为一。迨诸父异爨,内外多置小门墙,往往而是。东犬西吠,客逾庖而宴,鸡栖于厅。庭中始为篱,已为墙,凡

再变矣。家有老妪，尝居于此。妪，先大母婢也，乳二世，先妣抚之甚厚。室西连于中闺，先妣尝一至。妪每谓余曰："某所，而母立于兹。"妪又曰："汝姊在吾怀，呱呱而泣。娘以指叩门扉曰：'儿寒乎？欲食乎？'吾从板外相为应答。"语未毕，余泣，妪亦泣。

余自束发读书轩中。一日，大母过余曰："吾儿，久不见若影，何竟日默默在此，大类女郎也？"比去，以手阖门，自语曰："吾家读书久不效，儿之成，则可待乎！"顷之，持一象笏至，曰："此吾祖太常公宣德间执此以朝，他日汝当用之！"瞻顾遗迹，如在昨日，令人长号不自禁。

轩东故尝为厨，人往，从轩前过。余扃牖而居，久之，能以足音辨人。轩凡四遭火，得不焚，殆有神护者。

项脊生曰："蜀清守丹穴，利甲天下，其后秦皇帝筑女怀清台。刘玄德与曹操争天下，诸葛孔明起陇中。方二人之昧昧于一隅也，世何足以知之？余区区处败屋中，方扬眉瞬目，谓有奇景。人知之者，其谓与坎井之蛙何异。"

余既为此志，后五年，吾妻来归，时至轩中，从余问古事，或凭几学书。吾妻归宁，述诸小妹语曰："闻姊家有阁子，且何谓阁子也？"其后六年，吾妻死，室坏不修。其后二年，余久卧病无聊，乃使人复葺南阁子，其制稍异于前。然自后余多在外，不常居。

庭有枇杷树，吾妻死之年所手植也，今已亭亭如盖矣。

把（甲）（乙）两种分段法比较起来，有三点不同，（1）是"然余居于此，多可喜，亦多可悲"句的位置，（2）是"余既为此志"一段与上文的分隔远近，（3）是"庭有枇杷树，吾妻死之年所手植也，今已亭亭如盖矣"句的位置。大体地说，（乙）比（甲）似乎好些。"然余居于此，多可喜，亦多可悲"句是承上文而又总冒下文的，下文关于可悲的记叙既已分两段来写了，那么就不应该附在第一段之末，应该使它独立成一段才系统明白。"余既为此志"以下，是作志以后的追加附记，和前文不应并列，（乙）式空一行排列，是对的。至于"庭有枇杷树，吾妻死之年所手植也，今已亭亭如盖矣"在论理上原不必独立成一段，但独立成一段，情味较强，因为把这寥寥几句占了一单位了。这理由和句子的成分因分割而意味增强一样。

对于一篇《项脊轩志》可有（甲）（乙）两种分段的样式，如果仔细考察起来，当然还可有别的样式。（如"家有老妪"以下诸句和上文全不相关，"家有老妪"就可再另成一段。）足见分段的样式是可以变化的。我们自己写文章任凭怎样分段都可以，只是要根据两个条件：一是文法的论理的法则，二是作者心情的自然流露。有时应注重前者，有时应注重后者。

近来的文章段落逐渐在趋向于短而多的一方面，向来认为不必分段的地方，往往也分段另行写。这实是新闻文字的影响。原来，新闻纸每栏高不过二寸，每行字数不过一二十个，段落如果太长了，就要眉目不清，令人难读，所以段落愈短愈好。只要留心去读每日的新闻记载，就能发现这情形。新闻文字（Journalism）是可以左右文章界的风气的。现代的新闻不但要求文章内容的浅显，同时还要求文章形式的简短。现今的文章在各方面大都脱不掉新闻文字的影响，分段的简短只是一端而已。

句子的安排

句子是文章的较大的单位。文章的研究，方面很多，从一句句的句子来考察，也是重要的着手方法。

句子的构造，大家从小学时代就学习。只要是懂得文法 ABC 的人，即会知道句子的成分和构造的式样。可是文法上讲句子是以独立的句子为对象的。从文章中把一句句的句子提了出来，说明它构造怎样，属于什么句式，合乎哪些律令，哪一部分是主语，哪一部分是述语，诸如此类，是文法所讨论的项目。至于一句句子摆入文章里面去是否妥当，在什么条件之下才合拍，是一概不管的。原来，文法上的句子和文章中的句子，研究目标彼此不同。从文法上看来毫无毛病的句子，摆入文章中去并不一定就妥帖。例如这里有两句句子：

三月廿九日七十二烈士在广州殉难。
革命军于十月十日起义于武昌。

这两句句子，在文法上是毫不犯律令的，我们如果在文章里把它连结起来，照一般的情形看，却不免有问题。

三月廿九日七十二烈士在广州殉难；
革命军于十月十日起义于武昌……（甲）

连读起来，觉得两句句子各自独立，并未串成一气。本来有关系、相类似的事情，也像互相龃龉格格不相入了。如果把句子的式样改变，安排像下面各式，就不会有原来的毛病。例如：

三月廿九日七十二烈士在广州殉难；
十月十日革命军在武昌起义……（乙）
七十二烈士于三月廿九日在广州殉难；
革命军于十月十日在武昌起义……（丙）

乙丙两式比甲式调和，是显而易见的。由此可知，文法上通得过的句子，摆入文章中去看，因上文下文的情形，也许会通不过。要补救这毛病，唯一的方法是改变句式，使它合乎上文或下文的情形。

同是一句话，可有好几种的说法，所以一句句子可有种种的构造式样。越是成分复杂的句子，可变化的式样也越多。例如：

人来
来的是人
——甲
猫捉老鼠
猫是捉老鼠的
老鼠是猫捉的
猫所捉的是老鼠
老鼠被猫捉

捉老鼠的是猫

——乙

甲组句子的成分简单，可成两种句式，乙组就比较复杂，句式加多了。一组里面的句子，如果严密地吟味起来，意义并不完全一样，"人来"句是就了"人"而说他"来"，"来的是人"句是就了"来的"事物而说他"是人"。说话的方向、观点彼此不同，这是应该首先知道的。

依照这方法，把开端所引的两个例句改变种种的式样来看：

七十二烈士于三月廿九日殉难于广州……（甲）

三月廿九日是七十二烈士在广州殉难的日子……（乙）

广州是三月廿九日七十二烈士殉难的地方……（丙）

三月廿九日在广州殉难的是七十二烈士……（丁）

七十二烈士在广州殉难是三月廿九日……（戊）

革命军于十月十日在武昌起义……（甲）

十月十日是革命军在武昌起义的日子……（乙）

武昌是十月十日革命军起义的地方……（丙）

十月十日在武昌起义的是革命军……（丁）

革命军在武昌起义是十月十日……（戊）

为避繁计，上面只各写出五种句式。就这两组的句子加以吟味，彼此结合起来的时候，最自然最便当的是甲和甲，乙和乙，丙和丙，丁和丁，戊和戊的格式。此外尚有各种错综的结合方式，如甲和乙，

戊和乙等。这些错综的句式，在平常的情形之下颇不自然妥帖，在相当的条件下才适当。例如：戊和乙的结合：

七十二烈士在广州殉难是三月廿九日；十月十日是革命军在武昌起义的日子。

这结合照平常的情形看来是很不自然的。如果前面尚有文句，情形像下面的时候，也并不会觉得不自然。例如：

"十月十日是七十二烈士在广州殉难的日子吗？"
"七十二烈士在广州殉难是三月廿九日；十月十日是革命军在武昌起义的日子。"

在这段对话里，本来不大适当的句子，居然也可以通得过去，并不觉得有什么勉强的地方了。从此类推开去，只要情形条件相当，任何结合方式都可用，反之，便任何结合方式都不对。换句话来说，一句句子在文章里安排得好不好，问题不只在句子本身，还要看上下文的情形或条件。

写作文章，句子的安排是一种值得留意的功夫。要句子安排得适当，第一步是各种句式的熟习。一句句子摆上去，如果觉得不对，就得变更别种样式的句子来试，再不对，就得再变更样式来再试，直到和上下文适合才止。越是熟习句式的人越能应用这方法。犹之下棋的名手能用有限的棋子布出各种各样的阵势，去应付各种各样的局面。

句式熟习以后，能自由把句子改变种种形状了，才可以讲到安排。安排的原则是谐和。一句句子和全篇文章许多句子能不冲突，尤其和上下文能合拍，这就是谐和的现象。要分别谐和不谐和，最好的方法是读。不论是别人所写的文章或是自己所写的文章，句子上如有毛病，只用眼睛来看不容易看出来，读下去才会自然发现。我所谓读，不一定要高声唱念，低声读或在心里默读也可以。就普通人的读书习惯来说，看和默读的两种工作是在同时进行的。古人练习写作，唯一的功夫就是读，读和写有密切的关系。文章的秘奥要用读的功夫才能发掘。"吟"字的对于诗有伟大的效用是颠扑不破的事实。所谓"吟"，无非最讲究最仔细的读法而已。

句子的安排以谐和为原则，谐和与否的识别方法是读。结果，所谓安排者就是调子问题。一句句子摆入文章里去，和上下文连结了读起来，调子适合的就是谐和，否则就是不谐和。关于句子的安排，自古未曾有人说过具体的方法。写文章的人在推敲时所依据的，只是笼统的个人的经验和习惯罢了。以下试就我个人平日所关心的方面，来提出几件可注意的事项。

第一，留心于句子的"单""排"。文章之中，有些是句句独立的，这句和那句并无关涉，每句可以读断，自成一个起讫，这叫单句。有些是几句成为一串，不句句独立，读起来几句成为一个起讫，这叫排句。例如：

睡了一夜，爸爸清早就跑出去。我不到学校，帮助妈妈理东西。一会儿爸爸回来了，说租定了朋友人家一间楼面，同时把搬运夫也雇了来。

——叶圣陶《邻家》

依照圈点来计算，上例共三句。句句可以独立，和旁的句子并无对待的关系。这是单句。又如：

他有一双眼睛，但看的不很清楚；有两只耳朵，但听的不很分明；有鼻子和嘴，但他对于气味和口味都不很讲究；他的脑子也不小，但他的记性却不很精明，他的思想也不很细密。

——胡适《差不多先生传》

这一串句子，情形就和前例不同，不能每句独立，要连读到底才能成一段落。所以中间不用"。"分割，只用"；"来隔开。这就是排句。一篇文章全部是单句或排句的并不多见，普通的文章里，往往有单句也有排句。又有一种句子，性质上只是一句，可是其中有一部分的成分却包含着许多同调子的分子。例如：

岸上四围的橘叶，绿的，红的，黄的，白的，一丛一丛的倒影到水中来。

——冰心《给小读者·通讯七》

你发愁时并不一定要著书，你就读几篇哀歌，听一幕悲剧，借酒浇愁，也可大畅胸怀。

——朱光潜《谈动》

我的生活曾是悲苦的黑暗的。然而朋友们把多量的同情，多量的爱，多量的眼泪都分给了我。

——巴金《朋友》

这种句子，原是由排句转变来的，如果把其中的成排的成分抽出来使它一一独立，就可造成一串的排句，如"朋友们把多量的同情，多量的爱，多量的眼泪都分给了我"一句分解起来，就得下面的排句了：

朋友们把多量的同情分给了我；把多量的爱分给了我；把多量的眼泪分给了我。

所以形式上虽然是单句，也可做排句看。

就普通的情形说，单句间忌用同一的字面，同一的句调。整篇文章之中，要全然避去同字面、同句调，原是不可能。不过，在同一行内或附近的地方，最好不使有同字面、同句调出现，否则就不容易谐和。例如：

烟酒都是要中毒的。我们吸烟饮酒，如果不加节制，我们的血液就要中毒的。这是非注意不可的。

×君××乡人，是一个很聪明的人。他的父亲是一个工人，对他期望很殷，苦心培植他，期望他将来是一个有出息的人。

上面两个例都是逐句在文法上并无毛病，而实际不谐和的。第一例"要中毒的"见两处，句末用"的"字见三处。第二例句末用"人"字见四处，"是一个……人"见三处。只要全体通读起来，就会发现重复隔阂的缺点，补救的方法，唯有把原来重复的字面、句法改换数处。改换的方式是多种多样的，下面所列的只是其中的一种改

换法：删节原文处加括弧，换字处加黑点标出：

烟酒都是要中毒的。我们吸烟饮酒如果不加节制，（我们的）血液就要中毒（的）。这是非注意不可的事情。

×君，××乡人，（是一个）很聪明（的人）。他的父亲是一个工人，对他期望很殷，苦心培植他，（期）希望他（将来是）成为（一个）有出息的人物。

经过这样改换，原来的毛病已经除去，比较谐和得多了。

同字面、同句调在单句里应该力避，因了上面的引例已很明白了。可是在排句里，却不必忌用同字面或同句调。排句里面的同字面、同句调，读去并不会觉得不谐和。例如：

我们同住的三五个人就把白鲁威当作一个深山道院，巴黎是绝迹不去的，客人是一个不见的，整日坐在一间开方丈把的屋子里头，傍着一个不生不灭的火炉，围着一张亦圆亦方的桌子，各人埋头埋脑做各自的功课。

——梁启超《欧游心影录楔子》

朋友，闲愁最苦。愁来愁去，人生还是那么样一个人生，世界也还是那么样一个世界。假如把你自己看得伟大，你对于烦恼当有不屑的看待，假如把你自己看得渺小，你对于烦恼当有不值得的看待。我劝你多打网球，多弹钢琴，多栽花，多搬弄砖瓦。

——朱光潜《谈动》

上面两个例里，各有同字面、同句调，我们读起来并不觉得有什么阻碍，仍是很谐和的。这种例子，从来的名文里可常见到，欧阳修的《醉翁亭记》每节末句都用"也"字结尾，屈原的《离骚》，结尾都用"兮"字，就是好例。总之，成排的句子，字面、句调可以不嫌重复。所谓成排有各种的排法，上面所举的例都是排成一处，排句叠在上下的，其实，相隔若干距离也可成排，这时字面、句调相同也无损于谐和。例如《旧约·创世记》开端叙上帝创造万物共分六节，每节的起句都是"上帝说"，结末都用"这是第×日"就是。排句里不但不忌同字面、同句调，而且还以用同字面、同句调为宜，上面所引各例如果依了单句的办法，把同字面、同句调改换，反不谐和了。

一篇文章不能全用一种样式的排句来写，有时须转换成单句或别种样式的排句。换句话说，排句也得有完结改变的时候。冗长的呆板的排列，如果不在相当的地方加以变化，读起来也很不便，有碍于谐和。从来的作者对这种方面都很注意。例如前面所引胡适的《差不多先生传》里的一段：

他有一双眼睛，但看的不很清楚；有两只耳朵，但听的不很分明；有鼻子和嘴，但他对于气味和口味都不很讲究；他的脑子也不小，但他的记性却不很精明，思想也不很细密。

这里面写"眼睛"和"耳朵"是同调子的，写"鼻子"和"嘴"是改变句法了，写"脑子"又改变了一次句法。倘若照开始的句法一直写下去，也并非不可以，不过究竟没有原文样的谐和。这里面有着作者的技巧。又如：

通计一舟，为人五，为窗八，为箬篷，为楫，为炉，为壶，为手卷，为念珠各一；对联，题名并篆文，为字共三十有四。

——魏学洢《核舟记》

这一段句子，成排而不呆板，锤炼的苦心历历可见。韩愈的那一篇《画记》，在句子安排上是向被推为典型的作品的，可以参看。

句子的安排，因句子"单""排"而不同。这是就句子本身的性质说的。第二，应当注意的是句中所用的辞类的字数。我们的文字是方块字，可以用一个字来做一个辞儿，也可以用两个或三个、四个字来做一个辞儿，就一个"书"字说吧，英文里只有 book 一语，我们就有"书""书籍""书本"等等的说法。为了句调关系，有时可以通用，有时这里用着的，那里用了就读起来不便。例如：

你在读书吗？

书店是以刊行书籍为业的。

书本知识一出校门就无用处。

这三句话里的"书""书籍""书本"如果彼此互换，不是句调不顺，就是意义不合。这在文法上毫无理由可说，只可委之于习惯。在我国文字语言的习惯上，字数的奇偶很有问题。不论动词或名词，用在句子里，有时一个字就可以了，有时非加上一字拼成两个字就不合拍。例如：

笔砚精良，人生一乐。

闺房乐事有甚于画眉者。

"人生一乐"改作"人生一乐事","闺房乐事"改作"闺房乐",读起来都不谐和,但倘若变更字数,改成:

笔砚精良,人生乐事。
闺房之乐有甚于画眉者。

似乎就通得过去了。由此可知,每个辞儿所含的字数,和句的谐和不谐和有重大关系。我国的辞类有许多是双字的,如:

聪明　正直　房屋　衣服　器具　事情　行为　议论
快乐　归还　嗜好

这些辞类,都把同义字凑成双数,大部分是古来的人为了谈话和写作上的便宜制成的。

除上面所举的同义字以外,为了调节句调起见,还有别种加字的方法。介词"之""的",是常被用来做这调节的工具的。例如"王道",读去很顺口,"先王道"就不顺口了,这时一般就加一个"之"字变成"先王之道"。"我家"是顺口的,"我家庭"就不顺口了,这时一般就加一个"的"字,变成"我的家庭"。此外还有种种加字的式样,如:

鞋子　帽子　刀子　(加子字)

鞋儿　帽儿　刀儿　（加儿字）

斧头　件头　话头　（加头字）

船只　纸张　银两　（加单位字）

看看　走走　谈谈　（加叠字）

这些双字的辞儿，若论意义，和单字的无大不同，可是在字数上却有奇偶的分别，因了句子的情形，有时应用单字，有时应用双字。例如：

请到我家里去坐坐。

我有事想和你谈谈。

关吏检查船只。

防止私运银两。

倘若把附加的字除去，念起来都不如原文谐和。反之，应该用单字的时候，用双字的辞儿也不妥当。

辞儿的字数可以影响到整句的字数，一句句子的字数，除诗歌韵文等外，原不必有一定的限制，但求念去读去谐和就够了。懂得字数的增减法，在造句的时候比较便宜得多。至于句的字数应怎样增减，到了怎样程度才算适当，这也说不出什么标准，唯一的方法仍是读。欧阳修的《昼锦堂记》的开端是"仕宦而至将相，富贵而归故乡"。据说当时写成的时候，是"仕宦至将相，富贵归故乡"。稿子已差人骑马送出了，经过了一会，忽然叫人用快马把那人追回，在开端两句里加添两个"而"字。这是相传的一个轶事，从来文章家对于一字增损的苦心，由此可以想见了。试取句调很好的名文一篇，逐句在文法许可的范围内，增加一字或减去一字，诵读起来就会觉得不若原来的谐和，可知原来的句子都是经过推敲，并非偶然的。

关于句子的安排，除上面所说的句式、字面和字数诸项以外，可考究的方面当然还有。并且对于这诸项，我所提出的都很粗显，并未涉及精密的探讨。有志写作文章的读者如果因了我这小小的示唆，引起兴味，留心到这些方面，也许在文章的阅读和写作上是一件有益的事。

句子的安排以谐和为原则，只合文法上的律令还是不够。话虽如此，文法上的律令究竟不失为起码的条件。凡是句子，第一步该合乎文法。古人尽有为了谐和而牺牲文法上的律令的事，如因为字须取偶数，把"司马迁""诸葛亮"无理地腰斩，改为"马迁""葛亮"（见刘知几《史通》）。明明应该说"孤臣坠涕，孽子危心"的，因为怕平仄不谐，硬把它改作"孤臣危涕，孽子坠心"（见江淹《恨赋》）。此外如杜甫的"香稻啄馀鹦鹉粒，碧梧栖老凤凰枝"（照理应是"鹦鹉啄残香稻粒，凤凰栖老碧梧枝"）之类，也是为了谐和而牺牲文法的律令的好例。这种情形近乎矫揉造作，在从前的骈文和诗里也许可以原谅，依现代人的眼光看来，究竟是魔道，不足为法。这是应该注意的。

　　文章家向有"剪裁""含蓄"一类的说法，所谓"剪裁"是把无关紧要不必说的部分淘汰；所谓"含蓄"是把重要的该说的部分故意隐藏起来，或说得不显露。这两种功夫是文章家向所重视的，这里把它们包括在"省略"二字之下，来做一次考察。

　　文章是用文字记载事物、传达思想情意的，可是不幸得很，文字本身就是一种不完全的工具，无论记载事物或是传达情意，文字的力量都是很有限的。作者的本领只是利用了这不完全的文字工具把要说的话说出一部分，其余让读者自己去补足去想象。越是聪明的作者，越知道文字并不是万能的东西，他们执笔的时候，所苦心的是怎样才能把文字使用得较有效，决不干吃力不讨好的勾当。世间的万事万物都有着无限的内容，任何一件小东西，如果要写得周遍无遗，听凭你写几十万字也写不尽。例如写一个人的面貌吧，眼睛、鼻子、眉毛、耳朵、嘴巴、头发、轮廓、表情等，如果你仔仔细细地按了次序去写，包管你会写出无数的文字，结果必至于搁笔兴叹，叹息于文字的无用和不完备了。

　　面若中秋之月。色如春晓之花。鬓若刀裁。眉如墨画。鼻如悬胆。睛若秋波。虽怒时而似笑。即嗔视而有情。

　　这是《红楼梦》里描写宝玉面貌的文章，其中用着许多的"如"

"若"等比拟的麻烦手法，而且又假想到他在"怒""嗔"的时候的神情，这种写法对于读者总算是极忠实的了。为要使读者明白宝玉的面貌怎样，作者费了这么多的气力，其实是吃力不讨好的事情。读者读了这一串的文章，如果不自己加以补足想象，还是不明了的。

　　籍长八尺余，力能扛鼎，才气过人。

　　高祖为人，隆准而龙颜，美须髯，左股有七十二黑子。

　　这是《史记》写项羽写高祖的文章，对于项羽只说他身有多长、力有多大，关于面貌的话一概从略，对于高祖只说他鼻子高，脸像龙，须髯好看，左股有七十二个黑痣，关于眼睛、眉毛等等一些也不提，我们读去，也并不会嫌作者写得欠详细，照普通的见解说，反觉得比那《红楼梦》的一段来得不琐碎杂乱。

　　文字毕竟是力量有限的东西，作者对于文字的效力首先得加以估计，在可以生效的方面好好运用，切勿在无效的方面去瞎卖弄。与其对读者谆谆地絮说，令读者厌倦，不如信任读者的理解力、想象力，说得简略些，让读者有发现的欢喜。文章的省略，可以说就是文章技巧之一。

　　省略可分三种，一是字面的省略，二是意义的省略，三是事件的省略。

　　字面的省略，这是把文句间的可省的字尽量省去，是最初步的省略法。我十岁左右从塾师学习书信，塾师曾教我一个书信文的评判法，他说，书信由自称的"鄙人""弟"和称对方的"阁下""仁兄"

等字面不可到处用，如果"鄙人""阁下"等字面用得触目都是，就不是好书信。这话我到现在还记得，觉得很不错。凡是可看可读的书信文，差不多都合乎这个法则的。案头有袁小修的《珂雪斋集》，把其中的尺牍选录一首做个例子。括弧内的字，是我依照了文义故意增加上去的。

（弟）自君山归来，怀想（兄）不置。（弟）老父体中已安。（弟）稍稍葺理旧业。（弟于）八月初七之日，已移亡兄灵柩入村。（弟）断肠之泣，久而愈新，奈何！承（兄）教（弟）讯扫身心如老头陀，甚善甚善。……（弟）近与苏潜夫聚首数日，商榷一番，彼此洒然凛然。恨不令兄闻之耳。曾太史体中尚未平复，（兄）所云云（弟）当转致之。

——《寄王章甫》

这里面依照文法上的规则看来，省略的地方不少。不但古人的书信文如此，近人写作的书信里也常见到这情形。如下例：

前寄一函至园，想已达览。久不见绍原，又未得来信，于昨日便道去一访，云卧病，未晤，不知系何病。独卧旅邸，颇觉可念。兄在城时，不知有暇能去一访否。并乞去后以其近状见示为感。匆匆，即颂雪佳。

"兄"字只一见，"弟"字连一个都没有。如果增加进去，当然有几处可以增加的。

书信的读者就是受信人，彼此之间关系不致模糊，有许多字当然可以省略，上面所着眼的只是彼此的称呼方面而已。至于书信以外的一般的文章，字面的省略也极要紧。《史记·张苍传》记张苍，"年老口中无齿"，刘知几在《史通》里评它太繁，说六字之中有三字可省，改作"老无齿"就可以了。如果我们用这样的眼光去读一切文章，觉得每篇文章可省略的字面是很多很多的。"与其不自由毋宁死"可以删削为"不自由毋宁死"，"年已七十矣"可以删削为"年已七十"或"年七十矣"。因为删掉了些字面，意义并不会有什么欠缺。

自从语体文流行以来，文言派的人动辄批评语体文冗蔓。其实我们日常所用的白话本身并不冗蔓，如果依照了日常的白话写作，决不致有冗蔓的毛病的。语体文的所以冗蔓，我以为是受了翻译文的影响。外国文和中国文习惯不同，例如英文里有"a""the"等的冠词，而中国文就没有，有些译书的把英文的"I'm gazing at the moon through a telescope"不译作"我就望远镜注视月亮"，硬译作"我注视这个月亮从一个望远镜"，字面就凭空地增加了。这翻译文的影响，流行到一般的写作上，于是本来不是外国文的文章，也像是翻译文了。下面所引的是创作小说里的一节，和从来的文章相比固然繁简大异，和日常的白话相比，调子也不一样。

　　时节是阴历六月中旬的一日。微细到分辨不清的油一般的小汗粒从肥壮的章君的鼻头和颊上续续渗出，随后竟蔓延到颈际了。他睡在一间胡乱叫做书斋的房中一张藤躺椅上；照那样子看去，可以称为是午后二时光景的夏天的打盹。一只赤露的胳膊旁逸到藤椅的外侧，软软地向下垂着，那一只却弯曲在椅扶手上；两条腿和脚挺直伸出，叉开来搁在椅前的地方；那全身颇像一个三岁孩子用秃笔涂成畸形的"大"字。他蒙眬合着眼皮；那歪在椅顶枕上的发毛氄氄的脑袋，有时因为一两匹小蝇在他眼缝或嘴角的湿津津的处所吮咂的厉害，便"唔"的在梦中发出了向来不会有仇但为什么定要来烦扰的不得已的抗议，于是只得摆动一下，随即那鼻孔里似乎又有了小的鼾声了。

窗外的天空不像是可以教人看了会愉快的天空；说是夏天，总应该是清清朗朗有润凉的西南风吹送着一小片白云过来的，可以起人悠然遐思的天空；可是那在四边地平线上层层叠叠堆上了还要堆上去似的隐藏在树林背后的云，不绝地慢慢向天顶推合，虽不会响着雷声，人的心里总以为"快响雷了吧"的这样沉闷暑湿的天气，所以竟使大小的蝇时刻攒围在这个有些汗臭的肉体的身旁，而且一只很大的蚊虫叮在他的屁股旁边；反应的作用使他那条大腿上的肉不时颤动。

——罗黑芷《雨前》

这两段文章，描写的忠实细致，总算费尽了气力，可是词句的拖沓、累赘也到了极度了。如果从字面上一一推敲起来，有许多是闲字，应该删汰。例如"他睡在一间胡乱叫做书斋的房中一张藤躺椅上；照那样子看去，可以称为是午后二时光景的夏天的打盹"，"一间"和"一张"都是不必要的字面，"照那样子看去""可以称为"也是不必要的声明，实际是在"打盹"，有什么"可以称为""照

那样子看去"呢？"夏天的"也可省，因为上文已有"时节是阴历六月中旬"的话了。"午后二时光景"也无大意味，因为"午后二时光景的夏天的打盹"，不能成为一个熟语，说"打午盹"就够了。又"胡乱叫做书斋的房中"虽然用了许多字，意义仍不明白，如果本来不是书斋号称书斋的，那么把它加上引号写作"书斋"就行了。所以这一串文句不妨将闲字删去，改成"他在'书斋'里藤躺椅上打午盹"。经过这样省略，和原文比较，也不见得缺少了什么效果。原文虽然增加了许多字，其实这些字用得都不大有效果的。

以上所说的是字面的省略，次之要说到意义的省略了。我们写述了一件东西或是一件事情，当然是因为自己对于那东西、那事情抱有某种意义，觉得非表达不可，才去执笔的。如写某孝子的传，当然意义在佩服某孝子；记某地名胜，当然意义在赞扬某地的风景。绝不会有毫无意义漫然去写文章的作者。有时候作者要想表达某种意义，甚至于虚构了世间没有的东西或事情来写（如寓言、童话、小说等类的文章里，常有这种情形），足见意义在文章上的重要了。这重要的意义，照理应该表达得很透彻明白。可是实际的情形却不然，除论说文外，作者往往把自己所想表达的意义说得非常简略，不随处吐露，或竟隐藏起来，在全篇文章里不露一言半句，让读者自己去探索。越是高级的作品越是如此。常见有人作《义犬记》，把义犬的故事写明白了以后，结末再来把自己的意义表白清楚，说什么："呜呼！如斯犬者可以风世矣。余有感其事，故记之。"或"犬尚知忠于主人，何以人不如犬乎？"这种表达意义的方法其实很笨。聪明的作者只把所要写的东西或事情好好地写出，至于自己所怀抱的意义却竭力隐藏起来，不多说，或竟一字不说。例如：

太行、王屋二山，方七百里，高万仞。本在冀州之南，河阳之北。北山愚公者，年且九十，面山而居，惩山北之塞，出入之迂也，聚室而谋曰："吾与汝毕力平险，指通豫南，达于汉阴，可乎？"杂然相许。

其妻献疑曰："以君之力，曾不能损魁父之丘，如太行、王屋何！且焉置土石？"杂曰："投诸渤海之尾，隐土之北。"遂率子孙荷担者三夫，叩石垦壤，箕畚运于渤海之尾。邻人京城氏之孀妻，有遗男，始龀，跳往助之；寒暑易节，始一反焉。

河曲智叟笑而止之曰："甚矣，汝之不惠！以残年余力，曾不能毁山之一毛，其如土石何！"北山愚公长息曰："汝心之固，固不可彻；曾不若孀妻弱子。虽我之死，有子存焉；子又生孙，孙又生子，子又有子，子又有孙，子子孙孙，无穷匮也；而山不加增，何苦而不平？"河曲智叟无以应。

操蛇之神闻之，惧其不已也，告之于帝。帝感其诚，命夸娥氏二子负二山，一厝朔东，一厝雍南。自此冀之南、汉之阴无陇断焉。

——《列子·汤问》

《列子》据说是伪书，不知这故事的作者究竟是谁。作者写这故事，意义不消说在表达"锲而不舍的精神可以宝贵"的大道理，从全体看来，作者所写记的只是故事本身，不曾对于自己所怀抱的意

义说过什么话。作者虽然不说出自己的意义，意义却很明白，对于读者，效果不但并未减少，反而深切。因为这时读者所获得的效果，是从言外自己得来的，带有发现的欢喜，悟得的自信，和作者所明白谆谆提示的情形不同。

作者抱了某种意义去写文章，不将意义尽情写出，这在作者也许是难过的事。可是从普通文章的情形看来，却是无可如何的。作者所想表达的意义，有关于整篇的题材的，也有关于部分的材料的。关于整篇的题材的意义，有许多作者因为熬不住了，往往在文章结尾或开端的地方表出，如为悲悼良友写祭文，用"呜呼 × 君"起或用"呜呼哀哉"结，是常见的。至于关于部分的材料如果要一一表出意义，那就不胜其烦。结果会一段叙述一段说明或论断，弄得文派杂乱不一致。试取前人名文一节，逐处添加了意义来看。例如归有光的《项脊轩志》末一段：

　　余既为此志，后五年，余妻来归，时至轩中从余问古事，或凭几学书。（甚乐焉。）吾妻归宁，述诸小妹语曰："闻姊家有阁子，且何谓阁子也？"（盖余妻归宁时常与诸小妹言及南阁子，诸小妹怪而问之，足见余妻之恋恋于斯室矣。）其后六年，吾妻死，室坏不修。（恐引起悲怀，不敢复居此室，故任其坏也。）其后二年，余久卧病无聊，乃使人复葺南阁子，其制稍异于前。（庶几前尘影事，免索余怀，可以安居。）然自后余多在外，不常居。（心与愿违，可叹也。）庭有枇杷树，吾妻死之年所手植也，今已亭亭如盖矣。（睹物思人，曷胜悼伤。）

括弧内的文句是我依了原文的情形胡诌了增加进去的，这对于原文，实在等于佛头着粪，大是一种冒渎。可是一般所谓作者的意义，其实就是这类的东西。经过这样画蛇添足的增加以后，在读者的眼里，文章的力量不但不增加，反会减损。因为读者已无自由探索意义的余地了。

以上所说的是意义的省略，再次之是事件的省略。我们写述一件事情，并不要一五一十丝毫不漏地如数写述下来。有许多事情，经过很复杂，关系方面很多，或本身范围极大，要写也无从写起，如战争的实况。此外，还有许多事情在普通事情里是不便露骨地写的，如男女间秽亵的情事，杀人的残酷的情形。幼稚的旧剧优伶往往把舞台上演不相像的事件来瞎演一阵，他们用八个"跑龙套"来打仗，"当场出彩"杀人，或描摹男女间的秽亵，甚至于恐怕演得不像，有时还要弄些"真山真水""真马上台"的把戏。他们自以为再忠于观客没有了，其实在聪明的观客，这些扮演却是一种苦痛的负担。文章和演剧一样，文字不是万能的东西，如果把写不像或不必写的部分也一一来硬写，结果对于读者是吃力不讨好的。聪明的作者决不干此愚事，他们先就效果着想，认为写无甚效果的部分，不重要的固然省略，就是重要的也省略。他们只用经济的手腕，以"一笔带过"的方法，来弥缝事件和事件间的窟洞。例如下文：

马伶者，金陵梨园部也。金陵为明之留都，社稷百官皆在；而又当太平盛时，人易为乐。其士女之问桃叶渡、游雨花台者，趾相

错也。梨园以技鸣者无虑数十辈；而其最著者二，曰兴化部，曰华林部。

一日，新安贾合两部为大会，遍征金陵之贵客文人，与夫妖姬静女，莫不毕集。列兴化于东肆，华林西肆。两肆皆奏《鸣凤》所谓椒山先生者。迨半奏，引商刻羽，抗坠疾徐，并称善也。当两相国论河套，而西肆之为严嵩相国者曰李伶，东肆则马伶。坐客乃西顾而叹，或大呼命酒，或移更近之，首不复东。未几，更进，则东肆不复能终曲。询其故，盖马伶耻出李伶下，已易衣遁矣。

马伶者，金陵之善歌者也；既去，而兴化部又不肯辄以易之，乃竟辍其技不奏。而华林部独著。

去后且三年，而马伶归，遍告其故侣，请于新安贾曰："今日幸为开宴，招前日宾客，愿与华林部更奏《鸣凤》，奉一日欢。"

既奏，已而论河套，马伶复为严嵩相国以出。李伶忽失声，匍匐称弟子。兴化部是日遂凌出华林部远甚。

其夜，华林部过马伶曰："子，天下之善技也，然无以易李伶。李伶之为严相国，至矣；子又安从授之而掩其上哉？"

马伶曰："固然，天下无以易李伶，李伶又不肯授我。我今闻相国昆山顾秉谦者，严相国俦也。我走京师，求为其门卒三年。日侍昆山相国于朝房，察其举止，聆其语言，久乃得之。此吾之所为师也。"

华林部相与罗拜而去。

马伶名锦，字云将，其先西域人，当时犹称马回回云。

——侯方域《马伶传》

这篇文章里面所记的事件并不连续，有着许多的窟洞，作者用"一日""去后且三年""既奏""其夜"等说法，一方面把本来连续着的事件任意割取，另一方面又把窟洞弥缝了。依文章所表达的内容说，马伶走京师入相国昆山顾秉谦门下为门卒，是经过三年的光阴的，应该有大大的一段经过，可是作者却全部省略，只在马伶的谈话中"一笔带过"了。如果作者用了五百字或一千字来把这段经过详叙，效果也不会比原文增加吧。没有效果的文字当然应该省略。再举一例如下：

唧唧复唧唧，木兰当户织；不闻机杼声，唯闻女叹息。

问女何所思，问女何所忆。女亦无所思，女亦无所忆。昨夜见军帖，可汗大点兵；军书十二卷，卷卷有爷名。阿爷无大儿，木兰无长兄；愿为市鞍马，从此替爷征。

东市买骏马，西市买鞍鞯，南市买辔头，北市买长鞭。旦辞爷娘去，暮宿黄河边，不闻爷娘唤女声，但闻黄河流水鸣溅溅。旦辞黄河去，暮至黑山头，不闻爷娘唤女声，但闻燕山胡骑声啾啾。

万里赴戎机，关山度若飞，朔气传金柝，寒光照铁衣。将军百战死，壮士十年归。

归来见天子，天子坐明堂，策勋十二转，赏赐百千强。可汗问所欲，木兰不用尚书郎；愿驰千里足，送儿还故乡。

爷娘闻女来，出郭相扶将。阿姊闻妹来，当户理红妆。小弟闻姊来，磨刀霍霍向猪羊。开我东阁门，坐我西阁床。脱我战时袍，着我旧时装。当窗理云鬓，对镜帖花黄。出门看伙伴，伙伴皆惊惶；同行

十二年，不知木兰是女郎。

　　雄兔脚扑朔，雌兔眼迷离，两兔傍地走，安能辨我是雄雌。

——《木兰诗》

　　这是写木兰从军的，战争当然是题材的中心部分。作者对于出征前的情形写得很周详，对于凯旋后的光景也写得很热闹。写战争的部分却只"万里赴戎机，关山度若飞。朔气传金柝，寒光照铁衣。将军百战死，壮士十年归"六句，而且"万里赴戎机，关山度若飞"二句是未战以前的事，"将军百战死，壮士十年归"是既战以后的事，真正和战事有关系的情景只有"朔气传金柝，寒光照铁衣"十个大字。这十个大字，所表达的只是一时的战场上的光景，并不是战争的本身。木兰从了十二年的军，这首诗又是写她的从军的，对她作战的经过居然不着一字，这不是作者的疏忽，倒是作者的技巧。文字不是万能的工具，如果作者用了文字想把十二年的长期的战争来描绘来传述，结果等于旧剧伶人带了几个"跑龙套"来扮演打仗，有什么效果呢？

　　凡是一种事件，方面很广，内容很庞杂，作者只能选写一部分一方面，其余让读者自己去补足想象。有许多事件，像战争之类，不实写，表达的效果倒反完全，挂一漏万地写出来，事件本身就倒反会有欠缺的。绘画上有"空白"的用语，画家作画不论人物、花卉或是山水，没有把画面全体涂满的，常空出一处或几处，这叫"空白"。画家对于空白常大费苦心，一幅画的好坏，空白的适当与否是重要的条件。空白也是画，不是普通的白纸，这是凡能看画的人都知道的事。文章和绘画有许多共同之点，事件的省略和空白对比起来，不是很易明了的吗?

　　关于文章的省略，值得注意的事项当然还很多，这里只就字面、意义、事件三个方面说了一个大概。文章的许多法则，大之如章法布局，小之如炼字造句，差不多都和省略有关，可以当作省略的另一方面来连带考察的。

在普通文章中含有会话的大概是叙述文。因为议论文、说明文和记述文普通只是作者一个人在说话，文中即使有作者以外的人物，往往没有说话的机会。

叙述文也可不含会话。我们叙一个人或一件事，即使那个人说过许多话，那件事的经过中曾有许多人说了许多话，也竟可全不用会话的方式来写。例如："星期日下午张三跑到李四那里说：'今日天气很好，去逛逛公园好吗？'李四说：'我想买书去，还是同我上书店去吧。'张三说：'也好。'于是两人就走出校门。"这段叙述原是含有会话的，如果改写成："星期日下午，天气很好，张三跑到李四那里邀他去逛公园。李四因想买书，叫张三同上书店，张三也赞成，于是两人就走出校门。"就没有包含会话了。再试以前人的文章为例来说，《水浒》上景阳冈一段：

武松在路上行了几日，来到阳谷县地面。此去离县治还远，当日晌午时分，走得肚中饥渴；望见前面有一个酒店，挑着一面招旗在门前，上头写着五个字道："三碗不过冈。"武松入到里面坐下，把哨棒倚了，叫道："主人家，快把酒来吃！"只见店主人把三只碗，一双筷，一碟熟菜，放在武松面前，满满筛一碗酒来。武松拿起碗一饮而尽，叫道："这酒好生有气力。主人家，有饱肚的，买些吃酒！"酒家道："只有熟牛肉。"武松道："好的，切二三斤来吃

酒。"店家去里面切出二斤熟牛肉，做一大盘子，将来放在武松面前，随即再筛一碗酒。武松吃了道："好酒！"又筛下一碗。恰好吃了三碗酒。再也不来筛。武松敲着桌子叫道："主人家，怎的不来筛酒！"……

这段文章中含有许多会话，可以把会话的形式除去，改写为普通的叙述，如下：

武松在路上行了几日，来到阳谷县地面。此去离县治还远，当日晌午时分，走得肚中饥渴；望见前面有一个酒店，挑着一面招旗在门前，上头写着五个字道："三碗不过冈。"武松入到里面坐下，把哨棒倚了，叫主人取酒来吃。只见主人把三只碗，一双筷，一碟熟菜，放在武松面前，满满筛一碗酒来。武松拿起碗一饮而尽，向主人称赞酒有气力，问他有什么可饱肚的下酒物。酒家回说有熟牛肉。武松叫切二三斤来下酒。店家去里面切出二斤熟牛肉，做一大盘子，将来放在武松面前，随即再筛一碗酒。武松吃了，赞酒好。又筛下一碗。恰恰吃了三碗酒。再也不来筛。武松敲着桌子问主人怎不来筛酒。……

由此可知，叙述一个人物或一件事情，并非必须用会话，实际上作者写文章的时候，在有许多该有会话的地方也略去不记，只用自己的立脚点来做简单的叙述，例如朱自清的《背影》里：

到南京时有朋友约去游逛，勾留了一日。第二日上午便须渡江到浦口，下午上车北去。父亲因为事忙，本已说定不送我，叫旅馆里一个熟识的茶房陪我同去，他再三嘱咐茶房，甚是仔细。但他终于不放心，怕茶房不妥帖，颇踌躇了一会。

这段文章中，有几处原该有会话，如"父亲因为事忙，本已说定不送我"一句，原来的情形当然是用会话来表出的。也许有过"我本来想送你上车，可是还有别的事，没工夫了"的会话吧。"叫旅馆里一个熟识的茶房陪我同去，他再三嘱咐茶房，甚是仔细"的部分，当时不消说是有"茶房，托你代我送少爷上车，你代他买车票，行李共几件，当心失少……"这样的会话的，可是作者在文章中都不把原来的会话照样写下来。

叙述文遇到会话的地方，可以用会话的形式来写，也可以不用会话的形式来写。一篇叙述文中往往在有些地方用会话，有些地方虽然依情形看来原该是会话的部分，却不列会话。在文章的研究上，这是一个值得注意的方面。

原来文章中所用的会话和我们日常所说的会话是不一样的。我们每日从朝到晚，不知要说多少话，如果照样地写入文章中去，就会发生许多不妥当的毛病。第一是芜杂，譬如记主客谈话，如果从"久违了"到"再见"一连记下来，结果便要乱杂不堪，主要的意旨反而不明白。第二是不完密，实际上的会话，有时一句话可以重复颠倒，有时一句话可以不完全说出。当面谈话，因为有表情、动作等的帮助，彼此尚不致发生误解，可是写入文章中去，读者所依据的只是白纸上的几个黑字，当然就有隔膜了。所以日常的会话并不都可成文章中的会话，日常会话要写入文章中去，有两种功夫先得做，

一是要精选，二是弄明确。

会话不但是传达思想情意的东西，也是各人特色所寄托的一方面。每个人的特色，不外从会话、行动、颜相、服装等几方面显出。用文章来描写人物，行动、颜相、服装等虽都该顾及，可是究竟不易充分表现，因为文字不像绘画，无法把这些确肖地写出。文字所比较能够容易描写的只是会话。所以会话可以说是文章中描写人物最重要的工具。人物的感情、意志，要想用文字来表现，最适切的手段是利用人物自己的话。

上面曾说过，作者叙述人物或事件，可以用会话，也可以不用会话。文章中本来用会话的部分也可改去会话的形式，使成普通的叙述。其实普通的叙述只能写事件的轮廓和人物与事件的关系外形，至于人物的感情、意志是不能表现的。试看方苞的《左忠毅公逸事》：

先君子尝言乡先辈左忠毅公视学京畿，一日风雪严寒，从数骑出微行，入古寺。庑下一生伏案卧，文方成草。公阅毕，即解貂覆生，为掩户。叩之寺僧，则史公可法也。及试，吏呼名至史公，公瞿然注视；呈卷即面署第一。召入使拜夫人，曰："吾诸儿碌碌，他日继吾志事惟此生耳。"

及左公下厂狱，史朝夕狱门外；逆阉防伺甚严，虽家仆不得近。久之，闻左公被炮烙，旦夕且死，持五十金涕泣谋于禁卒。卒感焉；一日，使史更敝衣。草屦，背筐，手长镵，为除不洁者，引入，微指左公处，则席地倚墙而坐，面额焦烂不可辨，左膝以下筋骨尽脱矣。史前跪抱公膝呜咽。公辨其声，而目不可开，乃奋臂以指拨眦，目光如炬。怒曰：

"庸奴！此何地也，而汝来前？国家之事糜烂至此，老夫已矣，汝复轻身而昧大义，天下事谁可支拄者？不速去，无俟奸人构陷，吾今即扑杀汝。"因摸地上刑械作投击势。史噤不敢发声，趋而出。后常流涕述其事以语人，曰："吾师肺肝皆铁石所铸造也！"

崇祯末，流贼张献忠出没蕲、黄、潜、桐间，史公以凤庐道奉檄守御。每有警，辄数月不就寝，使将士更休，而自坐幄幕外；择健卒十人，令二人蹲踞而背倚之，漏鼓移则番代。每寒夜起立，振衣裳，甲上冰霜迸落，铿然有声。或劝以少休。公曰："吾上恐负朝廷，下恐愧吾师也。"（下略）

这篇文章中用会话来写出的共有四处，左公说话的二处，史公说话的二处，用得都非常有效。左、史二人的忠义之情，左对史的知遇之感（这些是这篇文章的主要题旨），以及当时的情形，都从这几句话里传出。如果把这些话改去，用普通叙述来写，就会失去原来的力量，减色不少。依照这篇文章的内容来看，文中人物不止左、史二人，他人也必曾有过许多会话，左、史二人所说的话也当然不止这些，可是作者所用会话写出的，却只这几处，而且只是这寥寥的几句。这里面有着作者的选择力的。惟其作者能把芜杂的话淘汰净尽，只把留剩下来的几句最重要的话写入文章中去，这几句话才能分外有力，所要写的题旨也分外显明。

会话在文章中占着重要的地位，叙述一个人物或一件事情，用会话的形式和用普通叙述的形式，原可任作者自由，作者所当注意的就是什么部分该用会话来写，什么部分该用普通的叙述。有时一行会话的效果可以胜过十行叙述，有时十行会话毫无意义，徒使文

章散乱，效果反不及一行叙述来得好。再举一个例子如下：

　　"这是怎么一回事？你知道这信里说些什么？"

　　"我知道。你让我走，让我过去。"

　　"你到哪里去？"

　　"我不要你救我，滔沸。"

　　"当真吗！他说的都是真的吗？——没有的事，这断不会是真的。"

　　"全是真的。我只知道爱你，别的什么都不顾了。"

　　"呸！不要把这种蠢话来推托！"

　　"滔沸——！"

　　"你这混账的妇人——干得好事！"

　　"让我去——我不要你救我！我不要你把这桩罪名担在你身上！"

　　这是易卜生所作的戏剧《娜拉》中的一节（据潘家洵氏译本），娜拉的丈夫发觉娜拉背着他向人借款，夫妻间起口角的一个场面，这几句是口角的开始。因为是剧本，不像普通文章的有事件的说明，有动作的叙述，只以会话表现。从这些会话里丈夫的愤不可遏的神情，娜拉的屈服之中带有某种决心的态度，都活跃地可以看出来。

　　各种文章之中，会话最占地位的是剧本，次之是小说，再次之是普通的叙述文。会话的地位虽有轻重的分别，可是一样须有技巧。用会话的目的，在传出人物的神情、个性，就普通的叙述文来说，在普通叙述的时候，写一人物，是以作者的立脚点写的，换句话说，就是作者用自己的口吻把某人物介绍给读者，成为"人物——

作者——读者"的关系。至于用会话来写的时候，是作者暂时把自己躲开，让人物直接说话给读者听，成为"人物——读者"的关系了。作者在写作时所当留意的问题有两个，一是该让什么人物在什么时候说话，二是该叫人物怎样说话。

关于第一个问题，上面已大致讲到，一篇叙述文中可有许多人物，并不是每个人物都要说话，并不是每句话都要写记下来，把主要人物的主要会话写出就够了。把平凡的空泛的话漫然写记下来，是毫无意味的。说到这里，有一点应该注意。所谓主要的会话，乃是可以表现人物性格或有关题旨的会话，并非一定对事件有什么重大的关系。一串极平常的谈话，有时可暗示人物或事件的很深刻的方面。例如：

"今天天气好，啊！"

"呃，天气真好！"

"明天也不会下雨吧。"

"呃，不会吧。"

这是极无聊的寒暄语，原无大意味的。但若写入剧本或小说里，假定有一个人想替甲青年、乙少女撮合做媒，约双方在某处会面，男女彼此面面相觑了做这些会话时，这些会话就是表现当时情形的好材料，一对陌生男女的羞赧的神情完全可以由此表现，并不是闲话了。归有光的《项脊轩志》最后一段：

余既为此志，后五年，余妻来归，时至轩中从余问古事，或凭

几学书。吾妻归宁，述诸小妹语曰："闻姊家有阁子，且何谓阁子也？"其后六年，吾妻死，室坏不修。其后二年，余久卧病无聊，乃使人复葺南阁子，其制稍异于前。然自后余多在外，不常居。庭有枇杷树，吾妻死之年所手植也，今已亭亭如盖矣。

　　这里面"闻姊家有阁子，且何谓阁子也？"是归妻口中传出来的妻家诸小妹的话。说话的人（诸小妹）并不重要，话的本身在表面看来也无大意味，近于闲文。作者归有光是有名的文章家，为什么会有这种闲文呢？原来这段文章是一个跋尾，题旨在纪念他的亡妻。《项脊轩志》正文作在归妻未至以前，这段跋尾是归氏在妻死后追加的。"吾妻来归，时至轩中从余问古事，或凭几学书。"这些叙述，说明归氏夫妻和这间屋子（旧南阁子）的关系，这间屋子是他们不能忘怀的地方。"吾妻归宁，述诸小妹语曰：'闻姊家有阁子，且何谓阁子也？'"由这句话里，可以窥见妻在归宁时常提到这间屋子的事，因为"阁子"是一种特别的名称，诸小妹因为常常听到，才有这样的话。这会话在这段文章里，表现着归氏夫妻间的情爱，和归氏自己对于这间屋子的眷恋，可以说是很有意义的。

　　用平淡无奇的会话来表现人物内心的奥秘，这种技巧在好的戏剧或小说里面是常可发现的。我们读戏剧和小说时该随处留意，领略这种会话的妙味。

　　第二是该叫人物怎样说话的问题。会话和叙述不同，是人物自己的口吻，不是作者的口吻。文章里所写的人物可以不一，有农工、有官吏、有小孩、有少女、有村妇、有学者，地域、时代、阶级、年龄、性格等又可各不一样应该还他本来面目，各用适当的口吻来表现，官吏有官吏的用语，农工有农工的用语，知识分子间的"婚姻问题"叫村妇来说就不逼肖，上海、苏州一带的"白相"，在北方人口头非用"逛"或"耍"不可。

蝌蚪成群的在水里面游泳，爱罗先珂君也常常先来访他们。有时候，在旁的孩子们告诉他说："爱罗希珂先生，他们生了脚了。"他便高兴的微笑道："哦！"

——鲁迅《鸭的喜剧》

"这一次我们打得有意思。"沉默了一会之后，他又对我说了。他告诉我他的经历，在广东当兵，到过江西打共产党，后来调到南京，又调到昆山，这会儿到闸北来。打过很多的仗。这一次才打得有意思。

"我们打江西的时候，打进一个地方，一个老百姓也不见，要吃的呒吃，要住的呒住，墙头上写了许多大字：'穷人呒打穷人。'老百姓见了我们比鬼还怕。"

——适夷《战地的一日》

第一例把"爱罗先珂"说作"爱罗希珂"，是在想表现小孩的口吻，第二例是记十九路军兵士的谈话的，努力保存着广东话的分子。为求会话适切起见，这种方面的留心非常重要。

从前的文章用文言写，所用的会话也都是文言，村妇、小孩在文章中也只好用"之乎者也"一套的字眼来说话，并且可使用的句读符号也很简单，只有"、""。"两种。这对于表现上，实大不便利。例如上面所举的方苞的《左忠毅公逸事》里，左公在狱中对史可法所说

的末尾几句话：

> 不速去，无俟奸人构陷，吾今即扑杀汝。

这会话用文言写记，在当时原是不得已的事。仔细玩味起来，就可觉得这三句话语气有不贯穿的地方，和普通的话结合情形不同。"不速去，吾今即扑杀汝"是顺口的，中间插入一句"无俟奸人构陷"很不顺口。作者在这上面似乎曾大费过苦心，故意叫它不贯穿，借以表出当时愤怒急迫的神情。如果在句读符号完备的今日来写，就成：

> 不速去，——无俟奸人构陷！——吾今即扑杀汝！

即使仍用文言来写记，也容易表现得多了。此外，如感叹词、助词种类的增多，如注音字母的表音法，如方言的可以任意运用，都是以前未曾有过的便利。我们只要能留意，便容易写出适合人物的会话来。

文章的静境

文章上描写事物，有动的和静的两种境界。这动、静两种境界，通常混合在一处。如：

> 我满腔的愤怒，再有露胸朋友那样的话在路上吧？我向前走去。
> 依然是满街恶魔的乱箭似的急雨。
>
> ——叶圣陶《五月卅一日急雨中》

就这几句文章中来看，前一段是动的，后一段和前一段比较，可以说是静的。"我满腔的愤怒""我向前走去"，固然是含有动作的说法，"再有露胸朋友那样的话在路上吧"，是作者的推想，也是一种动作的表现。"依然是满街恶魔的乱箭似的急雨"，所表出的只是当前一时的光景，并无什么动作可言。用电影的用语来说，只是一种特写的场面而已。

以上所述的是动和静的最初步的分别，让我们再来做进一步的考察。

文章中所表现的动作，依性质细分起来可有好几种不同。

（一）文章中事物本身的动作　文章既然是描写事物的，当然有事物，这些事物的动作也就在文章中表现着。如果那文章有一部分是写作者自己的，作者本身就成了文章中的事物，所表现出来的动作，也和这性质相同。如：

那日正是黄梅时候，天气烦燥（静）。王冕放牛倦了，在绿草地上坐着（王冕动）。须臾浓云密布（云动）。一阵大雨过了（雨动），那黑云边上镶着白云渐渐散去（云动）。透出一派日光来，照耀着满湖通红（日光动）。湖边上山青一块，紫一块，绿一块，树枝上都像水洗过一番的，尤其绿的可爱（静）。湖里有十来枝荷花，苞子上清水滴滴，荷叶上水珠滚来滚去（水在荷上动）。王冕看了一回，心里想道："古人说，'人在画图中'，其实不错。可惜我这里没有一个画工，把这荷花画他几枝，也觉有趣。"又心里想："天下哪有学不会的事，我何不自画几枝？"（王冕动）

——《儒林外史》

于是携酒与鱼，复游于赤壁之下（作者动）。江流有声，断岸千尺，山高月小，水落石出（静）。

——苏轼《后赤壁赋》

（二）作者对于事物的感觉或解释　事物本身并不曾有动作，因了作者的感觉或解释，好像有某种动作的样子，于是把这些动作也在文章上表现出来了。如：

但闻四壁虫声唧唧，如助予之叹息。

——欧阳修《秋声赋》

这里面"闻"的动作为作者所发，是实在的。至于"助"的动作，完全出于作者的感觉或解释，和真正的动作性质不同。这种例子很多，如：

平林漠漠烟如织，寒山一带伤心碧。

——李白《菩萨蛮》

数峰清苦，商略黄昏雨。

——姜夔《点绛唇》

所谓"织""商略"，都是作者的感觉或解释，作者为了要写出某种情感，不但费了许多苦心去选择适当的事物，还给事物加了自己所需要的色彩。这种描写方法在诗词里常常可碰到。

文章中的动的境界，似乎不出上面的两种：一是文章中的事物自己在那里动作；一是事物本身并无动作，作者因了某种感觉或解释，赋给它一种动作。如果分别起来，前一种可以说是动境，后一种可以说是静境，因为事物本身原无动作，那动作是作者故意赋给它的。

上面两种境界，句子里都含有动词，不论那动作是事物本身的或作者赋给的。文章中尚有一种句中只有形容词不见一个动词的描写法。这境界更静了。如前例中的

寒山一带伤心碧。

数峰清苦。

都没有动词，只有"寒""伤心""碧""清""苦"等类的形容词。这些形容词也是作者的感觉或解释。作者因了自己的情感，任意地把事物来做各种各样的形容修饰。同是对于风，心绪爽朗的时候可以说"飘飘"，阴惨的时候可以说"萧萧"或"飒瑟"，目的

就在想借了这些字面来表达自己所要表出的情感。这些加形容的静的景物，在文章中有着烘托的力量，利用得好可以收到画面的效果。如：

风萧萧兮易水寒，壮士一去兮不复还。

——《渡易水歌》

枯藤老树昏鸦，小桥流水人家，古道西风瘦马，夕阳西下，断肠人在天涯。

——马致远《天净沙·秋思》

第一例上句没有动词，是静境，第二例前三句没有动词，每句只有三个加了形容的名词叠在一处，也是静境。作者在这些景物上除加形容词外不曾表示什么意见，有什么做作，可是对于文章全体却有很大的效力，从文章全体看来，并不是闲文字。试把这些静的景物除去或更换别的，就会失掉文章原来的情味。

静境之中还有更进一步的，作者不但不依照自己的情感赋给事物以动作，也不给事物擅加形容和修饰，不但没有动词，连形容词也不漫然使用，只照事物本来的名称写在文章中就算。结果所写出的只有寻常的事物名。这种描写的方法在诗词里很多，如：

鸡声茅店月，人迹板桥霜。

——温庭筠《商山早行》

春去也，归来否？五更楼外月，双燕门前柳。人不见，秋千院落清明后。
· · · ·

——赵闻礼《千秋岁》

这里写景物，完全是景物和景物的排列，把许多景物如"鸡声""茅店""月"摆在一处，"双燕""门前""柳"摆在一处，此外作者并未有什么说明，事物本身的动作也丝毫没有，可以说是静境的极致了。作者赋给事物以动作，或给事物加上合乎自己情感的形容词。在那些文章里，显然露出作者的主观，换句话说，就是从文章里可以找得出作者的影子的。到了只有事物名称的时候，作者的影子已完全躲闪干净，他只选了几种可以暗示某种情感的事物，巧妙地加以排列，用字面写记出来，让读者自己去领略他所发抒的情感。这种技巧是值得注意的。

用静的事物来示唆情感的描写方法，诗歌中最多，小说中也有，普通散文中似乎并不多见。龚自珍的《记王隐君》的末段好像应用这方法。原文不长，把它全录在下面：

于外王父段先生废麓中，见一诗，不能忘。于西湖僧经箱中，见书《心经》，蠹且半，如遇麓中诗也，益不能忘。

春日，出螺师门，与轿夫戚猫语。猫指荒冢外曰："此中有人家。段翁来杭州，必出城访其处。归，不向人言。段不能步，我异往。独我与吴轿夫知之。"循冢得木桥，遇九十许人，短褐曝日中。问路焉，告聋。予心动，揖而徐曰："先生真隐者。"答曰："我无印章。"盖"隐者"与"印章"声相近。日晡矣，猫促之，怅然归。

明年冬，何布衣来，谈古刻，言："吾有宋拓李斯琅邪石。吾得

心疾，医不救。城外一翁至，言能活之。两剂而愈。曰：'为此拓本来也。'入室，径携去。"他日，见马太常，述布衣言。太常俯而思，仰而掀髯曰："是矣是矣！吾甥锁成，尝失步，入一人家。从灶后漱户出，忽见有院宇，满地皆松化石。循读书声迳入室，四壁古锦囊，囊中贮金石文字。案有《谢朓集》，借之，不可，曰：'写一本赠汝。'越月往视，其书类虞世南。曰：'蓄书生乎？'曰：'无之。'指墙下锄地者：'是为我书。'出门，遇梅一株，方作华，窃负松化石一块归。若两人所遇，其皆是与？"

予不识锁君，太常、布衣皆不言其姓，吴轿夫言仿佛姓王也。西湖僧之徒取《心经》来，言是王老者写。参互求之，姓王何疑焉？惜不得锄地能书者姓。

桥外大小两树，依倚立，一杏，一乌柏。

这末尾的"桥外大小两树，依倚立，一杏，一乌柏"数语，很突兀，可是意境却很丰富。第一，可以窥见作者"不能忘"的依恋情怀，和重来寻访的热意。第二，可以表出隐士所居地的幽邈自然。第三，文中记着两个异人，一是"王老者"，一是"锄地能书者"，所谓"大小两树，依倚立"云云，也许就可作为并耕偕隐的象征。是非常耐人寻味的文字。

依上所说，文章中的描写有动静二境，静境之中又可分为三种：（一）是作者赋给事物以动作的，（二）是作者给事物加上了形容修饰的，（三）是不赋给动作，也不任意附加形容修饰，只把事物的名称关联了写记的。这三种静境，对于文章全体都有背景或画面的效力。描写静境对于表达情感是有效的手段。在这里，我们碰到了事物和情感的关系的问题了。

我们自有生以来，直接、间接地经验过许多事物，每次和事物接触的时候，就生一种情感，结果这一种情感就和事物联结在一处，只要一提到那事物的名称，某种情感就引来了。我们从经验知道"血"是可怕的，一听到"血"字就会起恐怖之情；知道"花"是美丽的，一提到"花"字就会起美丽之感。花的谢落，在经验上是觉得可惜的，于是"落花"一语就带了惆怅的情味。事物可以寄托情感，结果那表达事物的字面也含有寄托情感的力量了。所以，文字并不只是白纸上的点画撇捺，俨然是个有生命的东西。事物所寄托的情感因人的感觉敏锐与否，原可有多少的差异，最大的差异倒在经验（不论直接的或间接的）的多寡。对于荆棘的实物，不论识字的或不识字的，所发生的情感大概差不多，用字面表示出来，只要是识得这"荆棘"二字的就会引起同样的情感。可是"荆棘铜驼"，在未从书本上的间接经验懂得这典故的人，就不会起"荒凉""感慨"等等的情感了。

事物和情感既有如此密切的关系，事物的名称本身就可利用了来暗示情感，因此之故，文章中在描写一桩事件的时候，常常有牵涉到别的和本文不大有关的事物的事。本文在说"壮士一去兮不复还"，却先说什么"风萧萧兮易水寒"；本文是要说"有人楼上愁"（李白《菩萨蛮》），却先说什么"平林漠漠烟如织，寒山一带伤心碧"。作者的目的都在利用景物做背景，来烘托自己所描写的情感。

文章中利用别的事物做背景的方法有两种，一是选取和自己所想表现的情感一致的，如写悲哀的情感的时候，用可悲的事物来附加进去；一是选取和自己所想表现的情感反对的，如写寂寞的情感的时候，故意兼写热闹的场面。白居易的《长恨歌》写玄宗还宫以后

悼亡的悲怀，利用各种各样的事物。试取一节为例：

归来池苑皆依旧，太液芙蓉未央柳。芙蓉如面柳如眉（以上反用），对此如何不泪垂？春风桃李花开日（反用），秋雨梧桐叶落时（正用）。

以上所述，都是关于静境的。其实，既承认事物可以暗示情感，只要是用到事物的地方，都可用同样的眼光去对付，不必拘泥于是静境不是静境。文章里的字面往往可以决定文章的内容。试观下例：

海潮东来，气吞江湖。快马斫阵，登高一呼。如波轩然，蛟龙牙须。如怒鹘起，下盘浮图。千里万里，山奔雷驱。元气不死，乃与之俱。

——郭麟《词品·雄放》

这是描写"雄放"的情感的，其中有静境，也有动境。如果把里面所有事物的名称一一摘出来，如"海潮""江湖""快马""阵""波""蛟龙"等等，在字面上都能引起雄健奔放之情感。这是当然的，因为作者对于这些事物曾经依了自己的目的严加选择，字面上所发生的效果并非偶然。

纯粹静境的描写以诗词中为多，至于不论动、静，用一般事物名称来诱致情感的方法，寻常散文里当然可以普遍应用。例如：

当时黛玉气绝，正是宝玉娶宝钗的这个时辰。紫鹃等都大哭起来。李纨、探春想他素日的可疼，今日更加可怜，便也伤心痛哭。因潇湘馆离新房子甚远，所以那边并没听见。一时，大家痛哭了一阵，只听得远远一阵音乐之声，侧耳一听，却又没有了。探春、李纨走出院外再听时，惟有竹梢风动，月影移墙，好不凄凉冷淡。

——《红楼梦》第九十八回

　　这不消说是一段悲哀的文章。从来不知道曾有多少读者下过眼泪。试把其中所用的字面检查起来，可以发现有许多事物名用得很有效果。如"宝玉娶宝钗的这个时辰""素日的可疼""今日""新房子""远远一阵音乐之声""竹梢""月影"，有的正用，有的反用，安排得很好。这段文章的所以能教唆读者引起悲怀，大半的原因恐怕就在于这些字面上。

文章的动态

前回写过一篇《文章的静境》，连类所及，现在讲文章的动态。《文章的静境》里所讲的是文章中不用动词的部分，讲文章的动态，不消说所关涉的是用动词的部分了。

动词原是用来记述事物的动作的，但只是记述动作，并不一定就会有动态。文章的工具是文字语言。文字语言只是一种符号，和事物本身的情形不同。事物的动作如果只用文字语言记述下来，未必就能在读者听者心里引起动作的印象。例如说"花落""鸟啼"，只是一种事物动作的记述，并不就能叫读者听者感觉到"花在怎样落""鸟在怎样啼"的光景，换句话说，记述事物的动作，并不就可算表达了事物的动态。

就许多艺术看来，戏剧以外，真能表达事物的动态的是电影，此外如绘画、雕刻、文章等都不及电影的便利。这是艺术工具各不相同，本身性质使然，无可如何的事。电影的所以能充分表达事物的动态，不外乎连续和展进两个原因。电影本身原是一张张的连续照片，因为转动得相当快速，观者眼里前一张照片的残像尚未消失，第二张照片又映到眼里来了。这样连续进行，于是观者觉得事物在那里动，完全看到了事物的动态。把文章来比电影，究竟望尘莫及。不信，试到电影院去，把看电影和看电影故事说明书的印象双方对照一下就可明白。电影故事说明书是依照了所放映的电影内容编写的，所用的工具就是文字语言，你看比电影相差多远呢？

可是，除了电影以外，比较可以表达事物的动态的还要推文章。绘画、雕刻在这点上更比文章不如。原因是绘画、雕刻是展开在一时的，看去一目了然。文章以文字语言为工具，文字语言虽写在纸上或只是一种声音，却可以叫人一字一句地读去、听去，逐渐理解，保持住若干的连续性、展进性，不像绘画、雕刻的在最初就全体展开在观者眼前，丝毫无连续展进可言。《虬髯客传》是用文字语言写的，读去虽不及看电影，却可以知道事情先是怎样，后来怎样，结果怎样；是连续的、展进的。可是绘画或雕刻呢，只能表达一个场面，如我们常见到的《风尘三侠图》就是。论其位置，在电影里只是一小段中的一张片子罢了。

由此可知，文章是可以表达事物的动态的，表达动态，最便利的是电影，要在文章上表达动态，似乎也可应用电影的原理归纳出几个原则来。

以下把事物的动作分做两类来加以考察，（一）是连续的动作，（二）是片段的动作。凡是动作，原都前后连续着，可是在文章里有只记述一个动作的，也有把两个以上的动作顺次记述的。如"花落""鸟啼"各记述一个动作"落""啼"，属于片断的动作。"举杯邀明月"把"举"和"邀"两种动作连续着，先"举"后"邀"，属于连续的动作。试再看下例：

孺人之吴家桥则治木棉，入城则缉纑，灯火荧荧，每至夜分。外祖不二日使人问遗，（孺人不忧米盐，乃劳苦若不谋夕。）冬月炉火炭屑，使婢子为团，累累暴阶下。……儿女大者攀衣，小者乳抱，手中纫缀不辍。

——归有光《先妣事略》

　　我看见他戴着黑布小帽，穿着黑布大马褂，深青布棉袍，蹒跚地走到铁道边，慢慢探身下去，（尚不大难，可是他穿过铁道要爬上那边月台，就不容易了。）他用两手攀着上面，两脚再向上缩；他肥胖胖的身子向左微倾，显出努力的样子。这时我看见他的背影，我的泪很快地流下来了。我赶紧拭干了泪，（怕他看见，也怕别人看见。）我再向外看时，他已抱了朱红的橘子往回走了。过铁道时，他先将橘子散放在地上，自己慢慢爬下，再抱起橘子走。过这边时，我赶紧去搀他，他和我走到车上，将橘子一股脑儿放在我的皮大衣上，于是扑扑衣上的泥土，心里很轻松似的。

——朱自清《背影》

　　上面两段文章，有一部分是作者的解释，不是事物本身的动作，特用括弧为记。除此以外都是记动作的了，第一例各种动作有许多是不连续的、片段的，第二例是连续的。

　　现在先讲连续的动作。连续在电影里原是一个重要的条件，电影的所以能表达动态，就一半靠有连续。连续越紧凑越能表达动态。平剧《乌盆记》丑角张别古有一段说白，听去很有动态的，现在录在这里：

　　我搁下了棍儿，放下了盆儿，掏出钥匙，捅开锁的屁股门儿，我又拿起了棍儿，拿起了盆儿，转过身进了门儿，我又放下了棍儿，放下了盆儿，转过身关上门儿，我再插上门儿，搬过凳子顶住了门儿。

　　这段说白之所以有动态，句式构造的流利和用韵，也许亦是原

因之一，但最大的原因就是动作的连续紧凑。用电影上的话来说，就是在观者网膜上留着前片残象的时候，再接上一张片子去。

为要保持动作的连续紧凑，文章上常用着种种方法。下面两种是最普通的。

（甲）利用短促的句逗。繁长的词句，念去、看去都费时间，接续起来，前动作的残象容易在念头上消去，前印象和后印象的连续，就不紧凑。若用短促的句逗，可以免掉这缺陷。所以从来描写动态的文章十之八九都是用短句逗的。如：

轲既取图奉之，发图，图穷而匕首见。因左手把秦王之袖，而右手持匕首揕之，未至身。秦王惊，自引而起，绝袖。拔剑，剑长，操其室。时恐急，剑坚，故不可立拔。荆轲逐秦王，秦王还柱而走，群臣皆愕。（卒起不意，尽失其度。而秦法，群臣侍殿上者，不得持尺兵，诸郎中执兵皆陈殿下，非有诏不能上。方急时，不及召下兵，以故荆轲逐秦王，而卒惶急无以击轲，而乃以手共搏之。）是时，侍医夏无且以其所奉药囊提轲。秦王方还柱走，卒惶急不知所为，左右乃曰："王负剑！王负剑！"遂拔以击荆轲，断其左股。荆轲废，乃引其匕首以擿秦王，不中，中柱。秦王复击轲，被八创。

——《史记·刺客列传》

项王至阴陵，迷失道，问一田父。田父绐曰："左。"左，乃陷大泽中。

——《史记·项羽本纪》

这都是叙述动作的典型的文章，句逗何等简洁、迫促。有两三个字成句逗的，还有以一个字为句逗的。第一例的用"而"字的地方，

特别值得注意。上下两种动作用"而"字连接起来的时候很多。如:

> 齐侯游于姑棼，遂田于贝丘，见大豕。从者曰:"公子彭生也。"公怒曰:"彭生敢见?"射之，豕人立而啼。公惧，坠于车，伤足，丧屦。反，诛屦于徒人费，弗得，鞭之见血。走出，遇贼于门，劫而束之。费曰:"我奚御哉?"袒而示之背，信之。费请先入，伏公而出，斗死于门中。
>
> ——《左传·庄公八年》

这段文章中有四处用着"而"字，"而"字上下的两种动作都是连续的。语体里的"了"字，有时也有这种功用，如说"吃了饭上车"，"吃饭"和"上车"就有连续关系了。用"而"字或"了"字的句逗虽较长，其实是两个句逗的连合，如"袒而示之背"，可以除去"而"字，分成"袒""示之背"两个句逗，"吃了饭上车"，可以除去"了"，分成"吃饭""上车"两个句逗。这种用"而""了"的句逗，虽然多加了一个字，仍不失短句逗的功用。

（乙）提示短迫的时间。动作和动作间的时间相隔越小，越能表出连续的紧凑。电影里影片的转动可以快慢自由，容易做到任意的时间距离，文章上对于这一点，则有提示时间的办法，声明动作和动作间的时间距离多少。在描绘动态的文章里，这时间往往声明得很短。如:

> 仰视浮云驰，奄忽互相逾。
>
> ——李陵《答苏武》

手弄生绡白团扇，扇手一时似玉。

——苏轼《贺新郎》

试把花卜归期，才簪又重数。

——辛弃疾《祝英台近》

探春、紫鹃正哭着叫人端水来给黛玉擦洗。李纨赶忙进来了，三个人才见了不及说话，刚擦着猛听黛玉直声叫道："宝玉，宝玉，你好！……"说到"好"字，便浑身冷汗，不作声了。

——《红楼梦》第九十八回

这类提示时间短迫的方式很多很多。普通文章上用"忽""于是""遂""即""未几""顷之""同时"等字语的地方都在利用这技巧。旧小说里的所谓"正……时""说时迟，那时快"，也是表明时间相隔极短的。此外还有许多限制时间的方法，如"一"字在语体里往往被用到动词上来表达动作经过的快速。例如：

那大虫又饥又渴，把两只爪在地上略按一按，和身望上一扑，从半空里撺将下来。武松被那一惊，酒都做冷汗出了。说时迟，那时快，武松见大虫扑来，只一闪，闪在大虫背后。

——《水浒传》第二十三回

诸如此类的方法，说也说不尽，只要在读文字听言语的时候随时留意，自然还可有所发现。要之，文章中所写的动作如果是连续的，应保持它的连续的紧凑。上面所举的各种方法，目的都无非为图动作的连续紧凑而已。

以下再讲片段的动作。连续的动作是有两个以上的动作连续在一处的，这动作和那动作间天然有着前后的时间关系，仅只动作和动作，已呈露出连续和展进的形式，本身就是动的。如说"举杯邀明月"，"举"和"邀"两个动作是连续的，展进的。若只说"举杯"或"邀明月"，就成片段的动作，"举"只是"举"，"邀"只是"邀"，本不连续，更无展进可言。这只能说是动作的记述，不能表达动态。

让我们再来说电影。"举杯""邀明月"这两个动作，在文章里是片段的，在电影里却是连续的。假定从桌上举起杯子来，举到二尺高，电影里就有好几张片子来表达。对于"邀"的动作，亦应有好几个姿势，用好几张片子来表达。如果是有声电影，还可用声音来做表现动作的帮助，动态仍能完全表达的。文章中对于片段的动作要想表达动态，也得应用电影的方法。

（丙）分析动作的顺序步骤，事物的动作虽只有一种，如果分析起来，自有着许多顺序步骤，从这些顺序步骤里也可看出连续和展进来。说"花落"是片段的动作，说"花片片地落"，是带说着"落"的顺序步骤，是连续的展进的。后者较之前者，容易叫人引起动的幻觉，容易表达动态。这方法被许多文章家运用着，如：

兵入，以戈刺床下，数刺，数抵其隙。

——王猷定《钱烈女墓志铭》

一杯劝一杯，沉沉虎竟醉。……一刀初刺虎犹纵，三刀四刀虎不动。

——袁枚《费官人刺虎歌》

军书十二卷，卷卷有爷名……愿为市鞍马，从此替爷征。东市买骏马，西市买鞍鞯。南市买辔头，北市买长鞭。

——《木兰诗》

见渔人，乃大惊。问所从来，具答之。……村中闻有此人，咸来问讯。……此人一一为具言所闻，皆叹惋。余人各复延至其家，皆出酒食。……既出，得其船，便扶向路，处处志之。

——陶潜《桃花源记》

（丁）摹写从动作得到的感觉。事物在动作的时候对于我们的感官给予各种各样的感觉，把这感觉扼要地记述出来，也是传出动态的一种方法。为了要表达动态，与其说"金鱼在玻璃缸中游行"，不如说"金鱼在玻璃缸中闪烁着红光"；与其说"天打雷了"，不如说"天隆隆地打雷了"，来得动人。前者只是片段的动作的记述，后者比较能表现动态。在我们的感觉当中，文章上最被采用的是视觉和听觉，尤以用听觉为最便利、最直接。例如：

伐木丁丁，鸟鸣嘤嘤。

——《诗经·伐木》

哗啦啦打罢了头通鼓。

——平剧《珠帘寨》

唧唧复唧唧，木兰当户织。

——《木兰诗》

适有大星，光煜煜自东西流。

——程敏政《夜渡两关记》

船尾跳鱼拨剌鸣。

——杜甫《漫成一绝》

写片段的动作，要想表达动态，上面的两种方法是可用的。这两种方法不但在片段的动作上可用，也可用在连续的动作上。因为在连续动作之中，把某一种动作抽出来看，就是片段的动作了。

（甲）、（乙）、（丙）、（丁）四种方法，并不各自独立的，前面把它分项叙述，只是谋了解上的便利而已。这几种方法在文章里往往被参互夹杂使用。试看下例：

那大虫又剪不着，再吼了一声，一兜兜将回来。武松见那大虫复翻身回来，双手轮起哨棒，尽平生气力，只一棒，从半空劈将下来。只听得一声响，簌簌地将那树连枝带叶劈脸劈将下来。定睛看时，一棒打不着大虫，正打在枯树上，把那哨棒折做两截，只拿一半在手里。那大虫咆哮，性发起来，翻身又只一扑，扑将来。武松又只一跳，却退了十步远。那大虫却好把两只前爪搭在武松面前。武松将半截棒丢在一边，两只手就势把大虫顶花皮胳膊地揪住，一按按将下来。

——《水浒传》第二十三回

在这段文章里（甲）、（乙）、（丙）、（丁）四种方法都用到，并不只限定用某一种。

文章的动态，这题目如果从各方面来探讨，当然尚有不少可以发掘的地方。本文所说的，只是我个人的浅陋的考察的结果。

所谓文气

前人论文章，常提出"文气"的一个名词。学校里的国文教员批改学生的文课，也有"文气畅达"或"气势欠流利"等类的评语。所谓"文气"，究竟是什么？

凡是称为"气"的东西，都是不可捉摸的。中国医学上讲到"气"，理学上也讲到"气"，讲得都很玄妙、神秘，似可懂，似不可懂。从来文章家关于文气，也有种种说法，可是都说得并不具体。

本篇谈文气，想摆脱从来的玄妙、神秘的态度，做个比较具体的说明。在未入正文之前，试先把"气"字的解释来规定，我想把文气的"气"解释做俗语所谓"一口气""两口气"的"气"。文气这东西，看是看不出的，闻也闻不到的，唯一领略的方法，似乎就在用口念诵。文章由一个个的文字积累而成，每个文字在念诵时所占的时间，因情形不同而并不一致相同。假如这里有甲、乙两段文字，甲段是若干个字，乙段也是若干个字，我们念诵起来往往会快慢不同，例如：

饮马渡秋水，水寒风似刀。平沙日未没，黯黯见临洮。
昔日长城战，咸言意气高。黄尘足今古，白骨乱蓬蒿。
（甲）

——王昌龄《塞下曲》

国破山河在，城春草木深。感时花溅泪，恨别鸟惊心。

烽火连三月，家书抵万金。白头搔更短，浑欲不胜簪。

（乙）

——杜甫《春望》

这两首五言诗，同是八句，字数同是四十个，我们念诵起来，觉得（甲）快（乙）慢，假如（甲）的念诵时间是十五秒钟，（乙）的念诵时间就要十五秒以上。这理由全在句式的情形不同，（甲）例的五言句并不每句都完成一个意义的，如：

平沙日未没，黯黯见临洮。
昔日长城战，咸言意气高。

要两句合起来才完成一个意义，单独说"黯黯见临洮""咸言意气高"，是不成话的。虽然两句，要一口气去念诵，中间不能停顿过多，所以念诵起来就快了。至于（乙）例，除末两句外，都是可以每句自成一个意义的，如：

国破山河在。
城春草木深。
烽火连三月。
家书抵万金。

每句各有一个完成的意义。如果分析起来，像"国破山河在"可以说有两个意义，一是"国破"，一是"山河在"，一句等于两句。念诵的时候，句和句的停顿不妨长久，而且也要保持相当的距离，才能分出句和联（两句叫一联）的关系来，所以念诵就慢了。

同样的情形，也常在词里碰到，例如《高阳台》是一百个字，《金缕曲》是一百十六个字，我们念诵起来，《高阳台》字少，占时间反多；《金缕曲》字多，占时间反少。念诵是一个进行的动作，文章一句一句念下去，自然就发生流动，像流水一样。所以可说文气是篇篇文章都有的，所差者只是强弱。用前面所举的（甲）、（乙）两首五言诗来说，（甲）的气势可以说比（乙）的强。文气的强弱，和文章的好坏本来没有密切的关系，我们不能说（甲）诗一定比（乙）诗好，也不能说凡是《金缕曲》调的词，一定比《高阳台》调的词好，我们所能承认的只是文气确有强弱之分罢了。唐宋以来的文章批评家颇多以文气的强弱为批评的标准者，我们不必附和其说，本文所想加以考察的只是文气加强的条件。前面以诗词为例，说念诵起来快的文气较强，念诵起来慢的文气较弱，以下试就普通文章来做更进一步的考察，看所谓文气旺盛的文章，形式上构造上有什么特殊的地方。

（一）以一词句统率许多词句，足以加强文气，因为许多词句为一词句所统率，读去就不能中断，必须一口气读到段落才可停止。凡具有这种构造的文章，文气都强。例如：

　　仆之先非有剖符丹书之功，文史星历，近乎卜祝之间，固主上所戏弄，倡优所畜，流俗之所轻也。

　　　　　　　　　　　　　　　　　　——司马迁《报任少卿书》

秦孝公据殽、函之固，拥雍州之地，君臣固守，以窥周室，有席卷天下，包举宇内，囊括四海之意，并吞八荒之心。

——贾谊《过秦论》

第一例一串文句由"仆之先"统率，非从"仆之先"连念至"也"字不能停止；第二例一串文句由"秦孝公"统率，非从"秦孝公"连念至"心"字不能停止，中间虽有若干逗点，都只许暂停而已，一壁暂停，一壁仍须接上去念，念到相当的地方才完结。这样，文章的气势就觉得旺盛了。

（二）在一串文句中叠用调子相同的词句，也足以加强文气。我们叙述一件事情或说述一件事物，可以统括地说，也可以分别列举地说。如说"张三生活很阔绰"，这是统括的说法。说"张三住的是洋房，坐的是汽车，着的是皮大衣……"这是分别列举的说法。后者文气比前者强，因为虽然有好几句，念起来须保持前后的联络，无法中断的缘故。凡是列举说述的言语，大概各部分调子相同的。例如：

匹夫而为百世师，一言而为天下法，是皆有以参天地之化，关盛衰之运，其生也有自来，其逝也有所为。故申吕自岳降，傅说为列星。古今所传，不可诬也。孟子曰，我善养吾浩然之气。是气也，寓于寻常之中，而塞乎天地之间，卒然遇之，则王公失其贵，晋楚失其富，良平失其智，贲育失其勇，仪秦失其辩。是孰使之然哉？其必有下依形而立，不恃力而行，不待生而存，不随死而亡者矣。故在天为星辰，在地为河岳，幽则为鬼神而明则复为人。此理之常，无足怪者。

——苏轼《潮州韩文公庙碑》

故绝圣弃知，大盗乃止。擿玉毁珠，小盗不起。焚符破玺而民朴鄙。掊斗折衡而民不争。殚残天下之圣法而民始可与论议。擢乱六律，铄绝竽瑟，塞瞽旷之耳而天下始人含其聪矣。灭文章，散五采，胶离朱之目，而天下始人含其明矣。毁绝钩绳而弃规矩，攦工倕之指，而天下始人有其巧矣。

——《庄子·胠箧》

上面所引两文，文气的旺盛是一般文章家所公认的，其中就有不少调子相同的部分。这些调子相同的词句都是列举式的，如果用一句统括的话来改说，念起来文气就要减弱许多了。

调子相同的词句虽能使文气加强，但也须运用得适可而止，于必要时善为变化。上两例中，第一例苏轼文有好几组调子相同的词句，各组有不变化的，有变化的，如：

王公失其贵，晋楚失其富，良平失其智，贲育失其勇，仪秦失其辩。（不变化）

故在天为星辰，在地为河岳，幽则为鬼神而明则复为人。（变化）

第二例《庄子》文在一组同调子的词句里，亦颇参着变化。如：

擢乱六律，铄绝竽瑟……而天下始人含其聪矣。

灭文章，散五采……而天下始人含其明矣。

毁绝钩绳而弃规矩……而天下始人有其巧矣。

一组共三排，上段句式就各不相同。又如前所举贾谊《过秦论》云：

有席卷天下，包举宇内，囊括四海之意，并吞八荒之心。

"席卷天下""包举宇内""囊括四海""并吞八荒"都是同调子的词句，可是偏用得这样不平均，不说"有席卷天下、包举宇内之意，囊括四海、并吞八荒之心"，也是于同调子中故意求变化的缘故。同调子的词句便于快速诵念下去，固是一个原则，小施变化，使同中有异，反足以助长波澜，叫文气更能生动。句调平板的文章，念诵起来等于宣卷，反足减损义气。唐宋以来的古文家看不起六朝的骈文，就因为骈文句法平板，变化不多的缘故。

（三）多用接续词，把文句尽可能地上下关联，也是加强文气之一法。接续词的功用在使两词连成一词，两句连成一句，甲乙两句话，本来可以先说甲句再说乙句，中间留出停顿的时间，如果用接续词连了起来，就成了一句话，非做一口气说完不可了，说来就自然要快速些。又，接续词有彼此互相呼应的，如"虽——然而""与其——毋宁"等上下相呼应，上面念到"虽"，"然而"就会跟着上口来，念到"与其"，"毋宁"也就立刻在嘴边了。接续词不但自相呼应，还可和别的词相呼应。如"况"常和疑问词"哉""乎"等相呼应，"虽"也可和"亦""犹"等字相呼应，牵用其一，就连及其伴侣。因了接续词的关系，可以叫念诵的时间短缩，这是很明显的。

例如：

传曰："古之欲明明德于天下者，先治其国；欲治其国者，先齐其家；欲齐其家者，先修其身；欲修其身者，先正其心；欲正其心者，先诚其意。"然则古之所谓正心而诚意者，将以有为也。今也欲治其心而外天下国家，灭其天常，子焉而不父其父，臣焉而不君其君，民焉而不事其事。孔子之作《春秋》也，诸侯用夷礼则夷之，进于中国则中国之。经曰："夷狄之有君，不如诸夏之亡。"《诗》曰："戎狄是膺，荆舒是惩。"今也举夷狄之法而加之先王之教之上，几何其不胥而为夷也？夫所谓先王之教者何也？博爱之谓仁，行而宜之之谓义，由是而之焉之谓道，足乎己无待于外之谓德。其文《诗》《书》《易》《春秋》；其法礼乐刑政；其民士农工贾；其位君臣，父子，师友，宾主，昆弟，夫妇；其服麻丝；其居宫室；其食粟米，果蔬，鱼肉；其为道易明而其为教易行也。是故以之为己则顺而祥；以之为人则爱而公；以之为心则和而平；以之为天下国家无所处而不当。是故生则得其情，死则尽其常；郊焉而天神假，庙焉而人鬼飨。曰，斯道也，何道也？曰，斯吾所谓道也，非向所谓老与佛之道也。尧以是传之舜，舜以是传之禹，禹以是传之汤，汤以是传之文武周公，文武周公传之孔子，孔子传之孟轲。轲之死，不得其传焉。荀与扬也，择焉而不精，语焉而不详。由周公而上，上而为君，故其事行；由周公而下，下而为臣，故其说长。然则如之何而可也？曰，不塞不流，不止不行。人其人，火其书，庐其居，明先王之道以道之，

鳏寡孤独废疾者有养也，其亦庶乎其可也。

——韩愈《原道》

苏子曰，客亦知夫水与月乎？逝者如斯而未尝往也。盈虚者如彼而卒莫消长也。盖将自其变者而观之，则天地曾不能以一瞬；自其不变者而观之，则物与我皆无尽也。而又何羡乎？且夫天地之间，物各有主。苟非吾之所有，虽一毫而莫取。惟江上之清风与山间之明月，耳得之而为声，目遇之而成色，取之无禁，用之不竭，是造物者之无尽藏也，而吾与子之所共适。

——苏轼《赤壁赋》

上二例中，接续词有仅接词或句的，如：

客亦知夫水与月乎（"与"接上下二词）
其为道易明而其为教易行也（"而"接上下二句）

又有接上下二段的，如：

客亦知夫水与月乎？逝者如斯而未尝往也。盈虚者如彼而卒莫消长也。盖将自其变者而观之，则天地曾不能以一瞬；自其不变者而观之，则物与我皆无尽也。而又何羡乎？

上下二段，用一"盖"字联结着，前后就成一串了。此外如"然则""是故""且夫"也都有这样的功用。仅接合词句的接续词，助长文气的力量尚小，至于把两段文句接合的接续词，助长文气的力量就甚大。

以上三项都是加强文气的方法，念诵起来气势旺盛的文章似乎都含有这些条件。这些条件，在一篇文章中都是相互混合着的，一一分别了说，只是为说明上的便利而已。加强文气也许尚有其他的方法，这里所说的只是作者个人的一时的考察。

总而言之，要领略文章的气势，念诵是唯一的途径。念诵起来须急忙追赶，不能中途停滞的就是所谓气势旺盛的文章。一般文章家评文章，有所谓"洋洋洒洒""一泻千里""波澜壮阔"等类的话，可以说都是说明这境况的。

文气旺盛的文章，念诵起来须急忙追赶不能中途停滞。但其中各部分仍须独立自然，并无缺损，句子非一定冗长，前后合起来固成一串，分开来也仍自然，最要紧的是便于念诵。念诵不便的词句，反足阻滞文气，近代欧化的语体文，往往有佶屈聱牙不便念诵的，如：

我们现在说明科学名词存在的理由分三层来说：

第一，科学研究的东西往往不是平常人知道有的东西。

氢二氧，固然可以叫它"水"，温度达到沸点，固然可以叫做"开"，或是"滚"，但是像钠、铝、声浪、电波、微菌、维他命都是平常不知道有的东西，所以不得不给它们些名词，以便称述。

第二，科学家所研究的事情往往不是平常人所问的事情。比方东西动的快慢科其名曰"速度"，其实就是快慢；可是比方东西往下掉的时候它的速度越变越快，它的变法究竟变得有多快，这是科学要问而平常人不大问的事情，因而不得不给它个名词叫"变速度"。

再比方一个病人跟一好人在一处，分开之后第二人好像没有过着那个人的病，可是过了几天那个病发出来了。并且查各种传染病从染着过后到发出来有各种不同的期限，因而就给这期限一个名词，叫某种传染病的"潜伏期"。

第三，也是最要紧的，就是科学所以要用科学名词是为着要改组日常所见的东西跟事情的观念。因为咱们日常所用的名词，跟这些名词所代表的观念往往是很不清楚很不一致的，只要一仔细认真地想要把它弄清楚，想要找出它所代表的实在的东西跟事情，就会发觉出来许多分歧跟矛盾的地方。

比方"力"是一个很笼统没有清楚范围的观念，科学就分出力（狭义的）是质量乘变速度（ma）；动量，是质量乘速度；动能，是半质量乘变速度平方（$1/2mv^2$）等不同的事情，冷热就分出温度、热量、比热、皮肤上的冷觉点的感觉，都是各有各的意义跟范围的。照平常观念鲤鱼也是鱼，鲸鱼也是鱼。科学就根据卵生、胎生等现象分出鱼类跟哺乳类，而把鲸鱼跟猫、狗、人类一同归在哺乳类。年的观念比较清楚一点，但是细追起来，又有以四季定年（回归年），以地球公转真周期定年（恒星年），以地球近日点周期定年（近点年），以黄白道交点周期定年（交食年）的四种长短不同的年。

还有假如平常的名词。经查考的结果知道它所指的东西并不存在，所说的事情并无其事，或是所指的事物经分析过后内容各部太不相干，不成有意义的观念，例如神仙、手气（赌钱的手气）、药的寒性热性、发（吃鸡是发的）等，科学压根儿就不谈这一套，如果要谈的话就拿它们当语言学跟社会科学的材料了。

总结起来可以说，科学的所以用名词，不是因为好好儿的老牌名词不够时髦必得改了洋装才够引人注意，也不全为科学要研究平常不知道有的东西跟不注意的事情而题新名词，乃是因为咱们平常所持的观念跟这所用的名词太含糊太不一致，一经细查就觉出来或者是没有这回事，或者它并不是一类事，因而不得不另造一些分析严密范围清楚的名词，才可以作散布跟推广正确知识的合用的工具。这是科学名词存在的主要的理由，并且也应该作用科学方法研究向来不认为在科学范围内的任何类问题的榜样。

——赵元任《科学名词跟科学观念》

此文字句正确，限制严密。可算是近代的好文字，但若用旧式的念诵法来念诵，有些部分就觉不大流利畅快。原来同是对于文章，古代人和近代人所取的手段不同，古代人重在用口念，近代人重在用眼看。近代人从早晨接到报纸起，到晚上睡觉为止，不知道眼睛上要经过多少字数的文章，可是都只在眼睛上经过而已，用口念诵的真是极少极少。所以文气是近代文章上所忽略的一方面，本文谈文气不取近代语体文做例，就为了这个缘故。

　　文章的内容不外乎作者的意念。意念可以从外界的事物收得，如观察某一件东西，经验某一件事情，可以收得许多意念，把这许多意念写出来，就成记叙式的文章。意念又可从内部发生，如眼前并无某一件东西或事情，作者可以对某一件东西或事情发生个人的感想或意见，这感想或意见就是意念，写出来或成感想式、议论式的文章。

　　意念是无形的东西。文字是它的符号，一个意念可有许多符号。我们在辞书里检查字义，常看见一个字用副的字来解释，如《说文》"今"字下说"是时也"，《尔雅·释诂》说"初、哉、首、基、肇、祖，元、胎、俶、落，权舆，始也"。"今"和"是时"同是一个意念符号，"初""哉""首""基""肇""祖""元""胎""俶""落""权舆"和"始"也同是一个意念符号。一个意念符号可随时代演进增加，如依我们今日的用语来说，"今"不止可解作"是时"，还可解作：

　　目下　目前　现在　眼前　当代　现代　斯世　并世　我们的时代　这个年头……

　　"始"字除了那些古义以外，也还可有各种各样的解释。如：

　　滥觞　渊源　开端　起头　起源　发生　发端　发轫　起首 开始　开头　开创　开场　揭开　序幕　第一步　暴　破题儿 第一遭　行剪彩礼……

　　这些词儿虽有雅有俗，可是都可用做"始"的解释。

　　一个意念，符号可以多至不遑枚举。"死"的一个字，据我所知，从"崩""薨""卒""亡""物故""物化""即世""逝世"等起，到"翘辫子""口眼闭""两脚直""见阎王""着木头长衫""呜呼哀哉"等等止，差不多可有近二百种的说法，符号之繁多真是可惊。任何一个意念，只要从多方面去考察，就会发现各式各样的符号，这些符号往往是辞书上所不载的。林语堂先生曾有编纂《义典》的计划，拟将意义相同的词儿或成语，按事类辑在一处，可惜还没有成书。

　　一个意念有许多符号，我们在写作或说话中，应该怎样去使用这些符号呢？符号好比俳优的服装，要表达一个意念到语言或文章上，好比送一个俳优出舞台去给观众看，这俳优该怎样装束，怎样打扮，是戏剧家所苦心考虑的。文章家也该用和这同样的苦心去驱遣符号。

　　第一，符号既是意念的服装，服装要收藏得多，才能供给需要，如只有一身，就枯窘可怜了。从前有句老话叫"学文须先识字"，字原是符号。但一个个的方块字是意义不完足的；我们不妨把"字"改作"词儿"或"用语"，对于某一个意念，知道的"词儿"或"用语"越多，运用起来越便当。例如：

　　惠王用张仪之计，拔三川之地。西并巴、蜀，北收上郡，南取汉中，包九夷，制鄢、郢，东据成皋之险，割膏腴之壤，遂散六国之从，使之西面事秦，功施到今。

——李斯《谏逐客书》

这里面的"拔""并""收""取""包""制""据""割"等字，所寄托的意念可以说只是一个。彼此互易，也没有什么不可以。如果老是用其中的一个，毫无变化，就觉得窘态毕露，不好看了。文章家在有变化符号的必要时，常费了心思去求变化，如韩愈《画记》云：

牛大小十一头，橐驼三头，驴如橐驼之数而加其一焉。

"橐驼三头"，"如橐驼之数而加其一"等于说"四头"，可是作者不直说"四头"，却应用了算术上 3+1=4 的计算方式，故意做着弯曲的说法。这明明是为了求变化的缘故。

第二，须依照情境，把符号严密选择。"词儿""用语"既认识得多了，选择的功夫更不可忽。选择的标准，积极的只有一个，就是求适合情境。这情境一语包含甚广，说者作者自己的心境，对听者或读者的关系，以及谈话或文章的上下部分等等，都可以包括在情境一语里面。同是一个意念，在不同的情境之下该有不同的说法。如：

高皇帝弃群臣，孝惠皇帝即世，高后自临事，不幸有疾，日进不衰，以故诗暴乎治。

——汉文帝《赐南粤王赵佗书》

不上一点钟，差不多先生就一命呜呼了。

——胡适《差不多先生传》

"弃群臣""即世""一命呜呼"都是死的意思。"弃群臣"是表示君之死的，"即世"可通用于诸侯大夫，现在甚至一般人的死去也可适用了。汉文帝为"高皇帝"的儿子，"孝惠皇帝"之异母弟，所以称"高皇帝"的死叫"弃群臣"，称"孝惠皇帝"的死叫"即世"。至于"一命呜呼"只是一种谐谑的说法，《差不多先生传》原是一篇有谐谑性的文章，所以可用"一命呜呼"的谐谑语。

一串意念相同的符号，普通叫作同义语，其实符号与符号决不会全然同义的，只是一部分的意义互相共通罢了。例如"人口""人手""人头"都可做"人"解释，但如果说在表达"人"的意念时，任何符号都可通用，这就大错。这些符号各有各的特色。如说：

家里人口多，生活就不容易了。（甲）

这工作太烦重，怕人手不够。（乙）

人头税是一种按人征收的捐税。（丙）

（甲）从食物说，所以用"人口"，（乙）从工作说，所以用"人手"，（丙）从个数说，所以用"人头"。如果彼此互易，就不成话。

还有，言语这东西是会因了时代而变迁生长的。一个符号，本身意味往往会今昔不同。例如，"少爷""小姐"本来是对青年男女的尊称，近来意味已转变许多，含有讥笑、鄙薄的意味，虽生在富贵之家的青年男女，也不愿接受这些称呼了。又如："情人""相好"

都是表达未经正式婚姻的相爱的男或女的，但在现今，你如果对在恋爱中的朋友称他或她的对手叫"情人"或"相好"，必会引起不快，于是"恋人""爱人"等新语就应运而生了。政治的纠纷非常微妙，近来报纸上常见到 × 派与 × 派间发生"摩擦"的标题，这摩擦是新语。放着"冲突""斗争"等等陈语不用，故意把"摩擦"做如此解释，也是有意义的。诸如此类的变化，只好随时随地去体会，用敏锐的感觉力去辨别，寻常的字典上是翻查不出的。

选择符号的积极的标准是求适合情境。此外还有一个消极的标准，就是求意念明确。选择符号从积极的标准说来，固然要叫它适合情境，如果找不到适合情境的符号，就是创造新符号也不妨。可是消极的方面也须顾到。我们用符号来表示意念，最要紧的是照意念明确表出，不致发生误解。例如：

抗日战争在卢沟桥揭开序幕。

这用"揭开序幕"来表出"始"的意念，是很明确的。如果说：

我整理书籍昨天已揭开序幕了。

这里的"揭开序幕"如果也是表示"始"的意念的，那么就不明确。听到这话的人也许以为"已把藏书室的门幕拉开"哩。又如：

今日是十四天，再过六日就是二十天了。（甲）
今天是十四日，再过六天就是二十日了。（乙）

"天""日"原同是表日子的符号，可是习惯上用法有时有分别，说"今天""明天"和说"今日""明日"原没有两样，说"十四天""二十天"和说"十四日""二十日"是不同的。譬如今天是一月五日，要说"一月五日"，不该说"一月五天"。上面两个例，（甲）只是计算日数，说话的时候不限在某月十四日，（乙）在计数日历上日子，这话正是在某月十四日说的。此种关系如果弄错了，也便会犯不明确的毛病。

不明确的原因大半由于歧义。一个符号可做这样解，又可做那样解，于是就不明确了。这种毛病是容易犯的，甚至文章家也难免。如：

世有伯乐，然后有千里马。千里马常有，而伯乐不常有。故虽有名马，只辱于奴隶人之手，骈死于槽枥之间，不以千里称也。

——韩愈《杂说》

有人批评这里面的两个"千里马"，所代表的并非同一意念。因为上文说"世有伯乐然后有千里马"，"有伯乐"是"有千里马"的条件。下文说，"千里马常有而伯乐不常有"，岂非先后自相矛盾？所以这两个"千里马"，并非同一意念的符号：上面的"千里马"是名实合一的"千里马"，下面的"千里马"，是有"千里马"之实而无"千里马"之名的"千里马"。用譬喻来说，上面的"千里马"犹之"博士"，下面的"千里马"犹之"有学问的人"。如果要明确地说，应该是"世有伯乐，然后千里马获有千里马之名……"

以上所说的意念和符号的关系，是全从词儿或用语着眼的。意念的表出还可再把观点扩大，从整串的说话或文句着眼。一串说话或文句，常有可用一二字包括的，例如：

吾年未四十而视茫茫而发苍苍而齿牙动摇。

——韩愈《祭十二郎文》

今农夫五口之家，其服役者不下二人，其能耕者不过百亩，百亩之牧不过百石。春耕夏耘，秋获冬藏，伐薪樵，治官府，给徭役。春不得避风尘，夏不得避暑热，秋不得避阴雨，冬不得避寒冻。四时之间，无日休息。

——晁错《论贵粟疏》

第一例"而"字以下数句，等于说"衰"。如果说"吾年未四十而衰"，原也足以表出同样的意念的，第二例"春不得避风尘，夏不得避暑热，秋不得避阴雨，冬不得避寒冻"，就是下文"四时之间，无日休息"的意念，可以说是一种重复的说法。

"衰"和"视茫茫""发苍苍""齿牙动摇"在一例里是表达同一意念的符号，作者何以不取"衰"而取"视茫茫""发苍苍""齿牙动摇"呢？这是效果上的问题，在这情境中，"视茫茫""发苍苍""齿牙动摇"比只说"衰"具体得多，动人得多。第二例只说"四时之间，无日休息"，还是概括的，上面"春不得避风尘，夏不得避暑热，秋不得避阴雨，冬不得避寒冻"是一一列举的诉说，因为这段文章的目的就在诉说农民的苦痛，所以不觉其重复，反觉适合情境，效果增加了许多。

一串说话或文句该怎样说？换句话说，该用什么符号来表出？

这标准也可有两个，一是积极的，求适合情境。"不战"和"不费斗粮，未烦一兵，未战一士，未绝一弦，未折一矢"（见《国策·苏秦以连横说秦》）是同一意念的符号，"天下乌鸦一般黑"，"东山老虎要吃人，西山老虎也吃人"（皆俚谚），和"滔滔皆是"也可做同一意念的符号。这些符号有简说的，有详说的，有直说的，有用譬喻的，此外更有各种各样的方式。表示意念的时候，用得合乎情境，用得有效果，就任何符号都好，否则就任何符号都不好。

还有一个是消极的标准，一串说话或文句之中，各句都自占着地位，同时对于上下文也各有关系。逐句的安排要合乎习惯，没有毛病。试用前面举过的韩愈《画记》的例来说：

牛大小十一头，橐驼三头，驴如橐驼之数而加其一焉。

不说"驴四头"，前面曾说过为求变化，如果就一串文句看，还有一个理由可说，就是为了要用"驴"来把这一小段结束。如果说"牛大小十一头，橐驼三头，驴四头"，不但缺乏变化，语气不能完结，全篇的段落就因之不分明了。平心而论，"驴四头"，"四头"就是了，故意说做"如橐驼之数而加其一焉"，原有矫揉、不自然的缺点，但这样改说，在结束上究竟收到了效果，功过利害可以相抵而有余的。又如《杂说》中两次用"千里马"，意念不一致是一个缺点，但在别方面颇获得了奇警的效果。如果改作"世有伯乐，然后千里马有千里马之名"就平凡得多了。

要将一句句子摆入一串文句里面去，从一串文句或全篇文章考察起来，问题是很多的。用一个意念来造句，可有各种各样的方式。譬如：一匹马在路上跑过把一只黄犬踏死了，这事可有好几种写法。关于这，从前的文章家曾有好几个人造过句，叫做"黄犬奔马"句法，是很有名的。如下：

马逸，有黄犬遇蹄而毙。（穆修）（甲）

有犬死奔马之下。（张景）（乙）

适有奔马践死一犬。（沈括）（丙）

逸马杀犬于道。（欧阳修）（丁）

有犬卧通衢，逸马蹄而死之。（欧阳修之友）（戊）

（甲）、（乙）、（丙）见《扪虱新话》，（丁）、（戊）见《唐宋八家丛话》，前人对于这些句法，孰优孰劣，批评不一。其实，一句句子的好或不好，要看上下文的情境，单独抽出一句来看是无从批评的。上面五种句法，有观点上的不同，有的从"犬"方面说，有的从"马"方面说，又有繁简上的不同，有的只六个字，有的多至十余字，可是当作表出意念的符号来看，是同一的，犹之"四"是"四"，"三加一"也是"四"。说"四"好呢，说"三加一"好呢？要看情境才能决定。

以上已就词儿、文句两方面略论意念和表出符号的情形，意念的表出方式和符号的运用，还可更进一步扩大范围，从篇章方面来考察。意念可大可小，可以用一个词儿来做符号，可以用一串文句来做符号，也可用一篇文章或一首诗来做符号。有许多文章，全篇可以用一个意念来简单地概括。如：

煮豆燃豆萁，豆在釜中泣。本是同根生，相煎何太急？

——曹植《七步诗》

　　大家知道这首诗是讽示曹氏兄弟间猜忌的，兄弟间不该猜忌是意念，这首诗就是寄托意念的符号。由此类推起来，《列子·愚公移山》可以说是"精诚感神"或"有志竟成"的意念的符号，柳宗元的《捕蛇者说》可以说是"苛政害民"的意念符号，易卜生的《娜拉》，《镜花缘》的"女儿国"，可以说是"妇女地位应改革"的意念的符号了。表出一个意念，用诗呢，用故事体裁呢，还是用小说或剧本的形式呢？是作家们所苦心考虑的问题。这话牵涉文艺作品全体，和普通的所谓文章法则相去太远，不详说了。

就古今抒情诗文检查起来，最多见的是发抒感慨的文章。抒情文是以情为内容的，所谓情，有喜、怒、哀、乐、恐怖，有崇高、幽默、滑稽、悲壮等。我曾想按照情的种类，把从来的抒情的诗文来分配辑集，结果除滑稽之情的文章另有专书（如笑话）外，发现最多的是抒写感慨的文章。诗集、词集里最多的要算"伤春""悲秋""怀古""有感"一类的题目，文集里常碰到"噫""呜呼"等类的感叹词。

这类感慨的诗文自古为人传诵，甚至现在中学校的国文教本里也选入若干供学生诵读。影响所及，青年人的笔下也染了感慨的色彩，这是值得注意的现象。怪不得胡适氏在《文学改良刍议》里要把"不作无病呻吟"列在"八不"之中。

本文想就感慨的文章略做考察。先来谈谈感慨之情的本身。感慨的情绪成立于今昔的对比，"今不如昔"是一个条件。例如：

桓公（温）北征，经金城，见前为琅邪时种柳皆已十围。慨然曰：木犹如此，人何以堪？攀枝执条，泫然流泪。

——《世说新语》

见树之长大而感到种树者自己的年老，今昔对比发生感慨，至于"流泪"。所以感慨的原因，当然不在树之长大而在自己的年老，就是今不如昔。事物的变迁也有今胜于昔的，可是从要感慨的人看

来，一定是今不如昔。例如现世的也有比古代进步的事情，但在顽固的老人却对什么都会叹息"世风不古""江河日下"，就是这缘故。又例如：一书画家到了老年，就用"人书俱老"（唐孙过庭《书谱》语）的印章，落款书"时年八十有五"或"年政九十"，在书画家看起来，年老不但不是可悲事，而且是可夸的事（至少在书画的造诣上是这样），所以不致有感慨了。

感慨的成立由于今昔对比，今不如昔是一个条件。此外还有一个条件，感慨的情绪往往是退婴的、消极的，对于今不如昔的事实如果有谋恢复求改进的积极的意志，感慨就不会发生。例如：

怒发冲冠，凭栏处、潇潇雨歇。抬望眼、仰天长啸，壮怀激烈。三十功名尘与土，八千里路云和月。莫等闲、白了少年头，空悲切。靖康耻，犹未雪。臣子恨，何时灭？驾长车、踏破贺兰山缺。壮志饥餐胡虏肉，笑谈渴饮匈奴血。待从头、收拾旧山河，朝天阙。

——岳飞《满江红》

夫难平者事也。昔先帝败军于楚，当此时，曹操拊手，谓天下已定。然后先帝东连吴越，西取巴蜀，举兵北征，夏侯授首；此操之失计而汉事将成也。然后吴更违盟，关羽毁败，秭归蹉跌，曹丕称帝。凡事如是，难可逆见。臣鞠躬尽瘁，死而后已。至于成败利钝，非臣之明所能逆睹也。

——诸葛亮《后出师表》

这两位作者都在忧患之中，眼前都是"今不如昔"，可是他们的语气中虽有悲愤，却没有感慨。因为他们有积极的意志，"待从头、收拾旧山河""鞠躬尽瘁，死而后已"，在有这样意志的人，感慨的情绪是无从乘隙而入的。试再看下例：

哀江南

（北新水令）山松野草带花挑，猛抬头秣陵重到。残军留废垒，瘦马卧空壕。村郭萧条，城对着夕阳道。

（驻马听）野火频烧，护墓长楸多半焦。山羊群跑，守陵阿监几时逃？鸽翎蝠粪满堂抛，枯枝败叶当阶罩。谁祭扫？牧儿打碎龙碑帽。

（沉醉东风）横白玉八根柱倒，堕红泥半堵墙高。碎玻璃瓦片多，烂翡翠窗棂少。舞丹墀燕雀常朝，直入宫门一路蒿，住几个乞儿饿殍。

（折桂令）问秦淮旧日窗寮——破纸迎风，坏槛当潮，目断魂消。当年粉黛，何处笙箫？罢灯船，端阳不闹；收酒旗，重九无聊。白鸟飘飘，绿水滔滔。嫩黄花有些蝶飞，新红叶无个人瞧。

（沽美酒）你记得跨青溪半里桥？旧红板没一条。秋水长天人过少。冷清清的落照，剩一树柳弯腰。

（太平令）行到那旧院门，何用轻敲？也不怕小犬哔哔。无非是枯井颓巢，不过些砖苔砌草。手种的花条柳梢，尽意儿采樵。这黑灰是谁家厨灶？

（离亭宴带歇指煞）俺曾见金陵玉殿莺啼晓，秦淮水榭花开早。谁知道容易冰消？眼看他起朱楼，眼看他宴宾客，眼看他楼塌了！这青苔碧瓦堆，俺曾睡风流觉，将五十年兴亡看饱。那乌衣巷不姓王，莫愁湖鬼夜哭，凤凰台栖枭鸟。残山梦最真，旧境丢难掉。不信

这奥图换稿。诌一套《哀江南》，放悲声唱到老。

——《桃花扇·余韵》

这是明亡后《桃花扇》的作者借了苏昆生的口唱出来的曲子，是写故国之感的有名的文章。把许多事物今昔对比，都显出着"今不如昔"。全体看不见一些些的积极的意志，只觉得"无可奈何"。明亡以后，谋恢复的人不少，在史可法、郑成功、张苍水等有积极意志的人的笔下，怕不会有这样以感慨始以感慨终的文字吧。

感慨是一种"无可奈何"的情怀，大至兴亡之感，小至时序之感，都一样。关于"春去"，可有两种说法，有人在立夏前一日的深晚，说"未到晓钟犹是春"（贾岛句），有人在春光尚好的时候却说"雨横风狂三月暮，门掩黄昏，无计留春住。泪眼问花花不语，乱红飞过秋千去"（欧阳修词），前者并不感慨，后者才是感慨。

感慨之中有一种，是由把人和大自然相对比而发生的。人和自然的对比，会感到自己渺小，也会觉得无可奈何，抑灭积极的意志，自然发出感慨来。例如：

前不见古人，后不见来者。念天地之悠悠，独怆然而涕下。

——陈子昂《登幽州台歌》

客有吹洞箫者，倚歌而和之。其声呜呜然，如怨如慕，如泣如诉。余音袅袅，不绝如缕。舞幽壑之潜蛟，泣孤舟之嫠妇。苏子愀然，正襟危坐而问客曰："何为其然也？"客曰："'月明星稀，乌鹊南飞'，此非曹孟德之诗乎？西望夏口，东望武昌，山川相缪，郁乎苍苍，此非孟德之困于周郎者乎？方其破荆州，下江陵，顺流而东也，舳舻千里，旌旗蔽空，酾酒临江，横槊赋诗，固一世之雄也，而今安在哉？况吾与子渔樵于江渚之上，侣鱼虾而友麋鹿。驾一叶之扁舟，举匏樽以相属。寄蜉蝣于天地，渺沧海之一粟。哀吾生之须臾，美长江之无穷。挟飞仙以遨游，抱明月而长终。知不可乎骤得，托遗响于悲风。"

——苏轼《赤壁赋》

这种感慨比较玄妙，在寻常人看来，也许可以说是"事不干己"。如果把自己认作大宇宙大自然的一部分来看，谁也会觉得自己的渺小、孤独，起无可奈何之感。一般所谓"怀古"的文章，那情怀和这颇有相通的地方。如：

六代豪华，春去也，更无消息。空怅望、山川形胜，已非畴昔。王谢堂前双燕子，乌衣巷口曾相识。听夜深、寂寞打孤城，春潮急。思往事，愁如织。怀故国，空陈迹。但荒烟衰草，乱鸦斜日。《玉树》歌残秋露冷，胭脂井坏寒螀泣。到而今、只有蒋山青，秦淮碧。

——萨都剌《满江红·金陵怀古》

越王勾践破吴归，义士还家尽锦衣。宫女如花满春殿，只今唯有鹧鸪飞。

——李白《越中怀古》

这种感慨也由今昔对比，觉得今不如昔而生。但这所谓"昔"，远在数百年或数千年，对于作者亦可说"事不干己"的。这时作者的情怀另有一种，就是把自己短短的生命投入在无限的时间的大流里，

于是数百年、数千年前的盛况，好像和自己也有过关系似的，这才抚今追昔，生出感慨来。

感慨文章中所含有的感情，分析起来似乎就不过上面所说的几种。无论哪一种，其性质都是退婴的、消极的、无意志的。如果以现实的人生为标准评价起来，那种自己觉得渺小、孤独，觉得无可奈何的心情是害多利少的。感慨的结果原也可引起积极的情怀，如有感于年龄已老，益思效力于国家社会，目睹世事日非，发心改革恢复，悟到人生的无常，就去积极地做宗教上的修证等，古今原有其人。但这时感慨的情怀已被破坏变质，感慨早已不复存在了。所以就感慨的本质说，完全是退婴的、消极的、无意志的东西。

感慨之情的性质大约如上面所说。次之，再来看看感慨文章中发抒感慨的方法。文章发抒感慨，不消说有种种技巧，种种方式。我觉得归纳起来只有一个法则，就是把时间郑重点出。这法则并不是偶然的，因为感慨之情原由今昔对比觉得"今不如昔"才发生，所以时间观念与感慨之情就有密切的关系。凡是感慨文章，记述事物的变迁，都把时间郑重点出。如：

> 昔我往矣，杨柳依依。今我来思，雨雪霏霏。行道迟迟，载渴载饥。我心伤悲，莫知我哀。
>
> ——《小雅·采薇》
>
> 于我乎，夏屋渠渠，今也每食无余，于嗟乎不承权舆。
>
> ——《秦风·权舆》
>
> 朱雀桥边野草花，乌衣巷口夕阳斜。旧时王谢堂前燕，飞入寻

常百姓家。

——刘禹锡《乌衣巷》

今日忽开此书，如见故人。因忆侯在东莱静治堂，装卷初就，芸签缥带，束十卷作一帙，每日晚吏散，辄校勘二卷，跋题一卷。此二千卷有题跋者五百二卷耳。今手泽如新而墓木已拱，悲夫！

——李清照《金石录后序》

噫！余之手摹也。亡之且二十年矣。余少时尝有志乎兹事，得国本，绝人事而摹得之，游闽中而丧焉。居闲处独，时往来余怀也，以其始为之劳而凤好之笃也。今虽遇之，力不能为已，且命工人存其大都焉。

——韩愈《画记》

这些例里的"今""昔""旧时"等字，都是用来点出时间的，以前所举的诸例，差不多也都有这类点出时间的字面。偶然有表面上不说出时间的，实际暗中仍有时间观念。如：

夫天地者万物之逆旅，光阴者百代之过客，而浮生若梦，为欢几何？

——李白《春夜宴桃李园序》

寥落古行宫，宫花寂寞红。白头宫女在，闲坐说玄宗。

——元稹《行宫》

"浮生若梦"就是说"人生短促"，"为欢几何"就是说"为欢不久"；"白头宫女"是尚存的"今人"，"说玄宗"是"话旧"。前者是

人和宇宙的对比，后者是今昔的对比，时间的观念仍是存在的。

　　事物的变迁，于时间的关系以外，原还有空间的关系。似乎空间的对比，也可发生感慨，如见"王孙泣路隅"，见名人的藏书摆在摊肆上，都会引起感慨。但细按之，这也可以用时间的关系来说明，仍可以说是"今不如昔"。因为在同一时间中，不会发生空间上的变动，一切空间的举动，就是有时间关系的。用时间可以说明一切的事物变动。有些情形用空间是不能说明的，如前面所引的桓温对柳树流涕的情怀，就不能用空间来说明。所以我只认点明时间为发抒感慨的方式。前人的诗品、词品或文品，大都依情感的种类来品定诗和词的风格，他们也常讲到感慨之情。试举一二则来证明我的话吧。

　　人生一世，能无感焉？哀来乐往，云浮鸟仙。铜驼巷陌，金人岁年。铅水进泪，鹓鸡裂弦。如有万古，入其肺肝。夫子何叹？唯唯不然。

——郭麟《词品·感慨》

　　旧地重来，亭台成薮。禾黍秋风，斜阳疏柳。江山今古，日月飞走。鸿雁归来，言念我友。烈士穷途，美人不偶。击碎唾壶，何堪回首！

——许奉恩《文品·悲慨》

附　录

国文科课外应读些什么[①]

一　引　言

本年《中学生》杂志关于中学科目，登载过许多介绍课外阅读书的文字，国文一科，尚付缺如（关于文学和修辞学原早已有别位先生写了登载过），于是有许多读者来函要求登载此项稿件，而且读者之中还有人用了"点将"的法子，把这职务交给了我，要我写一些。不瞒大家说，当本年本志决定分科介绍课外阅读书的时候，我也曾打算对于整个国文科写一篇东西的；可是终于未曾写，实在因为国文科的性质太复杂、太笼统了，差不多凡是中国文字写成的东西都可以叫做国文，使我无法着笔的缘故。后来乃变更计划，把文学与修辞学当作国文的一分支先特别提出，请别的先生写了登载。还想继续登载一篇关于文法及语法的介绍文字，意思是想把整个的国文科拆作几个小部分，来分别介绍可读的书。不料读者尚认为未能满足，纷纷来函要求介绍关于整个国文科的课外阅读书籍。不得已，就由我来勉强应命，贡献些意见吧。

先要声明：方才说过，国文科的性质太复杂、太笼统了，差不多

---

① 刊《中学生》第二十九期（1932 年 11 月）。

凡是用中国文字写成的东西都可以叫做国文。故我的书籍介绍，不能如别科的一一举出名称，说哪一本书该读，哪一本不必读。我只能依了若干大纲，来说些话而已。

让我先来下一个中学校国文科的定义，把讨论的范围加以限制。我认为：中学校的国文科的内容不是什么《古文观止》，什么《中国国文教本》，也不是教师所发的油印文选讲义。所命的课题，所批改的文卷，乃是整个的对于本国文字的阅读与写作的教养。课本和讲义等等只是达教养目的的材料，并非就是国文科的正体。物理、化学、算术、代数等等的教本、小说、唱本、报纸、章程、契约以及日常的书信，无一不在白纸上印得有本国文字，或写得有本国文字。如果那些课本与讲义等等叫做"国文"，那么凡是有中国文字的东西也都该叫做"国文"。这理由原很正当，也极显然，可是实际上却有许多人不理会。教师与学生都常常硬把印成的文选或"国文课本"当作"国文"，把其余的一切摒斥于"国文"之外。例如《虞初新志》中的《圆圆传》可以被抄印了成"国文"，而全部的《虞初新志》却被认为闲书，《水浒传》中《景阳冈打虎》可以被挑选了成"国文"，而全部的《水浒传》却被认为小说。学生读《景阳冈打虎》，读《圆圆传》，自以为在用功"国文"，而读《虞初新志》读《水浒传》却自以为在看闲书，看小说。更推而广之，看报，看章程，看契约，与"国文"无关，就教本复习历史和地理，与"国文"也无关，国文自国文，其余自其余，于是"国文"科就成了一种奇妙、神秘的科目了。以上是就了阅读方面说的，至于写作方面，也同样有此奇怪的误解。照理说，凡用本国文字写记什么，都应该是"国文"。可是实际情形却不然，平常的人会写信，记日记，可是不自认能作文章；他们把作文章认为了不得的大事。即使自命会作文章的文人，也常把作文章与写信记日记分别看待，一提起"作文章"三个字，往往就现出非常的矜持的神情来。至于学校的教学上，不消说这矛盾更甚。国文科中的所谓"作文"，在中学校里通常只是每月二次。其余如日常的写作笔记、日记、通告、书信之类，全不算在"国文"的账上。真所谓"骑驴寻驴"了。

因了上述的理由，我主张把"国文科"解释得抽象一些，解作"整个的对于本国文字的阅读与写作能力的教养"。以下介绍书籍，也即由此观点出发。我所介绍的书籍可分为三大种类，（1）关于文字理法的书籍，（2）理解文字的工具书籍，（3）文字值得阅读，内容有益于写作的书籍。

二　关于文字理法的书籍

国文科所处理的是文字，文字的理法犹之规矩准绳，当然应该首先知道。文字理法于写作阅读双方都大有关系，我们所以能理解他人的文字，我们的文字所以能使他人理解，都全仗有共认的理法。词与词的关系，句与句的联结，以及文章的体裁，藻饰的方式，都有一个难以随便改易的约束。这约束就是文字的理法了。可分下列诸项来说。

甲，语法或文法　这是讲词与词的关系和句与句的联结的。关于一个一个的单词的如：《助字辨略》（刘淇），《经传释词》（王引之），《古书疑义举例》（俞樾），《词诠》（杨树达）之类。至于按照西洋文法的系统，编成词与词及句与句的通则的，则有《马氏文通》（马建忠），《初等国文典》（章士钊），《国语文法》（黎锦熙）等几种。

二者之中，就单词讲述者，不重系统，而搜罗颇富，适于临时检查；先取后者择一二读之，收得系统的知识，较为急务。《马氏文通》为中国第一部有系统的文法书，惟篇幅太繁重，不便初学。章氏《初等国文典》脱胎于《马氏文通》，头绪颇明简，可以一读。语法则黎氏之《国语文法》较完全。（唯分类太琐屑，是其缺点。）语法初步，在高小时理应略已学得，中学时代须注意于语法与文法的比较与联络。最好有一本文言与语体混合的文法书，可惜现在还没有人着手编写。黎氏的《国语文法》，初中一、二年级生可读，章氏的《初等国文典》，初中二、三年级可读。《词诠》搜罗字的用例颇富，可补文法书的不足。《古书疑义举例》罗列古代文句变式甚多，读古书时可随时参考。

乙，修辞学　这是讲求使用辞类的一般的法式的，消极方面注意写作上的疵病，积极方面论到各种藻饰的方法。关于修辞学的书籍，熊昌翼先生已在本志二十六号（本年七月号）介绍过两本书：《修辞格》（唐钺），《修辞学发凡》（陈望道）。我对于熊先生的介绍，很表赞同。唐著只列修辞格，内容较简单，初中三年或高中一年级生可以先阅。陈著组织严密，搜罗详尽，因之篇幅亦较多，可供详密的钻研之用。

丙，作文法　这是论文章的体式及其他写作上一般的方法的。这类知识，从前散见于他书者很多，古人集子中论文字的零篇都可归入此类。近来颇有专为初学者编述的专书，如：《作文法讲义》（陈望道），《作文论》（叶绍钧），《文章作法》（夏丏尊、刘薰宇），《作文讲话》（章衣萍）之类。这类书籍，所能教示初学者的只是文章的体式与写作上的普通的心得，在对于文章体式写作方法尚未得门径的中学初年级生原可有些帮助，可任取一种阅之，惟不可一味地当作法宝。老实说，这些书并不是十分有价值的东西。（别人的书我原不敢武断，至于《文章作法》，我自己就是著者，敢这样说。）据我所知，颇有一些人在迷信这类书，故顺便告诉大家一声。

三　理解文字的工具书籍

所谓理解文字的工具书籍范围很狭小，只指字典、辞书等而言。阅读时遇到未解的字或辞，写作时遇到恐有错误的字或辞，都可乞灵于这些工具。字典是解释单字的，辞书是解释辞与成语的。二者都有用部首排列及用韵排列的两种，如《康熙字典》（字典，用部首排），《经籍籑诂》（字典，用韵排），《佩文韵府》（辞书，用韵排），《辞源》（辞书，用部首排）。最近更有用四角号码排列者，如《王云五辞典》就是。《王云五辞典》兼具字典辞书两种用途，颇为便利。

《康熙字典》为字典之最古者，性质普通，解释精当，价值不因其旧而减损，宜购备一册。《经籍籑诂》则多搜古义，为读古书的锁钥，高中学生可购备。《佩文韵府》卷帙较巨，可让图书室购置，个人只需预知其用法，于必要时去翻检就够了。

翻检字典辞书，因了熟习与否，巧拙迟速殊异，宜及早练习。部首位次的记忆固然很要紧，四声的辨别最好也稍加学习，能辨别某字人喝在何声，属何韵，就方便得多了。

四　文字值得阅读内容有益于写作的书籍

我在上面曾说，"国文"的范围很笼统，凡是用本国文字写成的

都可叫做"国文"。从另一方面说，文字只是一种形式的东西，什么内容都可填充。我国古今的书籍，就其形式说都是用本国文字写的，都可以叫做"国文"，若就其内容说，或属于历史，或属于哲学，或属于地理，或属于政治，或属于艺术，鲜有无所属的。大家都说对于国文要用功，其实根本就没有纯粹的所谓"国文"这样东西。所谓"用功国文"者，只是把普通一般的书籍，当作文字来用功，把它作为阅读的练习与写作的范例而已。

一种书有种种的读法。例如《史记》本来是历史，但自古就有人把它当文章读，认作文章的模范。《水经注》是一部地理书，因为其中时有描写风景的辞藻，就有人把它当美文读〔我于数年前见到一册谭复堂（名献，仁和人）圈点过的《水经注》。他在卷端自定阅读纲领，用种种符号标记各项。水道用＝号，河流沿革用△号，描写风景的美文用〇号，论断精当处用——号。这是把一部书从各方面阅读的方法，可以为范〕。此外如《周礼》的《考工记》可以做状物的范例，《左氏传》可以作叙事的法式，都是很明白的事。这种的利用，推广开去真是说不尽言。我有一位朋友，写字很有功夫，他所作的尺牍，文字都简雅高古，没有俗气，不类近人，自成一格。我问他从何学得这种文字，他的回答出乎我的意料之外，说是从晋唐人的字帖上学来的。原来晋唐人的书法（如《淳化阁法帖》《三希堂法帖》之类）流传者大概是尺牍，普通临帖的人只注意到书法，我这位朋友却能于书法之外，利用了去学文章，可谓多方面学习的了。

读到一部书，收得其内容，同时欣赏玩味其文字，遇有疑难时就利用了上项的工具书去解索。所收得的内容，成了自己的知识，其效力等于实际体验。积久起来，不但可为写作的材料，而且还可为以后读他书的补助知识。所欣赏玩味过的文字的方式，则可以应用于写作上。能如此打成一片，读书就会有显著的功效了。仅仅留心内容，或只注意于文字的模效，都不是最好的方法。

至于读些什么，我无法做限定的介绍，只好提出几个选择的目标。最近教育部重订课程标准，关于中学国文科的"阅读"一项分"精读"与"略读"二门。"精读"属于课内，"略读"属于课外。据闻这次新课程标准所定的"略读"的范围如下：

（甲）初中

（子）中外名人传记及有系统之历史记载；

（丑）有注释之名著节本；

（寅）古代语录及近人演讲集；

（卯）古今人书牍；

（辰）古今名人游记、日记及笔记；

（巳）有注释之诗歌选本；

（午）古今小品文及短篇小说集；

（未）歌剧、话剧之脚本及民众文艺之有价值者；

（申）适合学生程度之定期刊物。

（乙）高中

学生各就其资性及兴趣，由教员指导，选读整部或选本之名著。散见各书之单篇作品及有价值之定期刊物。

新课程标准对于初中的"略读"教材，有较具体的分项规定，而对于高中，则只做概括的指示而已。我个人对于中学生读书的范围，曾有些意见，在本志第十一号《关于国文的学习》一文中发表过（该

文现已收入单行本《中学各科学习法》中）。现在也别无新的意见可说，就把那文中关于读书的范围的一段文字重行摘录于下，当作本文的结束吧。

（1）因课堂所习的选文而旁及的。如因读《桃花源记》而去读《陶集》，读《无何有乡见闻记》（威廉·马列斯著），因读司马谈的《论六家要旨》而去读《论语》《老子》《韩非子》《墨子》等。

（2）中国普通人该知道的。如"四书"，"四史"，"五经"，周秦诸子，著名的唐人的诗，宋人的词，元人的曲，著名的旧小说，时下的名作。

（3）全世界所认为常识的。如基督教的《旧约》，《新约》，希腊的神话，各国近代的代表文艺名作。

不消说，上列的许多书，要一一全体阅读，在中学生是不可能的。但无论如何要当作课外读物尽量加以涉猎，有的竟须全阅或精读。举例来说，"四书"须全体阅读，诸子则可选读几篇，诗与词可读前人选本，《旧约》可选读《创世记》《约伯记》《雅歌》《箴言》诸篇，《新约》可就《四福音》中择一阅读。无论全读或略读，一书到手，最好先读序，次看目录，了解该书的组织，知道有若干篇，若干卷，若干分目，然后再去翻阅全书，明白其大概的体式，择要读去。例如读《春秋》《左传》，先须知道什么叫经，什么叫传，从什么公起至什么公止。读《史记》，先须知道本纪、世家、列传、书、表等等的体式。

近来有一种坏风气，大家读书不喜欢努力于基本的学修，而好做空泛功夫。普通的学生案头有胡适的《中国哲学史大纲》《白话文学史》，顾颉刚的《古史辨》，有《欧洲文学史》，有《印度哲学概论》。

问他读过"四书""五经"、周秦诸子的书吗？不曾。问他读过若干唐宋人的诗词集子吗？不曾。问他读过古代历史吗？不曾。问他读过各派代表的若干小说吗？不曾。问他读过欧洲文艺中重要的若干作品吗？不曾。问他读过若干小乘、大乘的经典吗？不曾。这种空泛的读书法，觉得大有纠正的必要。例如胡适的《中国哲学史大纲》原是好书，但在未读过《论语》《孟子》《老子》《庄子》《墨子》等原书的人去读，实在不能得很大的利益。知道了《春秋》《左传》《论语》等原书的大概轮廓，然后去读《哲学史》中的关于孔子的一部分，读过几篇《庄子》，然后再去翻阅《哲学史》中关于庄子的一部分，才会有意义，才会有真利益。先得了孔子、庄子思想的基本概念，再去讨求关于孔子、庄子思想的评释，才是顺路。用譬喻说，《论语》《春秋》《诗经》《礼记》是一堆有孔的小钱，《哲学史》的孔子一节是把这些小钱贯串起来的钱索子，《庄子》中《逍遥游》《大宗师》等一篇一篇的文字也是小钱，《哲学史》中庄子一节是钱索子，没有钱索子，不能把一个一个的零乱的小钱加以贯串整理，固然不愉快，但只有了一根钱索子，而没有许多可贯串的小钱，究竟也觉无谓。我敢奉劝大家，先读些中国关于哲学的原书，再去读哲学史；先读些《诗经》及汉以下的诗集、词集，再去读文学史；先读些古代历史书籍，再去读《古史辨》，万一逼不得已，也应一壁[①]读哲学史文学史，一壁翻原书，以求知识的充实。钱索子原是用以串零零碎碎的小钱的，如果你有了钱索子而没有可串的许多小钱，那么你该反其道而行之，去找寻许多小钱来串才是。

---

① 一壁：也说"一壁厢"，一边。

国文科的学力检验[1]

暑假快到，诸君之中有的已将在初中或高中部毕业。毕业的当儿有毕业考试，有"会考"；如果诸君是升学的，那么还须到大学、专门学校或高中部去受入学考试。总之，在毕业诸君，目前已到了学力受总检验的时期了。考试是他人用了某种程限或标准来对诸君做检验的事。检验可由他人来行，也可以由自己来行。诸君此后升学也好，不升学也好，在中学里住了三年或六年，究竟获得了多少知识，固然值得自己先来做一清算，这些知识究竟于将来自己的进修与生活上是否够用，也值得自己来一加反省与考察。诸君在某种功课上造就如何，教师当然是明白的，其实最明白还要推诸君自己。对于诸君的学力，诸君自己是公正的评判官，是最适当的检验者。

中学课程中科目不少，这里试单就国文一科来说。

论理，要检验须有检验的标准。国文为中学科目中最重要的一科，也是最笼统的一科。因为文字原是一切学问的工具，而一国的文字又有关于一国的全文化，所以重要；因为内容包含太广泛，差不多包括文化及生活的全体，教学上苦于无一定的法则可以遵循，所以笼统。一篇《项羽本纪》当作历史来读，问题比较简单，只要记住历史上楚汉战争的经过情形就够了，如果当作国文来读，事情就

---

[1] 刊《中学生》第四十六期（1934 年 6 月）。

非常复杂，史实不消说须知道，史实以外还有难字、难句，叙事的繁与简，人物描写的方法、句法、章法，以及其他现出在文中的一切文章上的规矩法则，都须教到、学到才行。这些工作，往往一项之中又兼含其他各项，倘若要一一教学用遍，究不可能，教者无法系统地教，只好任学生自己领悟，学者也无法系统地学，只好待他日自己触发。结果一篇《项羽本纪》，对于一般学生只尽了普通历史材料的责任，无法完成其在国文课上的任务。国文与历史的关系如此，对于其他各科亦然，国文科原是本身并无内容，以一切的内容为内容的，所以教学上常不免有笼统的毛病，不若其他各科的有一定步骤可分。

自古以来不知道有多少人说过多少关于学文字的规范，可是在我们看来都觉得玄虚得很，其玄虚等于中医药方上的医案。文字应该怎样学？怎样作？怎样的文字才算好？至今还未曾有人能说出一个具体的答案来。诸君这三年或六年来日日与国文教师在一堂，国文教师对于诸君的学力当然曾有相当的分别评判：某人第一，某人寻常，某人最坏。但明确的具体的标准，恐也无法对诸君宣布吧。这是难怪的，因为国文原是一个笼统的科目。

民国十八年八月教育部颁布的《中学课程暂行标准》中曾就各科目规定过初中、高中学生的毕业最低限度，其中关于国文科规定的最低限度如下：

（甲）初中国文科毕业最低限度：

（一）曾精读选文能透彻了解并熟习至少一百篇。

（二）曾略读名著十二种能了解大意并记忆其主要部分。

（三）能略知一般名著的种类名称，图书馆及工具书籍的使用，

自由参考阅读。

（四）能欣赏浅近的文学作品。

（五）能以语体文作充畅的文字，无文法上错误。

（六）能阅览平易的文言文书籍。

（乙）高中国文科毕业最低限度：

（一）曾精读名著六种而能了解与欣赏。

（二）曾略读名著十二种而能大致了解与欣赏。

（三）能于中国学术思想、文学流变、文字构造、文法及修辞等有简括的常识。

（四）能自由运用语体文及平易的文言文作叙事、说理、表情、达意的文字。

（五）能自由运用最低限度的工具书。

（六）略能检用古文书籍。

这限度中有几项原也定得很笼统，什么"名著六种"咧，"名著十二种"咧，什么"略能"咧，"大致"咧，什么"浅近的"咧，"平易的"咧，都是些不着边际的话。究竟所谓六种或十二种名著是些什么书，哪一种文字叫做"平易的""浅近的"，也不曾下着定义。到怎样程度才是"略能"，才是"大致"，都无法说明其所以然。去年教育部所颁布的正式课程标准中，已把这"毕业最低限度"一项除去了，也许因为各科都难做明确的规定，不仅国文一科是这样吧。

国文科在性质上既如此笼统，检验的标准自然也只好凭检验者的主观来决定。前几年北平清华大学中国文学系入学国文试题之中，有一项是出了一句联语叫学生作对，一时舆论大哗，大家责备那位出题目的教授顽固、守旧。后来那位教授陈寅恪氏曾发表了一篇文字（见《青鹤》杂志一卷三期），把所以叫学生对对子的理由说明过。他说：对对子最易看出国文的学力。（甲）可以测验应试者能否分别虚实字及其应用，（乙）可以测验应试者能否分别平仄声，（丙）可以测验读书之多少及语藏之贫富，（丁）可以测验思想条理。大家见了这篇答辩都觉得不错，本来责难的人也不说什么了。

我写这篇文字的目的，在叫中学毕业诸君自己检验自己的国文科能力，不是我来检验诸君。这里只想提出几项极普通的标准，做诸君自己检验时的参考罢了。

（一）**关于写作者**　在一般的学校习惯上，教师评定学生国文能力，差不多是全凭写作的。诸君历次写作的成绩，有教师的评语可做依据，什么方面能力有余，什么方面能力不足，诸君平日理该自己明白，有余的越使发挥，不足的加修弥补。不过教师的评语每次着眼点或许不同，学校中的写作成绩，又是机械地历年平均的，名为总成绩，其实颇不可靠。今为总检验计，似应另用比较具体的标准来自己检查。第一种标准是翻译，翻文言为白话也好，翻英文为汉文也好，把普通文言诗歌或所读英文的一节，忠实地翻译出来，再自己毫不放松地逐字逐句与原文加以对照，就能看出自己的能力及缺陷所在。因为翻译是有原文的，既须顾到译文，又须顾到原文，一切用字造句都不能随意轻率，一有错误，对照起来立即现出，所以是试练写作的好方法。第二种标准是评改他人的文字，把一篇他人的文字摆在面前，细心审读，好的部分加圈，坏的部分代为改窜，但好与坏都须把理由说得出，不准有丝毫的含糊。这两种标准比自

由写作及命题作文来得可靠，既用不着滥调子，也用不着虚伪的修饰。而真实的写作能力可以赤裸裸地表现无遗。诸君自己试行了这两种检验，对于成绩如不敢自定，则不妨请师长、父兄或靠得住的朋友共同批判。

（二）**关于理解者**　理解与写作为学习国文的两大目标，一般人日常生活上阅读的时间多于写作的时间，故理解可以说比写作更重要。理解的条件甚复杂，检验理解力最简单的标准是标点与分段。碰到一篇艰深的文章或一本书，如果你能逐句读得断，全体分得成段落，可以说你对于这篇文章或这本书已大致能理解的了。次之是常识的测验，有人把陶潜《桃花源记》中的"晋太元中"解作"山西太原府"，把"安禄山"解作西北之高山，这样的大笑话，其原因是常识不足。以前所说国文科原是本身并无内容，以一切的内容为内容的。在普通文字中所谓内容，无非是些常识而已。中学毕业生尽可不懂偏僻的术语，普通书中常用的名词究非知道不可。近来大学或专门学校的入学试题中常有常识测验一个项目，你可以把各校的测验题目拿来测验自己，如自觉能力欠缺，就亟须自己补救。补救的方法是多问、多翻字典。

（三）**关于语汇者**　我们的言语，是因了性质或门类有着成串的排列的。表示一个意思的词不止一个，一个词又可与他词合成另一个词。这种成串的词类，普通叫做语汇，或叫语藏。语汇分两种：（甲）理解语汇。理解语汇是帮助阅读时的理解的，譬如说，一个"观"字共有多少个解释？和他词拼合起来，在头上者如"观念""观感""观光""观察"……共有多少个？在末尾者如"楼观""壮观""人生观""达观""贞观"……共有多少个？其中你所知道的有几个？这

112

个检验，某字在头上者，最好用你日常所用的词典来做依据，至于某字在末尾者，可去一翻《佩文韵府》等类书。或任择数字叫朋友和你来竞争了——写出，看谁写得最多，也可以。这类语汇丰富的人，就是理解丰富的人。（乙）运用语汇。这是从写作方面说的。譬如一个"笑"字，你在写作中运用"笑"字的时候，因了情形，能换出几种花样来？与"笑"一系的词，有"解颐""哄堂""捧腹""喷饭""莞尔"……形容"笑"的程度的词，有"呵呵""哈哈""嘻嘻"……你知道的有几个？每一个意思因了情形或程度，自有一串的语汇，语汇丰富的人写作时才能多方应用，各得其所，犹之作战需用多数的军队。你该任就几个意思，把可用的词列举出来，像检阅部下军队似的自己检验一下。如果你自觉所贮藏的可用的词不多，那就得随时留意，好好加以补充。

（四）**其他**　学习国文的重要目标，不外写作与理解二事，上面已把写作与理解的检验方法摘要说过了。前项所说的语汇是关系于写作与理解双方的，所以特别提开来说。此外尚有几种值得注意的方面：（甲）书法。书法在科举时代向为检验国文能力的重要标准，自改办学校教育以来，就被忽视了。其实书法与我们实际生活关系甚密，在现代生活中差不多没有人可以一日不执笔的，现代工商社会中人，用笔的工作比从前士大夫都要忙。书法好坏的标准，现代亦和从前不同，应以敏捷、正确、匀净为目标，不会写端楷，不会临碑版，倒不要紧。寻常需要的是行书，是钢笔字。你对于这二者已用过相当的功夫了没有？如果你只会写那些文课里的方格字，而不能写社会上实际需要的别种样式的字，那么我劝你自己赶快补习。（乙）书写的格式。学校里的文课，所读的选文，书写的格式都是平板一

律的，可是我们实际生活上所写的东西，各有一定的格式，不合这些格式，即使你书法很好也不相干。举例说吧，一封信里，受信者的名字与发信人的名字，各有一定的位置。年月日该写在什么地方，也有一定的规矩。何种字面须提行写或空一格写？如果这封信不止一张，第二张至少该在第几行完结才不难看？又，信封上地名与人名应该怎样安排？诸如此类，问题不少。此外如契据的格式，章程的格式，公文的格式，简帖的格式，很多很多，你对于这种方面已知道大略的情形了吗？如果你只知道抄录文课的老格式，不懂得别的东西的写法，只会作家书及对于知己友人的通信，不会对别的生疏未熟的人写一封客气点的信，那么我劝你自己赶快补习。（丙）讹写与音误。这就是所谓"写别字"和"读别字"了。在我所见到的中学生的投稿中，别字是常碰到的，别字和简笔字不同，简笔字近来颇有人提倡，因为书写便利，原该通融采纳。至于别字，究是浅陋、幼稚的暴露，而且有碍意思的传达，大宜加以留意。证诸过去的文课，如果你自己知道是常写别字的，最好把《字辨》或《字学举隅》等类的书来补看一遍。至于读别字，在人前常会被暗笑，遇到自己以为靠不住的读音，须得随时检查字典。否则在人前不把未知道读法的字朗读，也是藏拙之一法。

市上正流行着什么《会考指南》《升学必携》等类的书册，这类书册的效力如何，我不知道。我这篇文字，目的在叫毕业诸君乘此文凭将要到手的时候，自己来做一回检验。不但对于升学的说，也对于不升学的说的，我所说的只是老实话，并无别的巧妙的秘诀，不知读者会失望否。

阅读什么①

中学生诸君：我在这回播音所担任的是中学国语科的节目。国语科有好几个方面，我想对诸君讲的是些关于阅读方面的话。预备分两次讲，一次讲"阅读什么"，一次讲"怎样阅读"。今天先讲"阅读什么"。

让我在未讲到正文以前，先发一句荒唐的议论。我以为书这东西是有消灭的一天的。书只是供给知识的一种工具，供给知识其实并不一定要靠书。试想，人类的历史不知已有多少年，书的历史比较起来是很短很短的。太古的时代并没有书，可是人类也竟能生活下来，他们的知识原不及近代人，却也不能说全没有知识。足见书不是知识的唯一的来源，要得知识并不一定要靠书的了。古代的事，我们只好凭想象来说，或者有些不可靠，再看现在的情形吧。今天的讲演是用无线电播送给诸君听的，假定听的有一万人，如果我讲得好，有益于诸君，那效力就等于一万个人各读了一册"读书法"或"读书指导"等类的书了。我们现在除无线电话以外还有电影可以利用，历史上的事件，科学上的制造，如果用电影来演出，功效等于读历史书和科学书。假定有这么一天，无线电话和电影发达得很进步普遍，放送的材料有人好好编制，适于各种人的需要，那么书的用处会逐渐消灭，因为这些利器已可代替书了。我们因了想象知道

---

① 本文是向全国中学生作的广播稿，刊《中学生》第六十一期（1936年1月）。

太古时代没有书，将来也可不必有书，书的需要可以说是一种过渡时代的现象。

今天所讲的题目是"阅读什么"，方才这番议论好像有些荒唐，文不对题。其实我的意思只是想借此破除许多读书的错误观念。我也承认书本在今日还是有用的，我们生存在今日，要求知识，最普通、最经济的方法还是读书。可是一向传下来的读书观念，很有许多是错误的。有些人把读书认为高尚的风雅事情，把书本当作玩好品古董品，好像书这东西是与实际生活无关，读书是实际生活以外的消遣工作。有些人把书认为唯一的求学的工具，以为所谓求知识就是读书的别名，书本以外没有知识的来路。这两种观念都是错误的，犯前一种错误的以一般人为多，犯后一种错误的大概是青年人，尤其是日日手捏书本的中学生诸君。

我以为书只是求知识的工具之一，我们为了要生活，要使生活的技能充实，就得求知识。所谓知识，决不是什么装饰品，只是用来应付生活，改进生活的技能。譬如说，我们因为要在自然界中生存，要知道利用自然界理解自然界的情形，才去学习物理、化学和算学等科目；我们因为要在这世界上做人，才去学习世界情形，修习世界史和世界地理等科目；我们因为要做现在的中国人民，才去学习本国历史、地理、公民等科目。学习的方法可有各式各样，有时须用实验的方法，有时须用观察的方法，有时须用演习的方法，并不一定都依靠书。只因为书是文字写成的，文字是最便利的东西，可把世间一切的事情，一切的道理都记载出来，印成了书，随时随地可以翻看，所以书就成了求知识的重要的工具，值得大众来阅读了。

以上是我对于书的估价，下面就要讲到今天的题目"阅读什么"了。

青年人应该读些什么书？这是一个从古以来的大问题，对于这问题从古就有许多人发表过许多议论，近十年来这问题也着实热闹，有好几位先生替青年开过书目单，其中比较有名的是梁启超先生和胡适之先生所开的单子。诸君之中想必有许多人见过这些单子的。我今天不想再替诸君另开单子，只想大略地告诉诸君几个着手的方向。

我想把读书和生活两件事联成一气、打成一片来说，在我的见解，读书并不是风雅的勾当，是改进生活、丰富生活的手段，书籍并不是茶余酒后的消遣品，乃是培养生活上知识技能的工具。一个人该读些什么书，看些什么书，要依了他自己的生活来决定、来选择。我主张把阅读的范围，分成三个，（一）是关于自己的职务的，（二）是参考用的，（三）是关于趣味或修养的。举例子来说，做内科医生的，第一应该阅读的是关于内科的书籍杂志，这是关于自己职务的阅读，属于第一类。次之是和自己的职务无直接关系，可以做研究上的参考，使自己的专门知识更丰富、确切的书，如因疟疾的研究，而注意到蚊子的种类，便去翻某种生物学书；因了疟蚊的分布，便去翻阅某种地理书；因了某种药物的性质，便去查检某种的植物书、矿物书；因了某一词儿的怀疑，便去翻查某种辞典，这是参考的阅读，属于第二类。再次之这位医生除了医生的职务以外，当然还有趣味或修养的生活。在趣味方面，他如果是喜欢下围棋的，不妨看看关于围棋的书，如果是喜欢摄影的，不妨看看关于摄影的书，如果是喜欢文艺的，不妨看看诗歌、小说一类的书。在修养方面，他如

果是有志于品性的修炼的，自然会去看名人传记或经典格言等类的书，如果是觉得自己身体非锻炼不可的，自然会去看游泳、运动等类的书。这是趣味或修养方面的阅读，属于第三类。第一类关于职务的书是各人不相同的，银行家所该阅读的书和工程师不同，农业家所该阅读的书和音乐家不同。第二类的参考书，是因了专门业务的研究随时连类牵涉到的，也不能划出一定的种数。至于第三类的关于趣味或修养的书，更该让各个人自由分别选定。总而言之，读书和生活应该有密切的关联。

上面我把阅读的范围分为三个：（一）是关于个人职务的，（二）是参考的，（三）关于趣味或修养的。下面我将根据这几个原则对中学生诸君讲"阅读什么"的问题。

先讲关于职务的阅读。诸君的职务是什么呢？诸君是中学生，职务就在学习中学校的各种功课。诸君将来也许会做官吏、做律师、开商店、做教师，各有各的职务吧，现在却都在中学校受着中等教育，把中学校所规定的各种功课，好好学习，就是诸君的职务了。诸君在职务上该阅读的书不是别的，就是学校规定的各种教科书。诸君对于我这番话也许会认为无聊吧，也许有人说，我们每日捧了教科书上课堂、下课堂，本来天天在和教科书做伴侣，何必再要你来嘈杂呢？可是，我说这番话，自信态度是诚恳的。不瞒诸君说，我也曾当过许多年的中学教师，据我所晓得的情形，中学生里面能够好好地阅读教科书的人并不十分多。有些中学生喜欢读小说，随便看杂志，把教科书丢在一边，有些中学生爱读英文或国文，看到理化、算学的书就头痛。这显然是一种偏向的坏现象。一般的中学生虽没有这种偏向的情形，也似乎未能充分地利用教科书。教科书专为学习而编，所记载的只是各种学科的大纲，原并不是什么了不得的著作，但对于学习还是有价值的工具。学习一种功课，应该以教科书为基础，再从各方面加以扩充，加以比较、观察、实验、证明等种种切实的功夫，并非胡乱阅读几遍就可了事。举例来说，国语科的读书，通常是用几篇选文编成的，假定一册国文读本共有三十篇文章，你光是把这三十篇文章读过几遍，还是不够，你应该依据这些文章做种种进一步的学习，如文法上的习惯咧、修辞上的方式咧、断句和分段的式样咧，诸如此类的事项，你都须依据这些文章来学习，收得扼要的知识才行。仅仅记牢了文章中所记的几个故事或几种议论，不能算学过国语一科的。再举一个例来说，算学教科书里有许多习题，你得一个一个地演习，这些习题，一方面是定理或原则的实际上的应用，另一方面是使你对于已经学过的定理或原则更加明了的。例如四则问题有种种花样，龟鹤算咧、时计算咧、父子年岁算咧，你如果只演习了一个个的习题，而不能发现这些习题中的共通的关系或法则，也不好称为已学会了四则。依照这条件来说，阅读教科书并非容易简单的工作了。中学科目有十几门，每门的教科书先该平均地好好阅读，因为学习这些科目是诸君现在的职务。

次之讲到参考书。如果诸君之中有人问我，关于某一科应看些什么参考书？我老实无法回答。我以为参考书的需要因特种的题目而发生，是临时的，不能预先决定。干脆地说，对于第一种职务的书籍阅读得马马虎虎的人，根本没有阅读参考书的必要。要参考，先得有题目，如果心里并无想查究的题目，随便拿一本书来东翻西翻，是毫无意味的傻事，等于在不想查生字的时候去胡乱翻字典。

就国语科举例来说，诸君在国语教科书里读到一篇陶潜的《桃花源记》，如果有不曾明白的词儿，得翻辞典，这时辞典（假定是《辞源》）就成了参考书。这篇文章是晋朝人做的，如果诸君觉得和别时代人所写的情味有些两样，要想知道晋代文的情形，就会去翻中国文学史（假定是谢无量编的《中国文学史》），这时文学史就成了诸君的参考书。这篇文章里所写的是一种乌托邦思想，诸君平日因了师友的指教，知道英国有一位名叫马列斯的社会思想家写过一本《理想乡消息》和陶潜所写的性质相近，拿来比较，这时，《理想乡消息》就成了诸君的参考书。这篇文章是属于记叙一类的，诸君如果想明白记叙文的格式，去翻看《记叙文作法》（假定是孙俍工编的），这时《记叙文作法》就成了诸君的参考书。还有，这篇文章的作者叫陶潜，诸君如果想知道他的为人，去翻《晋书·陶潜传》或《陶集》，这时《晋书》或《陶集》就成了诸君的参考书。这许多参考书是因为有了题目才发生的，没有题目，参考无从做起，学校图书室虽藏着许多的书，诸君自己虽买有许多的书，也毫无用处。国语科如此，别的科目也一样。诸君上历史课听教师讲英国的工业革命一课，如果对于这件历史上的事迹发生了兴趣或问题，就自然会请问教师得到许多的参考书，图书馆里藏着的《英国史》，各种经济书类，以及近来杂志上所发表过的和这事有关系的单篇文字，都成了诸君的参考书了。所以，我以为参考书不能预先开单子，只能照了所想参考的题目临时来决定。在到图书馆去寻参考书以前，我们应该先问自己，我所想参考的题目是什么？有了题目，不知道找什么书好，这是可以问教师、问朋友、查书目的，最怕的是连题目都没有。

　　上面所讲的是关于参考书的话。再其次要讲第三种关于趣味修养的书了。这类的书可以说是和学校功课无关的，不妨全然照了自己的嗜好和需要来选择。一个人的趣味是会变更的，一时喜欢绘画的人，也许不久会喜欢音乐，喜欢文学的人，也许后来会喜欢宗教。至于修养，方面更广，变动的情形更多。在某时候觉得自己身心上的缺点在甲方面，该补充矫正。过了些时，也许会觉得自己身心上的缺点在乙方面，该补充矫正了。这种自然的变更，原不该勉强拘束，最好在某一时期，勿把目标更动。这一星期读陶诗，下一星期读西洋绘画史，趣味就无法涵养了。这一星期读曾国藩家书，下一星期读程、朱语录，修养就难得效果了。所以，我以为这类的书，在同一时期中，种数不必多，选择却要精。选定一二种，须定了时期来好好地读。假定这学期定好了某一种趣味上的书，某一种修养上的书，不妨只管读去，正课以外，有闲暇就读，星期日读，每日功课完毕后读，旅行的时候在车上、船上读，逛公园的时候坐在草地上读。如果读到学期完了，还不厌倦，下学期依旧再读，读到厌倦了为止。诸君听了我这番话，也许会骇异吧。我自问不敢欺骗诸君，诸君读这类书，目的不在会考通过，也不在毕业迟早，完全为了自己受用，一种书读一年，读半年，全是诸位的自由，但求有益于自己就是，用不着计较时间的长短。把自己欢喜读的书永久地读，是有意义的。赵普读《论语》，是有名的历史故事。日本有一位文学家名叫坪内逍遥的，新近才死，他活了近八十岁，却读了五十多年的莎士比亚剧本。

　　我的话已完了。现在来一个结束。我以为：书是供给知识的一种工具，读书是改进生活、丰富生活的手段，该读些什么书要依了生活

来决定选择。首先该阅读的是关于职务的书，第二是参考书，第三是关于趣味修养的书。中学生先该把教科书好好地阅读，因为中学生的职务就在学习中学校课程。参考书可因了所要参考的题目去决定，最要紧的是发现题目。至于趣味修养的书可自由选择，种数不必多，选择要精，读到厌倦了才更换。

怎样阅读①

前天我曾对中学生诸君讲过一次话，题目是《阅读什么》。今天所讲的，可以说是前回的连续题目，是《怎样阅读》。前回讲"阅读什么"，是阅读的种类；今天讲"怎样阅读"，是阅读的方法。

"怎样阅读"和"阅读什么"一样，也是一个老问题，从来已有许多人对于这问题说过种种的话。我今天所讲的也并无前人所没有发表过的新意见、新方法，今天的话是对中学生诸君讲的，我只希望我的话能适合于中学生诸君就是了。

我在前回讲"阅读什么"的时候，曾经把阅读的范围划成三个方面：第一是职务上的书，第二是参考的书，第三是趣味修养的书。中学生的职务在学习，中学校的课程，中学校的各科教科书属于第一类；学习功课的时候须有别的书籍做参考，这些参考书属于第二类；在课外选择些合乎自己个人趣味或有关修养的书来阅读，这是第三类。今天讲"怎样阅读"，也仍想依据了这三个方面

---

① 本文是向全国中学生作的广播稿，刊《中学生》第六十一期（1936年1月）。

来说。

先讲第一类关于诸君职务的书，就是教科书。摆在诸君案头的教科书有两种性质可分，一种是有严密的系统的，一种是没有严密的系统的。如算学、理化、地理、历史、植物、动物等科的书，都有一定的章节，一定的前后次序，这是有系统的。如国文读本，如英文读本，就定不出严密的系统，一篇韩愈的《原道》可以收在初中国文第一册，也可以收在高中国文第二册；一篇富兰克林的传记，可以摆在初中英文第三册，也可以摆在高中英文第二册。诸君如果是对于自己所用着的教科书留心的，想来早已知道这情形。这情形并不是偶然的，可以说和学科的性质有关。有严密的系统的是属于一般的所谓科学，像国文、英文之类是专以语言文字为对象的，除文法、修辞教科书外，一般所谓读本、教本，都是用来做模范做练习的工具的东西，所以本身就没有严密的系统了。教科书既然有这两种分别，阅读的方法就也应该有不同的地方。

如果把阅读分开来说，一般科学的教科书应该偏重于阅，语言文字的教科书应该偏重在读。一般科学的教科书虽也用了文字写着，但我们学习的目标并不在文字上，譬如说，我们学地理、学化学，所当注意的是地理、化学书上所记着的事项本身，这些事项除图表外原用文字记着，但我们不必专从文字上记忆揣摩，只要从文字去求得内容就够了。至于语言文字的学科就不同，我们在国文教科书里读到一篇文章——假定是韩愈的《画记》，这时我们不但该知道韩愈这个人，理解这篇《画记》的内容，还该有别的目标，如文章的结构、词句的式样、描写表现的方法等等，都得加以研究。如果读韩愈的

《画记》，只知道当时曾有过这样的画，韩愈曾写过这样的一篇文章，那就等于不曾把这篇文章当作国文功课学习过。我们又在英文教科书里读华盛顿砍樱桃树的故事，目的并不在想知道华盛顿为什么砍樱桃树，砍了樱桃树后来怎样，乃是要把这故事当作学习英文的材料，收得英文上种种的法则。所以"阅读"两个字不妨分开来用，一般科学的教科书应懂它的内容，不必从文字上去瞎费力，只要好好地阅就行，像国文、英文两门是语言文字的功课，应在形式上多用力，只阅不够，该好好地读。

不论是阅或是读，对于教科书该毫不放松，因为这是正式功课，是诸君职务上的工作。有疑难，得去翻字典；有问题，得去查书。这就是所谓参考了。参考书是为用功的人预备的，因为要参考先得有参考的项目或问题，这些项目或问题，要阅读认真的人才会从各方面发生。这理由我在前回已经讲过，诸君听过的想尚还能记忆，不多说了。现在让我来说些阅读参考书的时候该注意的事情。

第一，我劝诸君暂时认定参考的范围，不要把自己所要参考的项目或问题抛荒。我们查字典，大概把所要查的字或典故查出了就满足，不会再分心在字典上的。可是如果是字典以外的参考书，一不小心，往往有辗转跑远的事情。举例来说，你读《桃花源记》，为了"乌托邦思想"的一个项目，去把马列斯的《理想乡消息》来做参考书读，是对的，但你得暂时记住，你所要参考的是"乌托邦思想"，不是别的项目。你不要因读了马列斯的这部《理想乡消息》就把心分到很远的地方去。马列斯是主张美术的，是社会思想家，你如果不留意，也许会把所读的《桃花源记》忘掉，在社会思想咧、美术咧等等的念头上打圈子，从甲方面转到乙方面，再从乙方面转到丙方面，结果会弄得头脑杂乱无章。我们和朋友谈话的时候，常有把话头远远地扯开去，忘记方才所谈的是什么的。这和因为看参考书把本来的题目抛荒，情形很相像。懂得谈话方法的人，碰到这种情形常会提醒对手把话说回来，回到所要谈的事情上去。看参考书的时候，也该有同样的注意，和自己所想参考的题目无直接关系的方面，不该去多分心。

第二，是劝诸君乘参考之便，留意一般书籍的性质和内容大略。除了查检字典和翻阅杂志上的单篇文字以外，所谓参考书者，普通都是一部一部的独立的书籍。一部书有一部书的性质、内容和组织式样，你为了参考，既有机会去见到某一部书，乘便把这一部书的情形知道一些，是并不费事的。诸君在中学里有种种规定要做的工作，课外读书的时间很少，有些书在常识上、将来应用上却非知道不可，例如，我们在中学校里不读"二十五史""十三经"，但"二十五史""十三经"是怎样的东西，却是该知道的常识。我们不做基督教徒，不必读圣书，但《新约》和《旧约》的大略内容，却是该知道的常识。如果你读历史课，对于"汉武帝扩展疆土"的题目，想知道得详细一点，去翻《史记》或是《汉书》，这时候你大概会先翻目录吧；你翻目录，一定会见到"本纪""列传""表""志"或"书"等等的名目，这就是《史记》或《汉书》的组织构造。你读了里面的《汉武帝本纪》一篇，或全篇里的几段，再把这些目录看过，在你就算是对于《史记》或《汉书》发生过关系，《史记》《汉书》是怎样的书，你可懂得大概了。再举一个例来说，你从植物学或动物学教师口头听到"进化论"的话，你如果想对这题目多知道些详细情形，你可到图书馆去找书来看。假定你找到了一本陈兼善著的《进化论

纲要》，你可先阅序文，看这部书是讲什么方面的，再查目录，看里面有些什么项目。你目前所参考的也许只是其中的一节或一章，但这全书的概括知识，于你是很有用处的。你能随时留心，一年之中可以收得许多书籍的概括的大略知识，久而久之，你就知道哪些书里有些什么东西，要查哪些事项，该去找什么书，翻检起来，非常便利。

以上所说的是关于参考书的话。参考书因参考的题目随时决定，阅读参考书的时候，要顾到自己所参考的题目，勿使题目抛荒，还要把那部书的序文、目录留心一下，记个大略情形，预备将来的翻检便利。

以下应该讲的是趣味修养的书，这类的书，我在上回曾经讲过，种数不必多，选择要精。一种书可以只管读，读到厌倦才止。这类的书，也该尽量地利用参考书。例如：你现在正读着杜甫的诗集，那么有时候你得翻翻杜甫的传记、年谱以及别人诗话中对于杜诗的评语等等的书。你如果正读着王阳明的《传习录》，你得翻翻王阳明的集子、他的传记以及后人关于程、朱、陆、王的论争的著作。把自己正在读着的书做中心，再用别的书来做帮助，这样，才能使你读着的书更明白，更切实有味，不至于犯浅陋的毛病。

上面所讲的是三种书的阅读方法。关于"阅读"两个字的本身，尚有几点想说说。我方才曾把教科书分为两种性质：一种是属于一般的科学的，有严密的系统；另一种是属于语言文字的，没有严密的系统。我又曾说过，属于一般科学的该偏重在阅，属于语言文字的，只阅不够，该偏重在读。现在让我再进一步来说，凡是书都是用语言文字写成的，照普通的情形看来，一部书可以含有两种性质：书本身有着内容，内容上自有系统可寻，性质属于一般科学；书是用语言文字写着的，从形式上去推究，就属于语言文字了。一部《史记》，从其内容说是历史，但是也可以选出一篇来当作国文科教材。诸君所用的算学教科书，当然是属于科学一类的，但就语言文字看，也未始不可为写作上的参考模范。算学书里的文章，朴实正确，秩序非常完整，实是学术文的好模样。这样看来，任何书籍都可有两种说法，如果就内容说，只阅可以了，如果当作语言文字来看，那么非读不可。

　　这次播音，教育部托我担任的是中学国语科的讲话，我把我的讲话限在阅读方面。我所讲的只是一般的阅读情形，并未曾专就国语一科讲话。诸君听了也许会说我的讲话不合教育部所定的范围条件吧。我得声明，我不承认有许多独立存在的所谓国语科的书籍，书籍之中除了极少数的文法、修辞等类以外，都可以是不属于国语科的。我们能说《论语》《孟子》《庄子》《左传》是国语吗？能说《红楼梦》《水浒》《三国演义》是国语吗？可是如果从形式上着眼，当作语言文字来研究，那就没有一种不是国语科的材料，不但《论语》《孟子》《庄子》《左传》是国语，《红楼梦》《水浒》《三国演义》是国语，诸君的物理教科书、植物教科书也是国语，甚至于张三的卖田契、李四的家信也是国语了。我以为所谓国语科，就是学习语言文字的一种功课；把本来用语言文字写着的东西，当作语言文字来研究，来学习，就是国语科的任务。所以我只讲一般的阅读，不把国语科特别提出。这层要请诸位注意。

　　把任何的书，从语言文字上着眼去学习研究，这种阅读，可以说是属于国语科的工作。阅读通常可分为两种，一是略读，二是精

读。略读的目的在理解，在收得内容；精读的目的在揣摩，在鉴赏。我以为要研究语言文字的法则，该注重于精读。分量不必多，要精细地读，好比临帖，我们临某种帖，目的在笔意相合，写字得它的神气，并不在乎抄录它的文字。假定这部帖里共有一千个字，我们与其每日瞎抄一遍，全体写一千个字，倒不如拣选十个或二十个有变化的有趣味的字，每字好好地临几遍，来得有效。诸君读小说，假定是茅盾的《子夜》，如果当作语言文字的学习的话，所当注意的不但该是书里的故事，对于书里面的人物描写、叙事的方法、结构照应以及用词、造句等也该大加注意。诸君读诗歌，假定是徐志摩的诗集，如果当语言文字学习的话，不但该注意诗里的大意，还该留心它的造句、用韵、音节以及表现、着想、对仗、风格等等的方面。语言文字上的变化技巧，其实并不十分多的，只要能留心，在小部分里也大概可以看得出来。假定一部书有五百页，每一页有一千个字，如果第一页你能看得懂，那么我敢保证，你是能把全书看懂的。因为全书所有的语言文字上的法则在第一页一千字里面大概都已出现。举例来说，文法上的法则，像动词的用法、接续词的用法、形容词的用法、助词的用法，以及几种句子的结合法，都已出现在第一页了。我劝诸君能在精读上多用力。

为了时间关系，我的话就将结束。我所讲的话，乱杂、疏漏的地方自己觉得很多，请诸君代去求教师替我修正。关于中学国语科的阅读，我几年前曾发表过好些意见，所说的话和这回大有些不同。记得有两篇文章，一篇叫做《关于国文的学习》，载在《中学各科学习法》（《开明青年丛书》之一）里，还有一篇叫《国文科课外应读些什么》，载在《读书的艺术》（《中学生杂志丛刊》之一）里，诸君如未曾看到过的，请自己去看看，或者对于我这回的讲话，可以得到一些补充。我这无聊的讲话，费了诸君许多课外的时间，对不起得很。

学习国文的着眼点①

上

中学生诸君：这回我承教育部的委托，来担任关于国文科的讲演。讲演的题目叫做《学习国文的着眼点》。打算分两次讲，今天先来一个大纲，下次再讲具体的方法。

为了要使听众明了起见，开始先把我的意见扼要地提出。我主张学习国文该着眼在文字的形式方面。就是说，诸君学习国文的时候，该在文字的形式方面去努力。

所谓形式，是对内容说的。诸君学过算学，知道算学上的式子吧，"1+2=3"这个式子可以应用于种种不同的情形，譬如说一个梨子加两个梨子等于三个梨子，一只狗加两只狗等于三只狗，无论什么都适用。这里面，"1+2=3"是形式，"梨子"或"狗"是内容。算式上还有用"X"的，那更妙了，算式中凡是用着"X"的地方，不拘把什么数字代进去都适合，这时候"1""2""3"等等的数字是内容，"X"是形式了。

---

① 本文是向全国中学生作的广播稿，刊《中学生》第六十八期（1936 年 10 月）。

让我们回头来从国文科方面讲，文字是记载事物、发挥情意的东西，它的内容是事物和情意，形式就是一个个的词句以及整篇的文字。文字的内容是各个不同的，同是传记，因所传的人物而不同，同是评论，有关于政治的，有关于学术的，有关于经济的，同是书信，有讨论学问的，接洽事务的，可以说一篇文字有一篇文字的内容，无论别人所写或自己所写，每篇文字绝不会有相同的内容的。内容虽然各不相同，形式上却有相同的地方，就整篇的文字说，有所谓章法、段落、结构等等的法则，就每一句说，有所谓句子的构成及彼此结合的方式，就每句中所用的词儿说，也有各种的方法和习惯。此外因了文字的体裁，各有一定共通的样式，例如，书信有书信的样式，章程有章程的样式，记事文有记事文的样式，论说文有论说文的样式。这种都是形式上的情形，和文字的内容差不多无关。我以为在国文科里所应该学习的就是这些方面。

国文科是语言文字的学科，和别的科目性质不同，这只要把诸君案头上教科书拿来比较，就可明白。别的科目的教科书如动物、植物、历史、地理、算术、代数，都是分章节的，全书共分几章，每章之中又分几个小节，前一章和后一章，前一节和后一节，都有自然的顺序，系统非常完整，可是国文科的教科书就不是这样了。诸君所读的国文教材，大部分是所谓选文，这些选文是一篇一篇的东西，有的是前人写的，有的是现代人写的，前面是《史记》里的一节，接上去的也许可以是《红楼梦》或《水浒传》的一节，前面是古人写的书信，接上去的也许会是现代人的小说。这种材料的排列，谈不到什么秩序和系统，至于内容，更是杂乱得很。别的科目的内容是以我们所需要的知识为范围排列着的，植物教科书告诉我们关于植物的一般常识，历史教科书告诉我们人类社会活动进步的经过，地理教科书告诉我们地面上的种种现象和人类的关系，都有一定的内容可说。但是国文教科书的内容是什么呢？却说不出来。原来国文科的内容什么都可以充数，忠臣孝子的事迹固然可以做国文的内容，苍蝇蚊子的事情也可以做国文的内容，诸君试把已经读过的文字回忆一下，就可发现内容上的杂乱的情形。国文科的内容不但杂乱，而且有许多不是我们所需要的。譬如说：现在已是飞机炸弹的时代了，我们所需要的是最新的战争知识，而在国文教科书里所选到的还是单刀匹马式的《三国志演义》或《资治通鉴》里的一节。我们已是二十世纪的共和国公民了，从前封建时代的片面的道德观念已不适用，可是我们所读的文字，还有不少以宗祧、贞烈等为内容的。我们是青年人，青年人所需要的是活泼、勇猛的精神，可是国文教科书里尽有不少中年人或老年人所写的颓唐、感伤的作品，甚至于还有在思想上、态度上已经明白落伍了的东西。国文科的教材如果从内容上看来，真是杂乱而且不适合的。有些教育者见到了这一层，于是依照了内容的价值来编国文教科书，他们预先定下了几个内容项目，以为青年应该孝父母，爱国家，应该交友有信，应该办事有恒，于是选几篇孝子的传记排在一组，选几篇忠臣、烈士的故事排在一组，这样一直排下去。这办法无异叫国文科变成了修身科或公民科，我觉得也未必就对。给青年读的文字当然要选择内容好的，但内容的价值，在国文科究竟不是真正的目的。

　　我的意思，国文科是语言文字的学科，除了文法、修辞等部分以外，并无固定的内容的。只要是白纸上写有黑字的东西，当作文

字来阅读来玩味的时候，什么都是国文科的材料。国文科的学习工作，不在从内容上去深究探讨，倒在从文字的形式上去获得理解和发表的能力。凡是文字，都是作者的表现。不管所表现的是一桩事情，一种道理，一件东西或一片情感，总之逃不了是表现。我们学习国文所当注重的，并不是事情、道理、东西或感情的本身，应该是各种表现方式和法则。诸君读英文的时候，曾经读过《龟兔竞走》的故事吧。诸君读这故事，如果把注意力为内容所牵住，只记得兔最初怎样自负，怎样疏忽，怎样睡熟，龟怎样努力，怎样胜过了兔等等一大串，而忘却了本课里的所有的生字、难句，及别种文字上的方式，那么结果就等于只听到了《龟兔竞走》的故事，并没有学到英文。国文和英文一样，同是语言文字的科目，凡是文字语言，本身都附带有内容，文字语言本来就是为了要表现某种内容才发生的，世间绝不会有毫无内容的文字语言。不过在国文科里，我们所要学习的是文字语言上的种种格式和方法，至于文字语言所含的内容，倒并不是十分重要的东西。我们自己写作的时候，原也需要内容，这内容要自己从生活上得来，国文教科书上所有的内容，既乱杂，又陈腐，反正是不适用、不够用的。我们的目的是要从古人或别人的文字里学会了记叙的方法，来随便叙述自己所要叙述的事物；从古人或别人的文字里学会了议论的方法，来随便议论自己所想议论的事情。

学习国文，应该着眼在文字的形式上，不应该着眼在内容上，这理由上面已经说了许多，想来诸君已可明白了。有一件事要请大家注意，就是文字的内容是有吸引人的力量的东西，我们和文字相接触的时候，容易偏重内容忽略形式。老实说，一般的文字语言的法则，在小学教科书里差不多已完全出现了，诸君在未进中学以前，曾经读过六年的国语，教科书共有十二册。这十二册教科书照理应该把一般的文字语言的法则包括无遗。可是据我所知道的情形看来，似乎从小学出来的人都未能把这些法则完全取得。这是不足怪的，文字语言具有内容、形式两个方面，要想离开内容去注意它的形式，多少需要有冷静的头脑。小学国语教科书的内容更不同，总算是依照了儿童生活情形编造的，内容的吸引力更大，更容易叫读的人忽略形式方面。用实在的例来说，依年代想来，诸君在小学里学国语，第一课恐怕是"狗，大狗，小狗，大狗叫，小狗跳"吧。这寥寥几个字，如果从文字的形式上着眼去玩味，有单语和句子的分别，有形容词和名词的结合法，有押韵法，有对偶法，有字面重叠法，但是试问诸君当时读这课书，曾经顾着到这些吗？那时先生学着狗来叫给诸君听，跳给诸君看，又在黑板上画大狗画小狗，对诸君讲狗的故事，诸君心里又想起家里的"小花"或是间壁人家的"来富"，整个的兴趣都被内容吸引去了，哪里还有工夫来顾到文字形式上的种种方面。据我的推测，诸君之中大多数的人，在小学里学习国语，经过情形就是如此的。不但小学时代如此，诸君之中有些人在中学里读国文的情形恐怕还是如此。诸君读到一篇烈士的传记，心里会觉得兴奋吧。读到一篇悲情的小说，眼里会为之流泪吧。读到一篇干燥无味的科学记载，会感到厌倦吧。这种现象在普通读书的时候是应该的，不足为怪，如果在学习文字的时候，要大大地自己留意。对于一篇文字或是兴奋，或是流泪，或是厌倦，都不要紧，但得在兴奋、流泪或厌倦之后，用冷静的头脑去再读再看，从文字的种种方面去追求，去发掘。因为你在学习国文，你的目的不在兴奋，不在

流泪，不在厌倦，在学习文字呀。

竟有许多青年，在中学已经毕业，文字还写不通的，其原因不消说就在平时学习国文未得要领。文字的所以不通，并不是缺乏内容，十之八九毛病在文字的形式上。这显然是一向不曾在文字的形式上留意的缘故。他们每日在国文教室里对了国文教科书或油印的选文，只知道听教师讲典故，讲作者的故事，典故是讲不完的，故事是听不完的，一篇一篇的作品也是读不完的。学习国文，目的就在学得用文字来表现的方法，他们只着眼于别人所表现着的内容本身，不去留心表现的文字形式，结果当然是劳而无功的。

从前的读书人学文字，把大半的工夫花在揣摩和诵读方面。当时可读的东西没有现在的多，普通人所读的只是几部经书和几篇限定的文章。说到内容，真是狭陋得很。所写的文字也只有极单调的一套，如"且夫天下之人……往往然也"之类。他们的文字虽然单调，在形式上倒是通的，只是内容空虚、顽固得可笑而已。近来学生的文字，毛病适得其反，内容的范围已扩张得多了，缺点往往在形式上。这是值得大大地加以注意的。

我的话完了，今天说了不少的话，最重要的只有一句，就是说，学习国文应该着眼在文字的形式方面。至于具体的学习方法，留到下一回再讲。

下

中学生诸君：前两天，我曾有过一回讲演，题目叫做《学习国文的着眼点》，大意是说，学习国文应该从文字的形式上着眼。今天所讲的是前回的连续，前回只讲了一番大意，今天要讲到具体的方法。

学习国文的方法，从古到今不知道已有多少人说过，我今天所讲的不消说都是些"老生常谈"，请勿见笑。我是主张学习国文应该着眼在文字的形式的，我所讲的方法也是关于形式方面的事情。打算分三层来说，（一）是关于词儿的，（二）是关于句子的，（三）是关于表现方法的。

先说关于词儿所当注意的事情，第一是词儿的辨别要清楚，中国的文字是一个个的方块字，本身并无语尾变化，完全由方块的单字拼合起来造出种种的功用。中国文字寻常所用的不过一两千个字，初看去似乎只要晓得了这一两千个字，就可看得懂一切的文字了，其实这是大错的。中国常用的文字数目虽有限，可是拼合成功的词儿数目却很多。例如"轻""重"两个字，是小学生都认识的。但"轻"字、"重"字和别的单字拼合起来，可以造成许多词儿，如"轻率""轻浮""轻狂""轻易""轻蔑""轻松""轻便"都是用"轻"字拼成的词儿，"重要""重实""严重""厚重""沉重""郑重""尊重"都是用"重"字拼成的词儿，此外还可有各种各样的拼合法。这些词儿当然和原来的"轻"字"重"字有关联，可是每个词儿意思情味并不一样，老实说每个都是生字。你在读文字的时候必会和许许多多的词儿相接触，你在写文字的时候必要运用许许多多的词儿，词儿的注意，是很要紧的。中国从前的字典只有一个个的单字，近来已有辞典，不仅仅以单字为本位，把常用的词儿都收进去了。每一个词儿的意义似乎可用辞典来查考，但是你必须留意，辞典对于词儿的解释，是用比较意思相像的同义语来凑数的。譬如说"轻狂"和"轻薄"

两个词儿，明明是有区别的，可是你如果去翻辞典，就会见"不稳重"或"不庄重"等类的共通的解释。这并不是辞典不好，实在是无可奈何的事。一个词儿的意义是多方面的，辞典当然不能一一列举，只能把大意用别的同义语来表示了。词儿不但有意义，还有情味。词儿的情味，完全要靠自己去领略，辞典是无法帮忙的。犹之吃东西，甜、酸、苦、辣是尝得出而说不出的。文字语言是社会的产物，词儿因了许多人的使用，各有着特别的情味，这情味如不领略到，即使表面的意义懂得了，仍不能算已了解了这词儿。再举例来说，"现代"和"摩登"，意思是差不多的，可是情味大大不同。"现代学生""现代女子"并不就是"摩登学生""摩登女子"的意思。这因为"摩登"二字在多数人的心目中已变更了意义，"现代"二字不能表出它的情味了。又如"贼出关门"和"亡羊补牢"这两句成语，都是事后补救的譬喻，意思也差不多，但使用在文字语言里，情意也有区别。"贼出关门"表示补救已来不及，"亡羊补牢"表示尚来得及补救。这因为"亡羊补牢"一向就和"未为晚也"联在一处，而"贼出关门"却是说人家失窃以后的情形的缘故。对于词儿，不但要知道它的解释，还要懂得它的情味。你在读文字的时候，如果不用这步功夫，那么你不但对于所读的文字不能十分了解，将来自己写起文字来也难免要犯用词不当的毛病。

上面所讲的是词儿的解释和情味两方面。关于词儿，另外还有一个方面值得注意，就是词儿在句子中的用法，这普通叫词性，是文法上的项目。我在前面曾经讲过，中国文字本身是一个个的方块字，一个词儿用做名词、动词、形容词、副词，有时候都可以的。譬如"上下"一个词儿，就有各种不同的用法，这里有几句句子："上下和睦""上下其手""张三李四成绩不相上下""上下房间都住满了人"，这几句句子里都有"上下"的词儿，可是文法上的词性各不相同。"上下"是两个单字合成的词儿尚且有这些变化，至于单字的词儿变化更多了。这些变化，在普通的辞典里是找不着的，你须得在读文字的时候随处留意。你已记得梅花、兰花的"花"字了，如果在读文字的时候碰到花钱的"花"字，花言巧语的"花"字，或是眼睛昏花的"花"字，都应该记牢，如果再碰到别的用法的"花"字，也应该记牢，因为这些都是"花"字的用法。你如果只知道梅花、兰花的"花"，不知道别的"花"，就不能算完全认识了"花"的一个词儿。

关于词儿，可说的方面还不少，上面所举出的三项，就是词儿的意义，情味，在句子中的用法，是比较重要的，学习的时候应该着眼在这些方面。

以下要讲到句子了。关于句子，第一所当着眼的是句子的样式。自古以来用文字写成的东西，不知有多少，即就诸君所读过的来说，也已很可观了。这些文字，虽然各不相同，若就一句句的句子看来，我认为样式是并不多的。我曾经有一个志愿，想把中国文字的句式来做归纳的统计，办法是取比较可做依据的书，文言文的如"四书""五经"，白话的如《红楼梦》《水浒传》，句句地圈断，剪碎，按照形式相同的排比起来，譬如说"子曰""曾子曰""孟子曰"和"贾宝玉道""林黛玉道""武松道"归成一类，"不亦悦乎""不亦乐乎""不亦快哉"归成一类，"穆穆文王""赫赫泰山""区区这些礼物"归成一类，"烹而食之""顾而乐之""垂涕泣而道之"归成一类，这样归纳起来，据我推测，句子的种类是很有限的。确数不敢说，至

多不会超过一百种的式样。诸君如不信，不妨去试试。读文字，听谈话，能够留心句式，找出若干有限的格式来，不但在理解上可以省却力气，而且在发表上也可以得到许多便利。诸君读文言传记，开端常会碰到"××，××人"或"××者××人也"吧，这是两个式样，如果有时候碰到"一丈，十尺"或"人者仁也"不妨把它归纳起来当作一类的格式记在肚子里。诸君和朋友谈话，如果听到"天会下雨吧"，"我要着皮鞋了"，就把它归纳起来当作一类格式来记住。

这样把句子依了式样来归并，可以从繁复杂乱的文字里看出简单的方法来，在学习上是非常切实有用的。此外尚有一点要注意，句子的式样是就句子独立着的情形讲的。一篇文字由一句句的句子结合而成，句子和句子的关系并不简单。平常所认定的句子的式样，和别的辞句连在一处的时候，也许可以把性质全然变更。譬如说"山高水长"这句句式和"桃红柳绿"咧，"日暖风和"咧，是同样的。但如果就上面加成分上去，改为"先生之风山高水长"的时候，情形就不同了。光是从"山高水长"看来，高的是山，长的是水，至于在"先生之风山高水长"里面，高的不是山，是先生之风，长的不是水，也是先生之风，意思是说"先生之风像山一般的高，水一般的长"了。这种情形，日常语言里也常可碰到，譬如，"今天天气很好"，"我和你逛公园去吧"，这是两句独立完整的句子，如果连结起来，上一句就成了下一句的条件，资格不相等了。一句句子放在整篇的文字里和上文下文可以有种种的关系，连接的式样很多，方才所举的只不过一两个例子而已。读文字的时候对于每一句句子不但要单独的认识它，还要和上下文联结了认识它，自己写作文字的时候，对于每一句句子不但要单独地看来通得过，还要合着上下文看来通得过。尽有一些人，在读文字的时候，逐句懂得，而贯串起来倒不清楚，写出文字来，逐句看去似乎没有毛病，而连续下去却莫名其妙，这都是未曾把句子和句子的关系弄明白的缘故。

上面已讲过词儿和句子，以下再讲表现的方法。文字语言原是表现思想感情的工具，我们心里有一种意思或是感情，用文字写出来或口里讲出来，这就是表现。表现有各种各样的方法，同是一种意思或感情，可有许多表现的方式。同是一句话，可有各种各样的说法。譬如说"张三非常喜欢喝酒"，这话可以改变方式来说，例如"张三是个酒徒"咧，"张三是酒不离口"咧，"酒是张三的第二生命"咧，意思都差不多，此外不消说还可有许多的表现法。"晚上睡得着"一句话可以用做"安心"的表现；骂人"没用"，有时可以用"饭桶"来表现，有时可以用反对的说法，说他是"宝贝"或"能干"。意思只是一个，表现的方法却不止一个，在许多方法之中究竟哪一种好，这是要看情形怎样，无法预定的。读文字的时候最好能随时顾到，看作者所用的是哪一种表现法，用得有没有效果？自己写作文字，对于自己所想表现的意思，也须尽量考虑，选择最适当的表现法。

文字语言的一切技巧，可以说就是表现的技巧。写一件事情、一种东西或是一种感情，用什么文体来写，先写什么，后写什么，写得简单或是写得详细，诸如此类，都是表现技巧上的问题。所以值得大大地注意。

我在上面已就了词儿、句子、表现法三方面，分别说明应该注意的事情，这些都是文字的形式上应该着眼的。诸君学习文字，我觉

得这些就是值得努力的地方。

　　末了，我劝诸君能够用些读的功夫。从前的读书人，学习文字唯一的方法就是读。自有学校教育以来，对于文字往往只用眼睛看，用口来读的人已不多了。其实读是很有效的方法，方才所举的关于词儿、句子、表现法等类的事项，大半是可在读的时候发现领略的。我认为诸君应该选择几篇可读的文字来反复熟读，白话文也可以用谈话或演说的调子来读。读的篇数不必多，材料要精，读的程度要到能背诵。读得熟了，才能发见本篇前后的照应，才能和别篇文字做种种的比较。因为文字读得会背诵以后，离开了书本可随时记起，就随时会有所发现，学习研究的机会也就愈多了。不但别人写的文字要读，自己写文字的时候也要读，从来名家都用过就草稿自读自改的苦功。

　　关于国文的学习，可讲的方面很多。时间有限，今天所讲的只是这些。我对于中学国文教学，曾发表过许多意见，有两部书，一部叫《文心》，一部叫《国文百八课》，都是我和叶圣陶先生合写的，诸君如未曾看到过，不妨参考参考。

先使白话文成话①

　　"五四"以来的白话文，因为提倡者都是些本来惯写文言文的人们，他们都是知识阶级，所写的文字又都是关于思想学术的，和大

---

① 刊《文言、白话、大众语论战集》（1934 年 9 月）。

众根本就未曾有过关系，名叫白话文，其实只是把原来的"之乎者也"换了"的了吗呢"，硬装入蓝青官话的腔调的东西罢了。凡事先入为主，白话文创造不久就造成了那么的一个腔壳，到今日还停滞在这腔壳里。当时提倡白话文的人们有一句标语叫"明白如话"。真的，只是"如话"而已，还不到"就是话"的程度。换句话说，白话文竟是"不成话"的劳什子。

白话文最大的缺点就是语汇的贫乏。古文有古文的语汇，方言有方言的语汇，白话文既非古文，又不是方言，只是一种蓝青官话。从来古文中所用的辞类大半被删去了，各地方言中特有的辞类也完全被淘汰了，结果，所留存的只是彼此通用的若干辞类。于是写小说时一不小心，农妇也高喊"革命"，婢女也满嘴"恋爱"了。编成戏曲的说白可以使台下人听了莫名其妙。

举一例说，现在白话文里所用的"父亲""母亲"二语，就很可笑。实际上我们大家都叫"爸爸"，叫"爷"，叫"爹"，叫"娘"，叫"妈"，或叫"姆妈"，决不叫"父亲""母亲"的。可是白话文里却要用"父亲""母亲"的称呼，甚至于连给六七岁小孩读的初小教科书里，也用"父亲""母亲"字样。"爷娘妻子走相送"，唐人诗中已叫"爷娘"了，我们现在倒叫起"父亲""母亲"来，这不是怪事吗？

要改进白话文，要使白话文与大众发生交涉，第一步先要使它成话。

现在的白话文，简直太不成话了，用词应尽量采取大众所使用的话语，在可能的范围以内尽量吸收方言。凡是大众使用着的话语，不论是方言或是新造语，都自有它的特别情味，往往不能用别的近似语来代替。例如："揩油"在上海一带已成为大众使用的话语，自

有它的特别的情味，我们如果嫌它土俗，用"作弊""舞弊"等话来张冠李戴，就隔膜了。方言只要有人使用，地方性就会减少。如"像煞有介事"一语，因使用的人多，已有普遍性了。此后的辞典里，应一方面删除古来的死语，另一方面多搜列方言。

放弃现成的大众使用着的话语不用，故意要用近似的语言来翻译一次，再写入文中去，这就是从来文言文的毛病。白话文对于这点虽然痛改，可惜还没有改革得彻底，结果所表达的情意还不十分亲切有味。我有一个朋友，未曾讨老婆，别人给他做媒的时候，他总要问："那女子是否同乡人？"他不愿和外省的女子结婚。理由是：如果老婆不是同乡人，家庭情话彼此都须用蓝青官话来对付，趣味是很少的。这话很妙。现在的白话文，作者与读者间等于一对方言不通的情侣，彼此用了蓝青官话来做喁喁的情话，多隔膜，多难耐啊！

中国古籍中的日本语①

现在的日本语，除语助词和语尾变化用假名（日本的注音符号，其功用和我国的注音字母同）写着外，大部分都用汉字。在古代的日本书里假名用得很少，有的竟全用汉字，所以一向中日有"同文"之号。但日本语虽大部用汉字表出，读法是不同的。用罗马字音把"长崎"读作 Nagasaki，把"人"读作 hito（训读）jin 或 nin（音读），

---

① 刊《新语》第四期（1945 年 11 月）。

把"物"读作 mono（训读）或 butsu（音读）才是日本语。如果把"味の素"（ajinomoto）读作"味四素"，便不成话。把"铃木内阁"（Suzukinaikaku）读作"铃木内阁"，虽然成话，究竟仍不是日本语。在西洋人的报章或日语上遇到日本的人名、地名或日本特有的名词时，必以日本语原音拼出了来表示。如"广田"作 hiroda，"神户"作 kobe，"浮世绘"作 ukiyoe，他们没有汉字，不得不用日本原音，虽然麻烦，倒和日本语相合。我们因为有汉字之故，往往依汉字的读音来说，结果所说的仍是中国语，就和日本语相差很远。

这情形古人似乎早知道，古籍中曾有把日本原音记录下来的，如《后汉书·东夷传》：

> 倭在韩东南大海中，依山岛为居，凡百余国。自武帝灭朝鲜，使驿通于汉者三十许国，国皆称王，世世传统，其大倭王居邪马台国。（章怀注云，按今名邪摩推，音之讹反。）
>
> 行来渡海，令一人不栉沐，不食肉，不近妇人，名曰持衰，若在涂吉利，则雇以财物，如病疾遭害，以为持衰不谨，便共杀之。
>
> 桓、灵间倭国大乱，更相攻伐，历年无主，有一女子名曰卑弥呼，年长不嫁，事鬼神道，能以妖惑众，于是共立为王。

"邪马台"（按《隋书》和《北史》均做"邪靡台"）当是"大和"yamato 的译音，这依章怀注，"马"读"摩"，"台"读"推之讹反"更明显。"持衰"疑是"持斋"jisai 的译音，把"斋"写做"衰"，目的似为保存原来的语音。至于"卑弥呼"当然是直接的人名音译了。此三语实为日本语见于汉籍之最早者。

次之，是《三国志·魏书》中的《倭人传》，为倭人设专传，始于《三国志》，记述较《后汉书·东夷传》详得多。那里有许多地名人名，尤可注意者是官名。

从郡至倭，循海岸水行，历韩国，乍南乍东，到其北岸狗邪韩国，七千余里，始度一海，千余里至对海国，其大官曰卑狗，副曰卑奴母离。所居绝岛，方可四百余里。……

据日本某考证学者说，"卑狗"读作hiko，"卑奴母离"读作hinamori，是对马，壹岐地方的官名。

到了隋唐时代，日本与中国之间交通更频繁了。日本语流入中国者当更多。可是在史传中所新见到的也只是寥寥数语。

开皇二十年倭王姓阿每，字多利思北孤（按《宋史·日本传》作"名自多利思比"），号阿辈鸡弥，遣使诣阙。……王妻号鸡弥，后宫有女六七百人，名太子为利歌弥多弗利。无城郭，内官有十二等……有军尼一百二十人，犹中国牧宰。八十户置一伊尼翼，如今里长也。十伊尼翼属一军尼。

——《隋书·倭国传》

其国居无城郭，以木为栅，以草为屋，四面小岛五十余国皆附属焉。其王姓阿每氏。

——《旧唐书·倭国传》

日本皇室无姓，这里面的"阿每"，据日本某学者说，当是

"天"ame 之译音。"鸡弥"疑是"君"kimi 之译音。"利歌弥多弗利""伊尼翼""军尼"均未详。

以上所举，都是史传中的记录。其实隋唐以后，中国人与日本人交通机会益多，如果民间有人把日本语记录下来，其数目当远在史传所收者之上。试看宋时罗大经所作的笔记《鹤林玉露》卷四中就有一段记录，收罗着二十个日本语。

余少年时，于钟陵邂逅日本国一僧，名安觉。自言离其国已十年，欲尽记一部藏经乃归。念诵甚苦，不舍昼夜，每有遗忘，则叩头佛前，祈佛阴相。是时已记藏经一半矣。……僧言其国称其国王曰天人国王，安抚曰牧队，通判曰在国司，秀才曰殿罗罢，僧曰黄榜，砚曰松苏利必，笔曰分直，墨曰苏弥，头曰加是罗，手曰提，眼曰媚，口曰窟底，耳曰弭弭，面曰皮部，心曰毋儿，脚曰又儿，雨曰下米，风曰安客之，盐曰洗和，酒曰沙嬉。

这段记录，很足重视。其中如"僧曰黄榜"（obo），"笔曰分直"（fude），"墨曰苏弥"（sumi），"头曰加是罗"（kashira），"手曰提"（te），"眼曰媚"（me），"口曰窟底"（kuchi），"耳曰弭弭"（mimi），"雨曰下米"（ame），"盐曰洗和"（shio），现在的日语读法完全相同。也有大同小异的，如砚曰"松苏利必"，今则读 suzuri，无"必"字音，"酒"今读 sake，不读"沙嬉"（sashi），这也许是日本语本身古今有变迁，或所注中国方言语音，因空间时间有不同的缘故。其余未详。

用汉字的音来注日本语，原是不得已的办法，当然不能十分

145

准确。前人所加的音注，我们念起来容易走样。如果用日本的假名来注音，就不会有这毛病了。日本的四十八假名，流入中国的年代不可考。最初的记载，见于元末明初陶宗仪所著的《书史会要》，称之曰"以路法"（今称"伊吕波"）。据说陶氏在禅寺中邂逅一个名叫克全字大用的日本僧，"以路法"的读音，就从这位僧人习得的。陶氏在《书史会要》也曾附收着"天地山水"等十个日本语。

把日本语重视，加以讨究，广泛介绍到中国来的，要算明代中叶。明代受倭寇的刺激，故在嘉靖万历间有不少关于日本研究的书。这些书于叙述日本地理、风俗、习惯以外，还附带介绍日本的语言，把日本语分门别类，作成一部语汇，以便检查。如：

《日本考略》（薛俊著）收日语二五八个 分十五类

《筹海图编》（胡宗宪著）收日语二五八个 分十五类

《音韵字海》（周钟等著）收日语三八九个 分十五类

《日本考》（李言恭、郝弈著）收日语一一八六个 分五十六类

《日本一鉴》（郑舜功著）收日语三四〇一个 分十八类

《武备志》（茅元仪著）收日语三五八个 分十五类

这些书的著作，目的全在通晓倭情，冀收防寇之用，原不是研究日本语的专书。可是在四百年后的今日，我们翻阅之余，其精博颇为可惊，想不到古人在四百年前已有这样的成就。

试就《日本考》一书来看。该书共五卷。第一卷为日本国图与倭国事略。第二卷述日本的官制、风俗、产物等。第三卷为以路法字样与歌谣。第四卷为语音。第五卷为文辞、诗赋、山歌、琴及象棋、围棋、双陆等技艺。第三卷、第四卷固然全是属于言语方面的不消说了。

其余各卷的记载，也都随处用着日本的原语音，如第二卷《时令》一篇说：

> 新正日少完之，正字呼为少，完之即月。……朔日贺岁，口称红面的例。……元宵日默之寿五……三月三日，九月九日日设孤……端午日少蒲……于七月半中元节，大家小户，皆拽升天灯于高竿，名曰拖录……

"少完之"读作 shogutsu ；"红面的例"当是"红面的倒"omedeto 之讹 ；"默之寿五"读作 mochijugo ；"设孤"即节句（令节之意），读作 sekku ；"少蒲"即菖蒲，读作 shobu ；"拖录"即灯笼，toro 之译音。

书中对于一般的叙述，尚这样地保存着日本语，至于直接介绍语言的部分，当然可知了。为使读者一窥原书的样子计，把原书二面制图附入。第一图从卷四中选出，是语汇的一部分，第二图从卷五中选出，上面写着一首山歌。

明人对于日本的研究，在言语方面有如此的成就，不消说由于防卫上的需要。最近五十年来，日本侵华，咄咄逼人。我国赴日本留学的先后达数十万人，到日本考察，在日本经商的更不知有多少。可是关于日本的研究，除黄遵宪的《日本国志》、戴传贤的《日本论》等寥寥几本外，可举的有几？比起日本人研究我国的著述来，数量上真有天渊之差。至于论到语言研究方面，懂日语的人也不算少了，竟没有什么像模像样的东西，甚至连一本字典也找不出，真是可以愧死。

双字词语的构成方式①

我国文字是一个个的方块字，词与语都用这方块字来做。每个词语的字数不等，最少的是一个字，多的在双字以上，其中以双字的为最多，尤其在近代是这样。现今的言语文章之中，凡是古人用一字来表达的词语，大都改成双字，如"朋"与"友"在古代是单独使用的，今则做"朋友"或"友人"了。"道"的一字古人有时用以表"理"，有时用以表"路"，有时用以表"法术"，有时用以表"称说"，今则分别说做"道理""道路""道术""称道"了。不但如此，甚至本来是字数很多的词语，便利上也都把它任意割截缩成双字来说。如"台湾同胞"叫"台胞"，"中国共产党"叫"中共"，"国际联盟"叫"国联"之类都是。双字词语可以说是造句的基本材料，于语汇中占有很大的地位，在语文学上是值得研究的一个方面。本文所想讲的只是其结构的式样。

甲 本来双字的

有些词语，本来就是双字，不能分析解剖的，其中有下列几种：

（1）外来语 如：琵琶 秋千 喇叭 玻璃

（2）方 言 如：阿堵 宁馨 劳什 於菟

（3）联绵字 如：绸缪 盘桓 徜徉 栗六

---

① 刊《国文月刊》第四十一期（1946 年 3 月 20 日）。

（4）拟　音　如：欸乃　丁东　隆隆　劈拍

（5）感　叹　如：呜呼　夥颐　啊唷　呵呵

这类的双字词语都是声音的直写，在字的本身别无意义可寻，故用字也可不必一致，如"秋千"可写作"鞦韆"，"盘桓"可写作"徘徊""裵裵"，"丁东"可写作"丁冬"，"呜呼"可写作"於戏""乌虖"。

乙　附加一字于本字而成的

双字词语除了上面本来双字的以外，以合成的居多。合成的双字词语之中，有附加一字于本字而成的，附加的方式有下面几种：

（6）接头　如：有夏　於越　老虎　阿娘

（7）接尾　如：石头　瓶儿　金子　鞋子（a）

　　　　　　　　勃然　菀尔　突如　确乎（b）

"有夏"等于"夏"，"老虎"只是"虎"，"石头"只是"石"，上下所附加的字，并无意义，无非凑成双字而已。"然""尔""如""乎"也都是语尾。

（8）附量　如：纸张　船只　马匹　银两　案件

纸以"张"计，"张"是纸的量词，船以"只"计，"只"是船的量词，余同。本字与量词合成双字者很多，如"人员""热度""水分"等都是。

（9）带数　如：三友　百事　万卷　一杯（a）

　　　　　　　　三楼　四号　二哥　五更（b）

同是带数，（a）例与（b）例不同，"三友"真有三个友，而"三楼"却只指一楼，是第三层楼房的意思。前者叫计数，后者叫序数。

（10）限义　如：菊花　毛笔　书房　石板（a）

　　　　我国　彼邦　此人　乃兄（b）

　　　　大国　黄鱼　富豪　仁人（c）

　　　　走狗　画像　卧床　摇篮（d）

　　上述四种，是用上一字来限定下一字的意义的。在上面的都是形容词。其中（b）、（c）二式，语义确定。（a）、（d）二式则因了用法，有歧义可以发生。（a）式是以名词为形容词的，解释最为复杂，如以"书"字为形容词，就"书价""书包""书店""书生""书声"等来看，就可知道。"书价"是书的价值，"书生"是读书的人，同一"书"字，含义大不相同了。（d）式是以动词为形容词的，也可因了用法解释不同，"画像"一语就可有两种解释，如"这是一幅画像，不是照相"，"某画家为我画像"，同是"画像"二字，用法不同。

　　（11）副状　如：大叫　痛打　急行　酣睡（a）

　　　　　　　　抢救　坐视　卧游　走访（b）

　　　　　　　　风行　壁立　蜂起　牛饮（c）

　　　　　　　　雷同　漆黑　冰冷　火急（d）

　　　　　　　　国营　民选　省立　官办（e）

　　这是在动词、形容词上加副词的方式（a）、（b）二式甚明显。（c）、（d）二式因为以名词为副词的缘故，会有歧义。如"牛饮"在这里是做"牛喝水一般地饮"，在他处也许可作为一句，解作"牛喝水"。"冰冷"和"桃红""柳绿"一样，可成独立句，但在这里却该解作"冰一般冷"。"山高水长"本是独立的二句，但如果说"先生之风，山高水长"。就成为"山一般高，水一般长"的意思，应该归入本项的（d）式了。（e）式是比较新创的词语，意义简单

150

明白。

（12）因果 如：打倒　推翻　洗清　病死

上式上一字与下一字成因果关系。有两种看法。如"打倒"二字，可解作"打到倒为止"，这时"倒"为"打"之副词。但有时亦可解作"因打而倒"，这时"打"就转而为"倒"之副词了。

丙　上下二字等列的

合成的双字词语之中，又有上下二字等列，不相从属的。其方式有下面几种：

（13）复叠 如：日日　人人　处处　树树（a）

来来　吃吃　看看　试试（b）

大大　小小　远远　薄薄（c）

绰绰　断断　一一　寥寥（d）

此四式中，（a）、（c）、（d）三式都意义明确。唯（b）式可有二义。（b）式是以动词复叠的，如"看看"，可以解作"看一看"，也可解作"随时连续看"。"这幅画请你看看"属于前者，"无事时就看看书"属于后者。

（14）类同 如：房屋　器皿　图画　师傅（a）

行动　买办　保管　表示（b）

光亮　宽大　繁多　仁厚（c）

上三式中，（b）式是以动词合成的，可有两种含义，"买办"本是一种动作，有时亦可用以表动作的人，如"洋行买办"。其他如"稽查""经理""编辑""校对""书记""教授""监督"等名称，都该属于这一项。

（15）反对 如：行止　买卖　来往　兴亡

　　　　　　善恶　是非　邪正　贵贱（a）

（16）并列 如：耳目　笔墨　党国　鱼肉（b）

上二项，论其结构是相同的，"行止"是"行与止"，"善恶"是"善与恶"，"耳目"是"耳与目"，不过一是上下二字意义相反，一则不相反，所以分列为二项。并列一项是名词与名词的结合，可有歧义。如"党国"可解作"党与国"，也可解作"党的国""鱼肉"可解作"鱼与肉"，也可解作"鱼的肉"。

丁　由句或兼词而成的

合成的双字词语中，有一种是句子。句子有主语与述语二部分，以自动词形容词为述语的句子原可以双字完成，而以他动词为述语的句子，因为下面要带宾语（目的格）之故，至少要用三个字来构造。因此只好把主语省略，使成双字。这种无主语的句，文法上叫做兼词。

（17）整句 如：水落　石出　牛鸣　鱼跃（a）

　　　　　　花好　月圆　山高　水长（b）

上二式都可有歧义，如（a）式中"牛鸣"可以解作"牛叫"，也可以解作"牛一般地叫"；"鱼跃"是"鱼跳"，但"雀跃"却是"雀一般地跳"了。（b）式中之"山高""水长"亦然。参照（11）副状项（c）、（d）。

（18）兼词 如：读书　吃饭　管家　执政

这是他动词带宾语的格式，所表达的本是一种行动，但颇多歧义。有时用以指人，如"管家"可解作"管家的人"，为佣人之称；

"执政"可做"主持政柄者"的称号。许多职司名称如"相国""掌柜""将军""督学"都属此类。有时又可以用以指物，如文房具中有"镇纸"，菜肴叫"下饭"，收藏文件的纸夹叫"护书"，裹扎腿部的布叫"裹脚"。

戊　由分析或割截而成的

双字词语除了上面本来双字与合成双字的以外，尚有矫揉造作而成者，有分析与缩截二种。分析是把一字分成双字，缩截是把多字缩约为双字。

（19）析音 如：不律　蒺藜　窟窿　勃阑

这是把一个字音延长，分析成为二音的方式，"不律"是"笔"，"蒺藜"是"茨"，"窟窿"是"孔"，"勃阑"是"槃"。在元人戏曲唱词中，常遇到这种的双字词语。

（20）析形 如：丘八　八乂　言午　立早

这是把一个字形分析成为二字的方式，"丘八"是"兵"，"八乂"是"父"，"言午"是"许"，"立早"是"章"。廋词及江湖切口语中多见此式。

（21）缩截 如：无电　北大　中委　文协

"无电"是"无线电"之略，"北大"是"北京大学"之略，"中委"是"中央执行委员"之略，"文协"是"文艺协会"之略。这种缩截的方法，古代早有，如把"司马迁"缩作"司迁""马迁"，把"诸葛亮"缩作"葛亮"就是。

* * *

以上把双字词语列成五大类，二十一项，有的每项更分为若干

式。双字词语的构成方式由此可得到一个大概，但只是个大概而已。若再细加考察，必可更有新的发现。至于各式彼此也有关联之处，如"马班史笔"中之"马班"，就缩截一点说，可属（21）式，若就其合成方式说，是并列，应属（16）式。又如（17）中之（a）、（b）二式，与（11）中之（c）、（d）二式，亦有相通之点。仔细研究起来，兴味是很多的。